Naked Strengthen

벌거벗은 힘

최현규 지음

쿰란출판사

벌거벗은 힘

1판 1쇄 인쇄 _ 2024년 12월 12일
1판 1쇄 발행 _ 2024년 12월 24일

지은이 _ 최현규
펴낸이 _ 이형규
펴낸곳 _ 쿰란출판사

주소 _ 서울특별시 종로구 이화장길 6
편집부 _ 745-1007, 745-1301~2, 747-1212, 743-1300
영업부 _ 747-1004, FAX 745-8490
본사평생전화번호 _ 0502-756-1004
홈페이지 _ http://www.qumran.co.kr
E-mail _ qrbooks@daum.net / qrbooks@gmail.com
한글인터넷주소 _ 쿰란, 쿰란출판사
페이스북 _ www.facebook.com/qumranpeople
인스타그램 _ www.instagram.com/qrbooks
등록 _ 제1-670호(1988.2.27)
책임교열 _ 이화정·이주련

ⓒ 최현규 2024 ISBN 979-11-94464-08-2 93230

책값은 뒤표지에 있습니다.
이 출판물은 저작권법에 의해 보호를 받는 저작물이므로 무단 복제할 수 없습니다.
파본(破本)은 구입처에서 교환해 드립니다.

머리말

청개구리의
비애

내가 초등학교에 다니던 시절에는 '바른생활'이라는 도덕 수업이 있었습니다. 어렴풋이 생각나는 그때 교과서는 동심 어린 그림과 함께 올바른 생활을 어떻게 해야 하는지를 친절하게 가르쳐 주었습니다. 일찍 자고 일찍 일어나기, 어려운 사람들 돕기, 겸손하고 검소하게 생활하기, 정리정돈 잘하고 용모 단정히 하기, 하루를 반성하며 일기 쓰기, 부모님 말씀 잘 듣기 등 여러 가지가 있었습니다. 그때 읽었던 이야기 중에 불효의 상징이 된 청개구리 이야기가 생각납니다.

옛날 옛적 큰 연못에 청개구리가 홀어머니를 모시고 살았습니다. 청개구리는 어머니의 말씀을 듣기는커녕 늘 반대로 하는 말썽꾸러기였습니다. 위로 가라 하면 아래로 가고, 언덕으로 올라가라 하면 물가로 내려갔습니다. '개굴개굴' 울어라 하면 '굴개굴개' 울었습니다.
그러다 어머니 청개구리가 병이 들어 죽게 되었습니다. 어머니 청개구리는 죽기 전에 유언을 남겼습니다. "애야, 내가 죽거든 개울가에 묻어 다오." 늘 무슨 말이든 반대로만 하던 아들이었기에 분명히 이번에도 아들이 개울가가 아닌 산에 묻을 거라고 생각하고 한 말이었습니다. 하지만 아들 청개구리는 이번만큼은 말을 잘 들어야겠다고 생각하고 어머니를 개울가에 묻었습니다. 그러던 어느 날 많은 비가 내리기 시작했습니다. 아들 청개구리는 개울물이 불어나 어머니의 무덤이 쓸려 내려갈까 봐 엉엉 울었습니다. 그래서 지금도 청개구리는 늘 비만 오면 그렇게 운다는 것입니다.

'리액턴스 효과'(reactance effect)라는 말이 있습니다. 물리학 용어로 전기 저항을 많이 받을수록 반발력이 나타나는 현상을 말합니다. 미국 심리학자 샤론 브램은 이런 법칙이 사람들의 심리에도 적용됨을 증명하였습니다. 사람은 강요할수록 반항심이 생기는 청개구리 심리가 있다는 것입니다. 부모가 제발 좀 공부하라고 하면 더 하기 싫어집니다. 게임하지 말라고 하면 더욱 게임 생각만 납니다. 이런 습성은 어른이 되어서도 쉽게 가시지 않습니다. 건강을 위해 술, 담배 끊으라고 하면 숨통을 막는 소리로 들립니다. 이외에도 이것저것 청개구리 행동을 꼽자면 헤아릴 수도 없습니다.

그런데 세월이 지날수록 안타까운 것은 나를 향한 부모님의 소원은 틀린 게 하나도 없다는 것입니다. 자신들이 원하는 목표치에 이르지 못해서가 아니라 자식을 향한 애절한 마음에서 하시는 말이었는데, 그때 공감하지 못하고 소통하지 못한 것이 아픔으로 남습니다. 이것은 자식의 자리에서 벗어나 부모의 위치에 이르면 절실히 알게 됩니다. 청개구리처럼 뒤늦은 후회를 남기지 않으려면 내 삶의 영역에서 부모님의 소원을 지금이라도 수용해 보는 것이 지혜입니다. 단절되지 않고 세대를 이어 가며 소원을 되새김질하는 것, 그것이 인생 아닐까요? 그리고 보면 부모의 소원은 세대와 세대를 이어 주는 고리 같은 것입니다.

신앙이 성숙해진다는 것이 무엇입니까? 내 입장만 고집하는 것이 아니라 상대방의 의견도 배려할 줄 아는 것 아니겠습니까? '나쁜 사람'이란 '나뿐인 사람'이라는 말이 있습니다. 그런 의미에서 내 소원만 중요한 것이 아니라 하나님 아버지의 소원도 품을 줄 알아야 온전한 하나님의 자녀의 도리를 행하는 것입니다. 그래서 성경이 "너희 안에서 행하시는 이는 하나님이시니 자기의 기쁘신 뜻을 위하여 너희에게 소원을 두고 행하게 하시나니"(빌 2:13)라고 한 것입니다. 하나님께서는 우리를 향한 간절한 기대와 소원이 있습니다. 그 소원을 묵상하고 삶에 적용하려고 애쓸 때 하나님께서는 우리와 동행하며 능력을 나타내십니다.

사람을 행동하게 하는 뿌리는 마음입니다. 그래서 하나님께서는 사람의 마음에 소원을 주십니다. 그래서 예수님께서는 병자를 고치실 때면 "내가 무엇을 하여 주기를 원하느냐?" 혹은 "네가 낫고자 하느냐?"라고 물으셨습니다. 이러한 일들은 모두 사람으로 하나님의 뜻을 행하게 하시려는 하나님의 방법이었습니다. 오늘도 하나님께서는 여전히 사람들의 마음에 소원을 주셔서 하나님의 뜻을 이루십니다. 그렇기에 우리를 향한 하나님의 소원이 무엇인지 찾아보고 묵상하는 일은 성화의 삶을 이루기 위한 필수적인 과정입니다. 그래서 설교집의 제목이 '벌거벗은 힘'이지만 주요 맥락은 '하나님의 소원'으로 잡았습니다.

요즘 들어 복음성가 '하나님 아버지의 마음'이 더욱 가슴에 와닿습니다. 그 찬양이 노래로 끝나지 않고 우리의 삶이 되기를 소원니다.

아버지 당신의 마음이 있는 곳에 나의 마음이 있기를 원해요
아버지 당신의 눈물이 고인 곳에 나의 눈물이 고이길 원해요
아버지 당신이 바라보는 영혼에게 나의 두 눈이 향하길 원해요
아버지 당신이 울고 있는 어두운 땅에 나의 두 발이 향하길 원해요
나의 마음이 아버지의 마음 알아 내 모든 뜻 아버지의 뜻이 될 수 있기를
나의 온몸이 아버지의 마음 알아 내 모든 삶 당신의 삶 되기를

2024년 12월
최현규

목차

머리말 _ 청개구리의 비애 • 4

여는 말씀
하나님의 소원 • 빌립보서 2:12-18　　　　　　　　　　11

당신이 새로워지기를!
새 술 담은 새 부대 • 마태복음 9:14-17　　　　　　　　35

당신이 빛과 소금이 되기를!
받고 싶지 않은 선물 • 마태복음 5:13-16　　　　　　　55

당신에게 복 주시기를!
축복이 필요합니다 • 민수기 6:22-27　　　　　　　　　78

당신이 참된 힘을 지니길!
벌거벗은 힘 • 누가복음 23:33-38　　　　　　　　　　101

당신이 회복되기를!
회복을 위한 안목 • 이사야 43:14-21　　　　　　　　　123

당신이 두려움을 이기길!
죽음의 두려움 • 사도행전 27:20-26　　　　　　　　　147

당신이 거룩의 경지에 이르길!
거룩의 평범성 • 빌립보서 3:12-16　　　　　　　　　　169

당신이 계속하기를!
쉬면 안 되는 이유 • 디모데전서 4:1-8
191

당신에게 생기가 들어가기를!
호흡하세요 • 에스겔 37:1-14
213

당신이 행복하기를!
행복의 조건 • 신명기 33:26-29
238

당신이 사랑을 알기를!
아프니까 사랑이다 • 고린도후서 5:13-21
260

당신이 거짓 선지자를 분별하길!
그것이 알고 싶다 • 요한1서 4:1-6
280

당신이 사명을 감당하길!
모세의 변명 • 출애굽기 4:10-17
305

아버지의 마음을 알기를!
철이 든다는 것 • 누가복음 15:11-24
330

여는 말씀
하나님의 소원

●

빌립보서 2:12-18

시내산 일출

● 미다스 왕의 헛된 소원

그리스 신화에 나오는 이야기입니다. 어느 날 한 노인이 술에 취해 소리를 지르며 난동을 부리고 있었습니다. 사람들이 노인을 붙잡아 미다스 왕에게 갔습니다. 미다스 왕은 깜짝 놀랐습니다. 그 노인은 술의 신인 디오니소스(바쿠스)의 스승이자 양아버지였기 때문입니다. 왕은 그 노인을 열흘 동안 잘 모신 뒤 디오니소스에게 데려갔습니다. 디오니소스는 보답으로 미다스 왕에게 한 가지 소원을 말하라고 했고, 그는 생각 끝에 자기 손으로 만지는 것은 무엇이든지 황금이 되게 해달라고 하였습니다. 디오니소스는 그 소원을 들어주었습니다.

왕은 서둘러 궁전으로 돌아가 나뭇가지를 꺾어 보았습니다. 황금으로 변했습니다. 하찮은 돌멩이를 집어도, 정원의 사과를 만져도 모두 황금으로 변했습니다. 왕은 배가 고픈 줄도 모르고 덩실덩실 춤을 추며 좋아했습니다. 한참 후에야 시장기를 느끼고 식탁에 앉았습니다. 그런데 빵을 쥐고 물어뜯었으나 황금으로 변해 먹을 수가 없었습니다. 포도주도 마찬가지였습니다. 이때 밖에서 놀던 어린 공주가 반갑게 왕의 품에 달려들었습니다. 무심코 그의 팔을 잡자 공주까지 황금으로 변했습니다. 그때야 그의 헛된 소원이 부질없음을 뉘우치고 디오니소스에게 가서 취소해 달라고 합니다. 디오니소스는 미다스 왕에게 팍타곤스강에 몸을 담그라는 처방을 내렸습니다. 그

후 그는 마법에서 풀려날 수 있었습니다. 바른 소원의 중요성을 일깨우는 신화입니다.

우리는 살면서 많은 소원을 품습니다. 그러나 당시에는 절실했던 소원도 지나보면 별것 아닌 것이 많습니다. 그렇기에 우리 삶이 온전하려면 바른 소원을 품어야 합니다. 무엇이 바른 소원입니까? 하나님의 소원과 일치한 소원입니다. 그래서 사도 바울은 오늘 본문에서 우리를 향한 하나님의 소원을 가르치고 있습니다.

과연 성도들을 향한 하나님의 소원은 무엇일까요?

1. 점점 성화되어 가길 원하십니다 (12절)

"그러므로 나의 사랑하는 자들아 너희가 나 있을 때뿐 아니라 더욱 지금 나 없을 때에도 항상 복종하여 두렵고 떨림으로 너희 구원을 이루라"(12절).

● **구원을 이루라**

무엇보다도 성도들이 품어야 할 소원은 성화를 통한 구원입니다. 그래서 바울은 본문 12절에서 이 사실을 강조하고 있습니다. '구원을 이루라'는 말은 '구원받기 위해서 선행을 쌓으라'는 뜻이 아닙니다. 구원을 생활에서 나타내라는 뜻입니다. 다른 말로 성결과 성화의 삶을 이루라는 가르침입니다.

옳습니다. 올해는 작년보다 더욱 그리스도를 닮아 가려는 열정이 있어야 합니다. 그리스도인은 사회생활에 대한 목표도 중요하지만, 그보다 우선하여 경건 생활의 목표를 정하는 일이 더욱 중요합니다.

세월에 따라 성장하지 못하거나 성숙하지 못하는 것은 큰 아픔입니다. 20여 년 전에 청년들과 김포 석암요양원으로 봉사활동을 다녔습니다. 그곳에는 정상적인 성장이 멈춘 왜소증 환자도 있었습니다. 서른 살이 넘었는데도 신체나 정서적인 발달이 유아 상태에 머물러 있었습니다. 안타깝게도 그들은 부모에게조차 비정하게 버림받았습니다. 성장하지 못함의 고통과 비극을 볼 수 있었습니다. 성장과 성숙은 신앙에서도 중요한 일입니다. 바른 신앙인이라면 소원도 점점 성화되어 가는 삶에 맞추어야 합니다. 그래서 하나님의 말씀은 성화의 필요성을 강조합니다.

"내가 어렸을 때에는 말하는 것이 어린아이와 같고 깨닫는 것이 어린아이와 같고 생각하는 것이 어린아이와 같다가 장성한 사람이 되어서는 어린아이의 일을 버렸노라"(고전 13:11).

"형제들아 지혜에는 아이가 되지 말고 악에는 어린아이가 되라 지혜에는 장성한 사람이 되라"(고전 14:20).

"우리가 다 하나님의 아들을 믿는 것과 아는 일에 하나가 되어 온전한 사람을 이루어 그리스도의 장성한 분량이 충만한 데까지 이르리니"(엡 4:13).

신앙적인 성숙을 이루는 일은 육체적인 성장의 원리와 똑같습니다. 그리스도의 장성한 분량에 이르는 것, 그것은 바로 성화를 이루는 삶을 말합니다. 온전하게 그리스도를 닮는 삶을 말합니다. 하나님은 자녀 된 우리가 그리스도를 온전히 닮아 가기를 소원하십니다.

● 모로 가도 서울만 가면 된다?

우리 속담에 "말은 제주로 보내고 사람은 서울로 보내라"라고 했습니다. 정치, 경제, 사회, 문화의 중심인 서울은 사람들이 모이는 곳입니다. 세대를 이어 사람들은 서울로 서울로 모였습니다. 다양한 사람들이 몰려들다 보니 개중에는 정상적이지 않은 방법으로 자신의 목적을 성취하려는 사람도 있었습니다. 많은 사람이 충고하고 질타했지만 그들은 오히려 당당하게 말했습니다.

'모로 가도 서울만 가면 된다!'

비켜 가든 똑바로 가든 서울만 가면 되는 것 아니냐, 목적만 이룰 수 있다면 무슨 수를 쓰든 상관없지 않느냐고 맞받아쳤습니다. 과연 모로 가도 서울만 가면 되나요? 목적을 위해 수단과 방법을 가리지 않는 것은 정의롭지 않은 일입니다. 그 예로 시험 볼 때 부정한 방법을 사용하는 것을 들 수 있습니다. 좋은 성적을 얻고 좋은 대학에 진학하는 것, 좋은 직장에 들어가는 것이 왜 나쁘겠습니까? 누구나 원하고 바라는 것 아닌가요? 누군들 높은 지위에 있고 싶지 않으며, 누군들 돈을 많이 벌고 싶지 않겠습니까? 그래도 공부는 정직하게 해야 하는 것 아니겠습니까? 공부의 기본은 실력인 것처럼 신앙생활도 마찬가지입니다. 정정당당하게 신앙의 실력을 갈고 닦는 것이 성화 훈련입니다.

그렇다면 성화되어 가는 방법은 무엇일까요?

● 순종하라

첫째, 일관된 순종입니다(12절). 바울은 "항상 복종하여"라고 말합니다. 빌립보 교인들의 삶에는 일관된 순종이 있었습니다. 그들은 바울이 있을 때든지 없을 때든지 순종했습니다. 순종은 성숙을 가져오는 방법일 뿐 아니라 성숙의 기준과 내용이기도 합니다. 순종해야 성숙하고, 성숙한 사람은 순종합니다. 그래서 사무엘은 사무엘상 15장 22절에서 "순종이 제사보다 낫고"라고 말했으며, 바울은 고린도후서 1장 19절에서 "너희 가운데 전파된 하나님의 아들 예수 그리스도는 예 하고 아니라 함이 되지 아니하셨으니 그에게는 예만 되었느니라"고 말씀함으로 순종의 중요성을 강조하고 있습니다.

이 세상에서 가장 순결한 것은 '빛'과 '바다'와 '소금'입니다. 특히 그중에서도 소금이 가장 순결한 것이라고 볼 수 있습니다. 순수한 빛과 순수한 바다가 합쳐져서 만들어졌기 때문입니다. 그런데 예수님은 '소금처럼 순결하라'고 하지 않고 '비둘기처럼 순결하라'고 말씀하셨습니다. 왜 소금 대신 '비둘기'를 말씀하셨을까요?

'비둘기'로 사용된 헬라어 단어는 '페리스테라'로 '집비둘기'를 가리킵니다. 집비둘기는 주인에게 아주 충성스럽습니다. 우편이나 통신이 발달하지 않았던 옛날에는 집비둘기를 훈련시켜 편지를 전달하게 했는데 그러한 비둘기를 '전서구'라 했습니다. 수많은 비둘기가 무리를 지어 먼 거리를 날아도 주인이 있는 비둘기는 자기 주인을 정확히 찾아 편지를 전해 주었습니다. 그러므로 '비둘기처럼 순결하라'는 말씀은 '온순해지라' '순진해지라' '평화로워지라'라는 뜻이 아니라, 이 세상과 뒤섞여 살다가 주인을 잃어버리지 말고, 오직 비둘기처럼 주님 한 분에게만 충성하라는 뜻입니다.

여기서 순결은 도덕적인 순결이 아니라 영적인 순결을 말하는 것입니다. 하나님이 원하시는 믿음은 아무 문제도 일으키지 않는 온순한 믿음, 순진한 믿음이 아닙니다. 오직 여호와 하나님께만 충성하는 믿음입니다.

● **두렵고 떨림**

둘째, 두렵고 떨림입니다(12절). 바울이 성화를 통해 구원을 이루는 방법으로 제시한 '두렵고 떨림'은 종교의 본질인 경외심과 하나님께 대한 전적인 신뢰를 말합니다. 또한 늘 삼가서 사람을 대하는 겸손함을 이릅니다. 하나님의 권위를 인정하고 그 앞에 경배하는 마음이야말로 천성을 향해 가는 성도들이 반드시 지녀야 할 삶의 자세이고 목표입니다.

● **성령의 도우심**

셋째, 성령의 도우심입니다(13절). 육신의 소욕을 이기는 길은 성령의 소욕을 따르는 것입니다. 우리는 우리 안에 행하시는 성령의 도움으로 구원을 이루어 갈 수 있습니다. 그래서 바울은 에베소서 5장 18절에서 "술 취하지 말라 이는 방탕한 것이니 오직 성령으로 충만함을 받으라"라고 말했으며, 갈라디아서 5장 16절에서는 "너희는 성령을 따라 행하라 그리하면 육체의 욕심을 이루지 아니하리라"라고 말한 것입니다. 부디 모든 성도들이 이 거룩한 신앙의 소원과 목표를 가지고 전진하시기를 바랍니다.

● **거룩한 삶**

거룩한 삶에는 마땅히 투자가 있어야 합니다. 거룩은 순간적으로 이루어지지 않습니다. 현대는 모든 것이 인스턴트인 시대이기 때문에, 우리는 어떤 위기를 한 가지 극복하고 나면 곧바로 거룩의 경지에 이르는 것으로 착각하기도 합니다. 그러나 그렇지 않습니다. 거룩은 순간순간 우리 안에 계신 그리스도에 대한 체험으로 이루어지는 것입니다. 거룩한 삶보다 주님을 세상에 더 잘 드러낼 수 있는 길은 없습니다. 거룩은 사람들로 그리스도를 신뢰하게 하고, 하나님을 영화롭게 하며, 또 신자들에게는 유익을 가져다줍니다.

한편, 성도들이 거룩한 생활을 하지 않으면 주님의 이름에 불명예와 부끄러움을 안겨 줍니다. 그리스도의 사랑과 우리를 구원하시기 위해 그리스도께서 지불한 값, 그리고 우리에게 부어 주신 은혜가 거룩한 삶을 위한 동기가 되어야 합니다. 거룩은 점점 그렇게 되어 가는 것이지 하루아침에 얻는 것이 아닙니다. 우리가 하나님께 순종할 때 성령님은 우리를 한 단계씩 변화시키십니다. 변화의 과정 중에 죄의 고백과 빚 등에 대한 상환, 하나님의 뜻에 대한 항복, 성경공부, 기도, 다른 그리스도인들과의 교제, 주를 섬기는 것, 자신의 몸과 마음을 쳐서 복종시키는 것 등이 나타납니다.

거룩은 우리의 성생활과 언어생활, 기질, 의복 등과도 연관이 있습니다. 히브리서 12장 14절에 "모든 사람과 더불어 화평함과 거룩함을 따르라 이것이 없이는 아무도 주를 보지 못하리라"라고 말씀하고 있습니다. 우리 그리스도인들은 거룩이 없이는 아무도 주를 보지 못하리라는 말씀에 충격을 받아야 합니다.

● 진짜와 가짜

중국의 상위 1% 부자는 가정용품이 전부 일본 제품이라고 합니다. 심지어 물도 일제 생수를 배달해서 마십니다. 중국제는 짝퉁, 곧 가짜가 너무 많아 믿을 수 없기 때문이라는 것입니다.

짝퉁이 어느 정도 많은지를 보여 주는 예화가 있습니다. 어느 농부가 봄에 종자를 사서 씨를 뿌렸습니다. 그런데 싹이 하나도 나지 않았습니다. 씨앗들이 모두 가짜였기 때문입니다. 한 해 농사를 망친 농부는 너무 속이 상해서 자살하려고 농약을 사서 마셨습니다. 그런데 죽지 않았습니다. 왜일까요? 농약도 짝퉁이었기 때문입니다. 웃자고 하는 이야기일 테지만, 사실 이게 어디 중국만의 일입니까? 세상에 진짜 같은 짝퉁이 얼마나 많습니까? 가장 심각한 짝퉁은 믿음의 짝퉁입니다.

● **꾸준함의 능력**

말콤 글래드웰이 쓴 《아웃라이어》라는 책이 있습니다. 부제는 "성공의 기회를 발견한 사람들"입니다. 원래 '아웃라이어'(outlier)는 본체에서 분리되거나 따로 분류되어 있는 물건, 또는 표본 중 다른 대상들과 확연히 구분되는 통계적 관측치를 의미하는 명사입니다. 그런데 말콤 글래드웰은 이 단어를 성공의 기회를 발견한 특별한 그룹의 사람들을 지칭하는 말로 쓰고 있습니다. 말콤 글래드웰이 발견한 아웃라이어들의 특징이 무엇인지 아십니까? 1만 시간의 법칙을 따랐다는 것입니다. 하루 세 시간씩 10년이면 1만 시간이 됩니다. 즉, 한 분야에 하루 세 시간씩 10년을 투자하면 아웃라이어가 될 수 있다는 말입니다.

말콤 글래드웰은 하키 선수들을 분석하는 일로 이 책의 이야기를 시작합니다. 하키 선수들을 분석하여 1~3월생들이 청소년 대표팀에서 압도적으로 최상위 그룹에 속하는 이유를 추적했습니다. 성장기의 몇 개월이 뒷날 월등한 실력 차이를 만들어 냈습니다. 그런

후에 우리가 잘 아는 사람들, 즉 우리 시대에 성공신화를 불러온 사람들을 관찰해 가기 시작합니다. 모차르트, 비틀즈, 빌 게이츠, 빌 조이 등의 인물입니다. 말콤 글래드웰은 그들의 성공이 절대 우연이거나 부모를 잘 만났거나, 혹은 시기가 적절했기 때문이 아니라고 강조합니다. 오히려 그들은 1만 시간의 법칙에 충실한 사람들이었다는 것입니다.

말콤 글래드웰의 메시지는 강력합니다. 헛된 망상으로 시간을 보내지 말라는 것입니다. 우연한 성공, 한 방에 이루어지는 것은 없습니다. 진정한 아웃라이어는 1만 시간의 투자를 통해서 이루어진다는 것이 그의 메시지입니다.

● 꾸준한 믿음

저는 '꾸준함이 능력이다'라는 말을 좋아합니다. 1만 시간의 법칙과 꾸준함의 능력은 사실 같은 말입니다. 저는 이 원리가 공부에도, 사업에도, 생활에도, 신앙에도 그대로 적용된다고 생각합니다. 마음을 새롭게 하여 변화를 받기 위해서는 많은 시간과 노력이 필요합니다. 신앙생활만큼 거품이 심한 것이 또 어디 있겠습니까? 제대로 된 기초도 한 번 배우지 못한 채 자칭 고수라는 그리스도인이 얼마나 많습니까? 우리는 그런 그리스도인이 되어서는 안 됩니다. 매일매일 차근차근 복음을 배워 가는 일을 게을리하지 않을 때 진정한 그리스도인이 되어 복음의 안경을 쓰고 세상을 바라볼 힘과 능력이 생기는 것입니다.

사도 바울은 지금까지 복음에 합당한 생활에 관해서 이야기해

왔습니다. 복음에 어울리는 옷을 입고 천국 시민권자로 자부심을 느끼고 살아가는 것이 복음에 합당한 생활의 핵심입니다. 그 복음에 합당한 생활을 받들고 있는 기둥이 바로 예수 그리스도의 마음입니다. 마음이 바뀌어야 한다는 것입니다.

그러면서 그렇게 마음이 바뀌어 가는 과정에 필요한 1만 시간의 법칙을 '두렵고 떨림으로 이루어야 할 구원'이라고 설명합니다. 문제는 지속성에 있습니다. 얼마나 오래, 얼마나 꾸준하게 변함없이 예수를 믿고 말씀에 충실했느냐가 그의 믿음의 현주소입니다.

2. 원망과 시비가 없는 삶을 원하십니다(13-14절)

"너희 안에서 행하시는 이는 하나님이시니 자기의 기쁘신 뜻을 위하여 너희에게 소원을 두고 행하게 하시나니 모든 일을 원망과 시비가 없이 하라."

● 하나님이 바라시는 것

우리가 하나님께 바라는 것이 있듯, 하나님께서도 그의 자녀들에게 기대하시는 것이 있습니다. 교회 생활에서 원망과 시비가 없게 하는 것입니다. 본문에서 '원망'은 투덜대거나 불평하는 것을 말하며, '시비'는 악의 있는 논쟁을 의미합니다. 즉, 사소한 일에 악의를 가지고 불평하는 태도를 가리킵니다.

바울은 광야에서의 이스라엘 백성(출 15-17장; 민 14-17장)을 염두에 두고 빌립보 교인들에게 이 말을 했습니다. 출애굽 하는 이스라엘 백성들에게서 원망과 시비는 하나님의 공동체를 분열시키고 하나님의 뜻을 왜곡했으며, 끝내 그들로 가나안 땅에 들어가지 못하게 했습니다. 그렇게 볼 때 성도들에게서 가장 금기시해야 할 것이 있다면 원망과 시비입니다.

● 빌립보 교회의 상황

당시 빌립보 교회의 상황을 살펴보겠습니다. 빌립보 교회는 처음 사도 바울이 개척했을 때부터 지금까지 참 많은 사랑을 가지고 바울을 후원한 교회였습니다. 그런데 2장 3절은 다툼과 허영이 교회를 어렵게 하고 있다고 말합니다. 그리고 14절의 말씀처럼 원망과 시비가 생겼습니다. 특히 4장 2-3절에 의하면, 빌립보 교회에 유력한 지도자들인 유오디아와 순두게 간에 다툼이 있었습니다. 그래서 바울이 주 안에서 같은 마음을 품으라고 하는 것입니다.

왜 이런 권면이 필요합니까? 이들의 다툼이 교회를 병들게 하고 있기 때문입니다. 다툼 때문에 성도들이 상처를 받습니다. 무슨 진리에 관한 문제로 싸운다면 얼마나 좋겠습니까? 그런데 그런 게 아니라 서로의 기득권 때문에 싸웠습니다. 유오디아와 순두게의 다툼이 기쁨과 감사의 대상이었던 빌립보 교회를 망가트리고 있었습니다. 사도 바울은 이런 빌립보 교회를 향해서 말하고 있습니다. '복음에 합당하게 살라. 마음을 같이하라. 한마음을 품으라'는 것입니다.

그리고 나서 "그러므로 구원을 이루라"라고 했다면 이 구원이 어떤 구원이겠습니까? 당연히 믿음에서 믿음에 이르는 여정, 즉 말세라고 일컫는 시간에 성도가 살아 내야 할 성화의 삶을 의미합니다. 구원받았기 때문에 우리 삶 속에서 다툼과 허영으로 하든 원망과 시비가 있든 아무 상관이 없다는 태도를 지적하는 것입니다. 12절의 '구원'은 '교회 공동체의 건강'이라는 의미입니다. 구원이라고 번역된 헬라어 '소테리아'는 신약 대부분에서 종말론적인 구원, 즉 우리가 하나님의 영생에 참여하는 것을 말합니다. 그러나 여기서 두렵고 떨림으로 구원을 이루라는 것은 예수의 마음을 품고 겸손히 교회의 하나 됨을 이루어 가라는 말입니다. 우리는 다툼과 시비, 원망과 불평을 그치고 두렵고 떨림으로 하나 되고, 겸손해야 합니다.

● **하나님의 인도를 신뢰하라**

모든 일에 원망이 없으려면, 첫째로 하나님과 바른 관계를 맺고 있어야 합니다. 우리에게서 구원을 시작하셨고 또 이루어 가시는 분은 하나님입니다. 하나님께서 우리로 구원의 길을 가게 하셨습니다. 그런데 그 길이 쉽지 않습니다. 그 길을 가다 보면 때때로 어려움을 당합니다. 힘들 때가 있습니다. 부족할 때도 있습니다. 그래서 마음이 상하기도 합니다.

그럴 때도 마음에 구원의 소원을 가진 우리는 하나님을 원망하지 말아야 합니다. 오히려 하나님을 더욱 소망해야 합니다. 그럴 때 우리는 하나님이 참으로 우리의 하나님이 되심을 반드시 체험하게 됩니다. 그럴 때 하나님께서는 그의 크신 지혜와 능력을 베푸셔서 우리로 하여금 결국 그 어려움을 다 이겨 내게 하십니다. 감사의 이유를 더하십니다. 그래서 하나님 나라에 더욱더 가까이 가게 하십니다. 하나님 나라를 더욱더 깊이 맛보게 하십니다. 하나님께서는 그런 분이십니다.

여러분, 이스라엘 백성들이 애굽에서 나올 때, 출애굽 1세대들이 어떻게 했는지를 생각해 보십시오. 어려움을 당했을 때 그들이 어떻게 했습니까? 그렇습니다. 그들은 끊임없이 하나님을 원망했습니다. 하나님께서 시작하신 구원의 일에 대해 대놓고 불평을 쏟아 놓았습니다. 민수기 14장을 보십시오. 가나안 땅을 악평하는 정탐꾼들의 보고를 들은 출애굽 1세대들은 하나님을 원망했습니다.

"이스라엘 자손이 다 모세와 아론을 원망하며 온 회중이 그들에게 이르되 우리가 애굽 땅에서 죽었거나 이 광야에서 죽었으면 좋았을 것을 어찌하여 여호와가 우리를 그 땅으로 인도하여 칼에 쓰러지게 하려 하는가 우리 처자가 사로잡히리니 애굽으로 돌아가는 것이 낫지 아니하랴"(민 14:2-3).

이스라엘 백성들은 '우리가 애굽으로 돌아가는 것이 낫지 않겠느냐. 왜 우리를 애굽에서 이끌어내 이 어려움을 당하게 하느냐. 그럴 바에야 차라리 애굽이나 이 광야에서 죽었으면 더 좋았을 뻔했다'라고 하며 하나님을 원망했습니다. 하나님께서 시작하신 구원 사역에 불평을 쏟아놓았습니다. 그들의 원망과 불평의 소리를 들으신 하나님께서 그들을 기뻐하셨겠습니까?

하나님께서는 그들을 살리려고 이 일들을 행하셨습니다. 물론 광야 40년의 길은 평탄한 대로가 아니었습니다. 좁은 길이었습니다. 그 길에는 목마름이 있었습니다. 배고픔도 있었습니다. 또한 다른 종족이나 들짐승의 공격을 받을 위험도 있었습니다. 그렇지만 그 길은 분명 구원의 길이었습니다. 하나님께서 시작하셨고 또 반드시 이루실 구원의 길이었습니다.

그렇기에 예상치 않은 어려움을 만났다 할지라도 이스라엘 백성들은 하나님을 원망하지 말아야 했습니다. 오히려 그들은 믿음을 굳게 하고 하나님을 더욱더 의지하면서 그 구원의 길을 힘써 가야 했습니다. 그러나 이스라엘 백성들은 그렇게 하지 못했습니다. 오히려 하나님을 원망했습니다. 차라리 죽었으면 좋겠다고 했습니다. 그래서 결국 그들은 하나님의 진노하심을 받아 약속의 땅 가나안에 들어가지 못하고 광야에서 지내다가 광야에 묻혀야 했습니다.

민수기 14장 28-30절을 보십시오. 그때 하나님께서는 하나님을 원망하며 불평의 말을 쏟아놓았던 그들에 대해 이렇게 이르셨습니다.

> "그들에게 이르기를 여호와의 말씀에 내 삶을 두고 맹세하노라 너희 말이 내 귀에 들린 대로 내가 너희에게 행하리니 너희 시체가 이 광야에 엎드러질 것이라 너희 중에서 이십 세 이상으로서 계수된 자 곧 나를 원망한 자 전부가 여분네의 아들 갈렙과 눈의 아들 여호수아 외에는 내가 맹세하여 너희에게 살게 하리라 한 땅에 결단코 들어가지 못하리라."

그렇습니다. 이때 하나님을 원망했던 출애굽 1세대는 갈렙과 여호수아를 제외하고 모두가 다 광야에서 죽어야 했습니다. 하나님을 원망한 대가는 참으로 컸습니다.

우리도 구원을 이루는 길을 가면서 원망하거나 불평하지 말아야 합니다. 가는 도중에 뜻하지 않은 어려움을 만나더라도 하나님을 원망하거나 하나님께서 행하시는 일에 대해 불평을 쏟아놓지 말아야 합니다. 그럴 때 오히려 하나님께 감사하고, 하나님을 굳게 신뢰하면서 걸어가야 합니다. 그것이 우리를 향하신 하나님의 뜻입니다.

● **원망과 시비가 없게 하라**

둘째로 모든 일에 시비가 없도록 해야 합니다. 곧 다른 사람들과 다투지 않는 것입니다. 쓸데없는 논쟁을 피해야 합니다. 다툼이 일어나면 문제가 쉽게 해결되지 않을 뿐 아니라 오히려 사탄에게 틈을 내주게 되기 때문입니다. 그래서 주님께서는 마태복음 5장 23-24절에서 "그러므로 예물을 제단에 드리려다가 거기서 네 형제에게 원망들을 만한 일이 있는 것이 생각나거든 예물을 제단 앞에 두고 먼저 가서 형제와 화목하고 그 후에 와서 예물을 드리라"라고 교훈하셨습니다.

그렇다면 모든 일에서 시비가 없게 하려면 어떻게 해야 합니까? 이에 대해 바울 사도는 디모데전서 2장 8-10절에서 이렇게 권면하고 있습니다.

> "그러므로 각처에서 남자들이 분노와 다툼이 없이 거룩한 손을 들어 기도하기를 원하노라 또 이와 같이 여자들도 단정하게 옷을 입으며 소박함과 정절로써 자기를 단장하고 땋은 머리와 금이나 진주나 값진 옷으로 하지 말고 오직 선행으로 하기를 원하노라 이것이 하나님을 경외한다 하는 자들에게 마땅한 것이니라."

그렇습니다. 모든 일에서 시비가 없으려면 기도해야 합니다. 또한 선행을 해야 합니다. 이 기도와 선행으로 자기를 단장해야 합니다. 그렇게 할 때 우리는 모든 일을 시비 없이 할 수 있고, 주님 안에서 문제를 잘 해결할 수 있습니다. 그래서 우리의 구원을 더욱더 이루어 갈 수 있습니다.

● 원망과 시비가 없어야 하는 이유

왜 원망과 시비가 없어야 할까요? 먼저는 세상에 물들지 않기 위해서입니다(15절). 원망과 시비는 전염된다는 특성이 있습니다. 우리도 원망하고 시비하는 마음을 갖다 보면 나도 모르게 원망하고 시비하는 모습을 지니게 됩니다. 그래서 본문에서도 원망하지 말아야 하는 이유를 흠 없고(책망 받을 일 없고) 순전하게(이물질이 섞이지 않게) 하려는 데 있다고 밝히고 있습니다.

그렇습니다. 인격이 오염되고 더러워지는 이유는 환경의 영향 이전에 자기 자신에게 있습니다. 특별히 언어생활에서부터 시작됩니다. 그래서 예수님은 마태복음 15장 11절에서 "입으로 들어가는 것이 사람을 더럽게 하는 것이 아니라 입에서 나오는 그것이 사람을 더럽게 하는 것이니라"라고 하셨습니다. 세상에 물들지 않으려면 언어생활부터 달라져야 합니다.

둘째로 빛 된 삶을 위해서입니다(15-16절). 바울은 본문에서 "빛들로 나타내며 생명의 말씀을 밝혀"라고 그 이유를 증거하고 있습니다. 원망과 시비가 없는 삶은 세상에 빛처럼 드러나서 결국에는 생명의 말씀이 온 땅에 드러나게 합니다. 반면 원망과 시비는 하나님의 섭리와 뜻을 거스르는 불신앙이요, 하나님의 창조와 피조물에 대한 모독입니다. 세상의 이치도 같습니다. 예를 들어 자식이 욕을 먹으면 본인도 기분이 나쁘겠지만 욕먹는 것은 부모입니다. 그래서 원망과 시비를 금한 것입니다.

셋째로 재림의 때에 상급이 있기 위함입니다(16절). 오늘 본문에서 사도 바울은 자신의 사역을 두 가지로 설명하고 있습니다. 하나는 경주자 비유로 '나의 달음질'(갈 2:2; 고전 9:24-27)이라는 표현이고, 또 하나는 옷감 짜는 비유로 '수고도 헛되지 아니함'이라는 말입니다. 바울은 텐트를 짜본 경험이 있었습니다. 텐트를 짜는 일은 오랫동안 노동해야 하지만 불량품이 되면 수고의 대가를 얻지 못합니다.

사도 바울은 이 두 가지 비유를 통해서 성도들이 원망과 시비를 버리고 신실하게 살면 자신의 사역과 헌신이 허무하게 끝나지 않고 그리스도의 날에 상급이 있다는 확신을 선포하고 있습니다. 원망할 만한 일이 있을 때 원망하지 않으면 상급이 있습니다.

● 송명희 시인의 감사

전신마비 장애를 지닌 송명희 시인은 자신의 불편한 모습을 '하나님의 창조물'로 당당히 인정하며 사랑합니다. 한번은 극동방송이 그녀에게 미국에서 최고 수준의 수술과 치료를 받도록 주선하고 제안한 적이 있었는데 그녀의 지하방을 방문한 방송국 관계자에게 이렇게 말했답니다.

"난 이대로가 좋아요. 주님이 만들어 놓으신 이대로 그냥 살 거예요!"

그녀가 제일 질색하는 일이, 강사로 초청받은 교회에 도착하면 요청도 안 했는데 자신의 장애를 위해 목사님들이 안수기도를 하려고 하는 것이라고 밝혔습니다. 그러면서 고백합니다.

"하나님은 진토 같은 나를 좀 아름답지 못한 모양으로 만드셨으나 대신 나를 아름답게 써주신다. 큰 나무나 큰 바위만 하나님의 위대하신 창조물인가? 볼품없는 작은 들풀도 하나님의 위대하신 작품이다."

그렇습니다. 우리보다 훨씬 어려운 여건에서 힘들게 사는 사람들을 한번 보십시오. 쉽게 원망하지 못할 것입니다. 바울은 지금 로마 옥중에서 이 편지를 쓰고 있습니다. 그러면서도 '나는 기뻐하고 너희 무리와 함께 기뻐하리라'라고 다짐합니다. 사탄은 우리가 비교의식, 열등감, 패배의식 속에서 혼란스럽게 살도록 항상 부추깁니다. 거기서 불만, 불평, 원망, 시비가 쉬지 않고 솟아납니다. 모든 민족 가운데서 선택 받은 이스라엘, 수많은 사람 중에서 선택받은 우리! 이제는 원망과 시비라는 가장 유치하고 독소를 뿜는 이 질병과 결별하고, 예수님을 모시고서 믿음과 소망과 사랑만을 사모합시다.

3. 온전히 섬기는 삶을 원하십니다 (17절)

"만일 너희 믿음의 제물과 섬김 위에 내가 나를 전제로 드릴지라도 나는 기뻐하고 너희 무리와 함께 기뻐하리니."

● **전제 같은 삶**

'전제'는 포도주나 피 같은 액체 제물을 제단 위에 부어 드리는 마지막 의식입니다.

"야곱이 하나님이 자기와 말씀하시던 곳에 기둥 곧 돌기둥을 세우고 그 위에 전제물을 붓고 또 그 위에 기름을 붓고"(창 35:14).

야곱이 인류 최초로 전제를 부어 드렸습니다. 전제는 완전한 헌신을 상징합니다. 액체처럼 완전히 쏟아붓는 상태를 말합니다.

바울은 최종적인 그의 소원을 고백합니다. 하나님께 제사를 드릴 때 그 제사가 완전한 것이 되도록 하기 위하여 제단에 포도주를 부어 전제(奠祭, 혹은 관제)로 드리는 것처럼(민 15:1-10), 빌립보 교인들의 신앙의 제사를 완성하기 위해서라면 자신의 목숨을 바쳐 순교한다고 할지라도 기쁘다는 고백입니다.

제사 드리는 방법으로서의 전제(관제)는 다음과 같은 특성이 있습니다. 첫째는 제사에서 조역입니다. 둘째는 흔적도 없이 자신이 사라집니다. 바울의 삶을 통해 하나님이 우리에게 원하시는 바도 이것입니다. 우리가 교회에서 조역으로 여겨지면 어떻습니까? 바울의 고백은 이름도 없고 빛도 없이 섬길지라도 감사하면서 전제로 자신을 하나도 남김없이 쏟아붓듯 순교도 감수하겠다는 희생의 다짐입니다.

이 다짐의 말은 오늘날 성도들이 어떤 자세로 주님과 교회를 섬겨야 하는지를 보여 줍니다. 예수님은 "인자가 온 것은 섬김을 받으려 함이 아니라 도리어 섬기려 하고 자기 목숨을 많은 사람의 대속물로 주려 함이니라"(막 10:45)라고 공생애의 목적을 분명히 말씀하셨습니다. 예수님은 우리와 같은 죄인들을 위해 희생하러 오셨습니다. 관제와 같이 드려지기 위해 이 땅에 와서 그런 삶을 사셨습니다. 예수님의 그런 삶 때문에 오늘날 우리가 이처럼 죄에서 벗어나 새 사람이 되었고, 하나님께 거룩한 사람이라고 인정받았습니다. 우리가 이런 삶을 누리게 된 것은 다 예수님의 큰 은혜 때문입니다. 바울이 빌립보 교회 성도들을 위해 관제와 같은 삶을 살겠다고 다짐한 것도 예수님 때문이었습니다.

여러분, 우리 모두는 전제의 삶을 살아야 합니다. 서로 신앙이 자라나도록 실제적으로 도와주고 기도해 주어야 합니다.

● 돕고 섬겨야 하는 이유

우리는 서로를 돕고 섬겨야 합니다. 믿음이 자라는 것은 우리 혼자의 힘으로는 쉽지 않기 때문입니다. 물론 하나님께서 우리 안에서 우리를 도와주시지만, 하나님은 우리에게 교회 공동체도 허락하셨습니다. 그리고 교회 안에서도 서로를 섬기도록 여러 가지 직분을 주셨습니다. 또 직분이 아니라 하더라도, 우리는 언제나 서로를 섬기면서 함께 세워져 가야 합니다. 로마서 12장 5절에서 "이와 같이 우리 많은 사람이 그리스도 안에서 한 몸이 되어 서로 지체가 되었느니라"라고 말씀합니다. 이 말씀과 같이 우리는 그리스도 안에서 모두 한 몸으로 부름 받은 사람들입니다. 육신적으로 보면 우리는 모두 태어난 고향이 다르고, 부모가 다르고, 자라온 환경이 다릅니다. 그럼에도 예수 안에서 우리는 한 몸, 한 가족입니다.

그렇기 때문에 우리는 우리 스스로의 영적인 성숙을 위해서도 애를 써야 하지만, 함께 성장하도록 서로를 섬기고 도와야 합니다.

기러기 같은 철새들은 혼자서 날지 않고 10~20마리 정도가 함께 V자 모양으로 편대 비행을 합니다. 이렇게 V자로 편대 비행을 하면 앞의 기러기가 날갯짓을 할 때 그 기류가 상승작용을 일으켜 뒤따라오는 기러기들이 큰 힘 들이지 않고 날 수 있다고 합니다. 조류학자들에 의하면 함께 편대 비행을 하면 혼자 날 때보다 70% 정도 더 멀리 날 수 있다고 합니다. 새들도 이처럼 서로 돕는데 하물며 한 몸 된 우리는 더 잘 섬겨야 하지 않을까요?

빌립보서 2장 4절에서 바울은 "각각 자기 일을 돌볼뿐더러 또한 각각 다른 사람들의 일을 돌보아 나의 기쁨을 충만하게 하라"고 부탁하고 있습니다. 사랑하는 여러분, 혹시 주변에 우리의 관심과 섬김을 필요로 하는 분들이 계신지 돌아보시기 바랍니다. 서로를 위해 기도하고, 시간이 나면 찾아가서 함께해 주면서 우리 모두가 함께 예수 안에서 성장할 수 있기를 바랍니다.

오늘 우리는 하나님의 소원에 대해 함께 살펴보았습니다. 하나님이 우리에 대해 소원을 갖고 계시다는 말은 곧 우리에게 관심과 기대를 갖고 계시다는 뜻입니다. 우리 같은 사람에게도 하나님께서 소원을 갖고 계시다는 사실이 얼마나 감사한 일입니까? 그러니 하나님의 기대를 저버리지 않도록 힘쓰는 사람들이 되어야 할 것입니다.

● 리틀 애니 이야기

'리틀 애니'라는 작은 소녀의 이야기를 아십니까? 리틀 애니라는 별명을 가진 이 소녀는 정신지체자와 정서장애자들을 위한 재활원에서 치료를 받고 있었습니다. 이런저런 치료를 다 해보았지만 끝내 증상이 나아지지 않았습니다. 재활원에서는 더는 가망이 없다고 결론을 내리고 그녀를 지하에 있는 작은 방에 가두어 버렸습니다.

그런데 직원 한 명이 점심 시간만 되면 리틀 애니가 있는 방 앞에 가서 같이 식사를 하며 책도 읽어 주고 그녀를 위해 기도도 해주었습니다. 하루도 거르지 않고 그렇게 했음에도 리틀 애니는 전혀 반응이 없었습니다. 그래도 포기하지 않고 계속했습니다. 그런데 얼마쯤 시간이 지나자 놀랍게도 조금씩 반응을 보이기 시작했습니다.

그렇게 2년이 지났을 때 애니는 재활원에서 퇴원하여 정상적인 삶을 살 수 있다는 진단을 받았습니다. 포기하지 않고 끝까지 섬겼던 그 직원의 사랑과 섬김이 애니를 그렇게 할 수 있도록 만들어 준 것입니다. 그녀는 세상에 나가 정상적인 삶을 살 수 있었지만 나가지 않았습니다. 대신 재활원에 남아 옛날의 자기와 같은 다른 환자들을 돌보기 시작했습니다.

그로부터 50년이 지난 후에 미국의 유명한 작가이자 교육자, 사회 운동가인 헬렌 켈러가 기자회견을 하고 있었습니다. 어떻게 그 많은 장애를 극복할 수 있었냐는 질문을 받았습니다. 이때 그녀는 이렇게 대답하였습니다. "모두 앤 설리번 선생님 덕분입니다. 설리번 선생님이 없었다면 저는 지금 이 자리에 있을 수 없었을 것입니다." 도저히 구제할 길이 없어 보였던 헬렌 켈러에게 끝까지 사랑을 보여주고 섬겼던 앤 설리번이 바로 그 재활원 지하에 감금되어 있었던 리틀 애니였습니다. 자신이 받은 사랑과 섬김의 경험이 자신을 구원하고, 또 헬렌 켈러를 만들었던 것입니다.

● **섬김의 기쁨**

여기서 사도 바울의 '나를 전제로 드린다'라는 말씀의 의미를 깨달을 수 있습니다. 그것은 끝까지 포기하지 않고 진지하게 섬김의 일을 감당하는 것입니다. 우리가 섬기는 일에 자신을 관제로 드린다면 이런 변화가 일어날 것입니다. 이런 역사가 많이 일어날 때 교회가 행복해집니다.

사도 바울은 본문에서 "나는 기뻐하고 너희 무리와 함께 기뻐하리니"라고 말합니다. 왜 기뻐할까요? 섬김이 기쁨 올 일았기 때문입니다. 섬김이 힘들지 않기 때문에 행복한 것이 아니라, 힘들지만 섬김에는 열매가 맺히기 때문에 행복한 것입니다. 바울이 누렸던 기쁨은 끝까지 섬기는 자만 누릴 수 있는 기쁨입니다. 다른 사람을 온전한 예배자로 세우는 일, 다른 사람을 온전한 섬김의 사람으로 세우는 일을 감당하는 것이 전제로 사는 삶이고, 그곳에 하나님의 기쁨이 넘칠 것입니다.

당신이 새로워지기를!
새 술 담은 새 부대

●

마태복음 9:14-17

시내산 정상 모세기념교회

● **단발령(斷髮令)**

고종의 대한제국 조정에서는 1894년 7월부터 김홍집을 위시한 온건개화파가 주도하여 조선조 전래의 문물제도를 개혁하려는 일련의 근대화 운동을 추진하였고, 정치, 사회, 경제 등 제반 분야에 걸쳐 대대적인 개혁 운동이 전개되었습니다. 그해 11월 15일에, 11월 17일을 기하여 음력에서 양력으로 역법(曆法)을 변경하고, 동시에 고종의 조칙으로 단발령(斷髮令)을 선포한다고 하였습니다. 당시 정부가 단발령을 내린 이유는 '위생에 이롭고 작업에 편리하다'라는 것이었습니다.

당시는 유교 윤리가 일반 백성들의 생활에 뿌리 깊이 자리하고 있었기에 신체, 머리털, 살갖은 부모로부터 물려받은 것으로서 함부로 훼상하지 않는 것이 효의 시작이라고 여겼고, 머리를 길러 상투를 트는 것이 인륜의 기본인 효의 상징이라고 생각했습니다. 그래서 백성들은 단발령을 살아 있는 신체에 가하는 심각한 박해로 받아들였고 조정에 대한 반감은 절정에 달하였습니다. 당대 유림의 거두 최익현(崔益鉉)은 "내 머리는 자를 수 있을지언정 머리털은 자를 수 없다"라고 단발을 단호히 거부하였습니다. 그 결과 김홍집 내각은 국정 개혁을 성공시킬 대중적 지지 기반을 상실하여 실각하였고 끝내 일제강점으로 이어지고 말았습니다.

● **시대와 변화**

시대의 흐름을 아는 것은 중요한 일입니다. 인류 발전에 크게 기여한 문명의 이기들도 처음 등장할 때는 오해와 많은 비난이 있었습니다. 자동차, 철도, 비행기 등이 그랬고, 마취약을 만든 심프슨, 방부제를 발명한 리스터, 지동설을 주장한 코페르니쿠스, 우산을 만든 한웨이도 그랬습니다. 일반적으로 사람들은 새로운 것을 수용하기보다는 거부하고 배척합니다. 하지만 변화하는 환경에 선제적으로 대응하지 못하면 공룡처럼 멸종하고 맙니다.

《제3의 물결》로 유명한 미래학자 앨빈 토플러(Alvin Toffler, 1928~2016)는 저서 《부의 미래》에서 '속도의 충돌'(제3부 5장)이란 주제로 집단별 변화의 속도를 그럴듯하게 비유했습니다. 고속도로에서 시속 100마일(160km)로 달리는 자동차는 미국 사회에서 가장 빠르게 변화하는 집단을 일컫는데, 기업이 바로 그런 부류라고 합니다. 90마일(144km)은 NGO(비정부기구), 60마일(96km)은 가족, 30마일(48km)은 노동조합, 25마일(40km)은 정부 및 관료, 10마일(16km)은 미국의 학교, 5마일(8km)은 UN이나 IMF, 세계무역기구 같은 세계연합기구, 3마일(4.8km)은 미국의 정치조직, 1마일(1.6km)은 법원, 변호사협회, 로스쿨이나 법률회사 등 법률 관계 기관을 대표 사례로 꼽았습니다. 모두 변화를 추구하지만 더 중요한 것은 변화의 속도입니다. 그 어떤 기관이든지 변화의 속도 경쟁에서 뒤지면 도태된다는 절박한 논리가 숨어 있습니다. 과연 교회는 여기서 어디에 해당할까요?

오늘 본문에서 예수님이 "새 포도주는 새 부대에 담아야 한다"라고 하신 말씀은 세상 사람들에게도 친숙하고, 변화를 비유할 때 가장 많이 인용하는 성경구절입니다. 그러나 예수님의 의도를 정확히 알지 못한 채 맹목적으로 변화를 따르자는 의미로 사용하는 것 같기도 합니다. 예수님은 본문 말씀을 통해 세상을 행복하게 할 진정한 변화란 무엇인지를 알려 주십니다. 과연 '새 술은 새 부대에'가 가르치는 내용은 무엇일까요?

1. 변화의 대상은 나다 (16-17절)

"생베 조각을 낡은 옷에 붙이는 자가 없나니 이는 기운 것이 그 옷을 당기어 해어짐이 더하게 됨이요 새 포도주를 낡은 가죽 부대에 넣지 아니하나니 그렇게 하면 부대가 터져 포도주도 쏟아지고 부대도 버리게 됨이라 새 포도주는 새 부대에 넣어야 둘이 다 보전되느니라."

● 낡은 가죽 부대

예수님 당시 중동 지방에서는 병 같은 용기를 구하기 어려웠기에 포도주를 보관하거나 운반할 때 가죽 부대를 사용했습니다. 그런데 가죽 부대는 오래 사용하여 낡으면 탄력이 줄어들어 딱딱하게 변합니다. 따라서 낡은 가죽 부대에 새 포도주를 넣으면, 포도주가 발효되면서 발산하는 가스의 압력을 낡은 가죽이 견디지 못해 터져 버립니다. 그러면 예수님께서 이 비유를 통해 우리에게 말씀하시려는 것은 무엇일까요?

예수님의 비유의 진의를 알기 위해서는 먼저 새 옷감과 낡은 옷감, 새 부대와 낡은 가죽 부대가 무엇을 의미하는지 알아야 합니다. 옷감은 몸을 감싸기 위해 만들어진 것입니다. 새 부대든 헌 부대든 부대는 포도주를 담기 위해 만든 용기입니다.

옷감이든 부대든 그 비유의 원대상은 하나님의 진리를 담는 그릇입니다. 구체적으로는 하나님의 진리를 담는 유대 율법주의라는 그릇과 예수님을 추종하는 예수님의 제자들을 비유하는 것입니다. 좀 더 구체적으로 말하면, 여기서 부대는 진리를 담는 그릇인 사람을 의미합니다. 그렇기에 변화의 대상은 하나님의 진리를 담는 '나'입니다. 우리는 변화를 말할 때 언제나 환경이나 건물, 조직, 어떤 시스템이나 사고방식을 거론합니다. 그러나 진정한 변화는 그릇인 내가 변하는 것입니다.

● **다윗의 회개**

사무엘하 12장은 다윗이 밧세바를 범한 그 사실을 감추려고 그녀의 남편이자 자신의 충신이었던 우리아를 죽게 한 후 이어진 나단 선지자의 책망으로 시작됩니다(삼하 12:1-12). 나단 선지자의 책망을 듣자마자 다윗이 소리친 말이 바로 사무엘하 12장 13절입니다. 개역성경은 이 구절을 "다윗이 나단에게 이르되 내가 여호와께 죄를 범하였노라"(삼하 12:13)라고 옮기고 있습니다. 그러나 이 구절을 제대로 읽으려면 13절을 이끄는 히브리어 접속사를 살려야 합니다. 즉, '그때에 다윗이 나단에게 이르되'나 '그 소리를 듣자마자 다윗이 나단에게 이르되' 정도로 파악해야 합니다. 다시 말해, 사무엘하 12장 13절은 다윗이 자기 과오를 질책하는 나단의 꾸짖음을 듣사마자 바로 회개하였다는 말입니다.

다윗이 언제 회개하였습니까? 나단의 질책이 끝나자마자 '내가 여호와께 죄를 범하였노라'라고 즉시 잘못을 인정하였습니다. 나단의 고발에 변명하지 않았습니다. 나단의 질책에 주저하지 않았습니다.

회개하면서 자기 공적을 나열하지 않았습니다. 회개하면서 지금까지의 자기의 치적을 고려해 달라고 사정하지도 않았습니다. 어떻게 이렇게 즉각 회개하였습니까? 그 이유를 이해하기 위해서는 다윗이 나단에게 자네가 하나님께 죄를 지었다고 고백하기까지 대략 아홉 달이 걸렸다는 사실을 직시해야 합니다.

다윗은 우리아의 아내였던 밧세바와 동침한 뒤 얼마 지나지 않아 밧세바가 임신하였다는 소식을 들었습니다(삼하 11:5). 이에 그는 자신의 충성스러운 신하 우리아를 최전선으로 내보내 화살에 맞아 전사하게 만들었습니다. 밧세바는 남편의 전사 소식을 듣고 남편의 장례를 치렀고, 그 장례가 끝나자 다윗이 사람을 보내 밧세바를 자기 아내로 삼았습니다. 그리고 아들을 낳았습니다(삼하 11:27).

여인이 임신한 것을 알기까지 대략 한 달이 걸립니다. 여인이 해산하기까지는 대략 열 달이 걸립니다. 즉, 다윗은 선지자 나단이 자기에게 찾아와 하나님의 엄한 말씀을 전할 때까지 대략 아홉 달 동안 밧세바와 저지른 일을 숨기고 있었던 것입니다. 아홉 달 동안 다윗은 범죄자로 숨어(!) 지냈습니다.

이 기간 동안 다윗의 심정이 어땠을까요? 완전 범죄라면서 속으로 쾌재를 부르고 있었을까요? 이 기간 동안의 다윗의 마음을 읽어 볼 수 있는 자료가 시편 51편입니다. 시편 51편에는 "다윗의 시,…다윗이 밧세바와 동침한 후 선지자 나단이 그에게 왔을 때"라는 제목이 붙어 있습니다. 교회는 전통적으로 시편 51편을 사무엘하 12장 본문에 나오는 다윗의 회개와 연관시켜 읽었습니다. 시편 51편은 이렇게 시작합니다.

"하나님이여 주의 인자를 따라 내게 은혜를 베푸시며 주의 많은 긍휼을 따라 내 죄악을 지워 주소서 나의 죄악을 말갛게 씻으시며 나의 죄를 깨끗이 제하소서 무릇 나는 내 죄과를 아오니 내 죄가 항상 내 앞에 있나이다"(시 51:1-3).

'내 죄가 항상 내 앞에 있나이다'라는 말은 달리 번역하면 '내 죄가 항상 나를 고발하고 있습니다'가 됩니다. 다윗은 밧세바가 임신하였다는 것을 알고 난 뒤부터 밧세바가 아들을 낳을 때까지, 아니 선지자 나단이 그 일로 자기를 찾아와 꾸짖을 때까지, 무려 아홉 달 동안 죄의식 앞에서 고민했다는 뜻입니다. 그러니 나단의 질책 앞에서 곧바로 '내가 죄인입니다'라고 회개하는 다윗의 뉘우침은 '내 죄가 아홉 달 동안 나를 고발하고 있었습니다'라는 말이 됩니다.

다윗이 범죄자로 숨어 지내는 동안 랍바성을 점령하려는 이스라엘의 소망은 여전히 미완성으로 남아 있었습니다. 하나님의 사랑은 회개하지 않고서는 일이 수월하게 풀리지 않습니다. 다윗 당시의 시대적 과제 암몬 자손의 도성 랍바 정복이었습니다. 다윗이 죄인으로 머물러 있던 아홉 달 동안에는 이 과제가 해결되지 않고 있었습니다. 그러다 다윗이 죄 용서를 받고 나서야 비로소 그의 군사들이 암몬 자손의 랍바를 쳐서 점령합니다(삼하 12:26).

하지만 예수님 당시의 종교인들은 그런 생각을 하시지 못했습니다. 내가 먼저 변해야 할 대상이고 내가 곧 죄인이라는 의식이 없었습니다. 진정한 변화는 나부터 시작되어야 합니다. 나 자신의 변화 없이 제도나 환경만의 변화는 수박 겉핥기일 뿐입니다. 그래서 디모데후서 2장 20-21절에서 "큰 집에는 금 그릇과 은그릇뿐 아니라 나무 그릇과 질그릇도 있어 귀하게 쓰는 것도 있고 천하게 쓰는 것도 있나니 그러므로 누구든지 이런 것에서 자기를 깨끗하게 하면 귀히 쓰는 그릇이 되어 거룩하고 주인의 쓰심에 합당하며 모든 선한 일에 준비함이 되리라"라고 한 것입니다.

● 내가 변해야 세상이 변한다

영국 웨스트민스터 대성당 묘지에 묻힌 어느 주교의 묘비에 이런 글이 적혀 있다고 합니다.

"내가 젊고 자유로워서 상상력에 한계가 없을 때, 나는 세상을 변화시키겠다는 꿈을 가졌다. 그러나 좀더 나이가 들고 지혜를 얻었을 때 나는 세상이 변하지 않으리라는 걸 알았다. 그래서 내 시야를 약간 좁혀 내가 살고 있는 나라를 변화시키겠다고 결심했다. 그러나 그것 역시 불가능한 일이었다. 황혼의 나이가 되었을 때 나는 마지막 시도로, 나와 가장 가까운 내 가족을 변화시키겠다고 마음을 정했다. 그러나 아무도 달라지지 않았다. 이제 죽음을 맞이하기 위해 누운 자리에서 문득 깨닫는다. 만일 나 자신을 먼저 변화시켰더라면 그것을 보고 내 가족이 변화되었을 것을. 또한 그것에 용기를 얻어 내 나라를 더 좋은 곳으로 바꿀 수 있었을 것을. 그리고 누가 아는가, 세상도 변화되었을지!"

● 제 눈도 돌아가는데요?

정태기 박사의 《숨겨진 상처의 치유》에는 남편이 한눈팔다가 13개월 동안 싸움 끝에 이혼 상담을 하게 된 어느 집사 부부 이야기와 함께 잉꼬부부 김 집사 부부 이야기가 실려 있습니다. 잉꼬부부인 김 집사 부부는 아이들도 반듯하게 양육하고 교회 봉사도 열심인 부부였습니다. 그런데 한 가지 흠이 있다면 남편 김 집사가 버릇처럼 한눈을 파는 것이었습니다. 그런데 아내 집사의 대처 방식이 여느 아내들과 달랐습니다. 길을 가다가 남편이 멋진 여성에게 한눈을 팔고 있으면 아내는 "여보, 다 봤어요? 그럼 이제 그만 갑시다!"라고 대응했습니다.

그래서 상담자가 질문을 했습니다. "남편이 그렇게 한눈을 파는데 화 안 나세요?" 그러자 아내가 대답했습니다. "목사님, 그게 화낼 일인가요? 김 집사만 눈 돌아가나요, 제 눈도 돌아가는데요? 하나님이 멋있는 것을 보면 감탄하면서 보도록 만드신 것 아닌가요?"

우리는 예수님의 비유를 들으면서 '변화의 목적이 무엇인가?'를 물어야 합니다. 변화를 위한 변화, 변화에 중독된 변화는 더 큰 괴로움과 수고만 더할 뿐입니다. 교회들 중에서도 변화 중독에 걸려 신음하는 교회가 많습니다. 변화의 진정한 목적은 '행복'(웃음)입니다. 그렇다면 행복을 이루는 변화는 자신의 의식에 달려 있는 것입니다.

"나도 똑같은 사람이다. 그렇기에 나부터 변화되어야 한다!"

2. 변화의 핵심은 예수님이다 (15절)

"예수께서 그들에게 이르시되 혼인집 손님들이 신랑과 함께 있을 동안에 슬퍼할 수 있느냐 그러나 신랑을 빼앗길 날이 이르리니 그때에는 금식할 것이니라."

● 왜 금식하지 않습니까?

오늘 본문은 세례 요한의 제자들의 방문과 그들의 질문으로 시작됩니다. 불만스럽기도 하고 궁금하게 여겼던 문제는 "우리와 바리새인들은 금식을 하는데 어찌하여 당신의 제자들은 금식하지 않습니까?" 하는 것이었습니다.

그들이 금식하는 이유는 무엇이었을까요? 금식에 대해서는 예수님께서 마태복음 6장에서 이미 가르치셨습니다. 유대인에게는 3대 종교 의무가 있었습니다. 곧 구제, 기도, 금식입니다. 특히 그들은 금식에 대한 몇 가지 생각을 가지고 있었습니다. 금식은 하나님께 인정받는 가장 좋은 길이라고 생각했습니다. 금식이야말로 경건의 길이고 하나님의 주의를 끄는 일이며, 죄를 씻어 주는 효력이 있다고 믿었습니다. 또한 금식은 민족의 죄, 이웃의 죄, 자신의 죄 등을 대속하는 힘이 있다고 믿었습니다.

이스라엘 사회에서 바리새인같이 경건한 사람들은 정기적으로 일주일에 두 번씩 금식하였습니다(월요일과 목요일). 일반적으로는 거국적인 금식일에 하였습니다(속죄일, 부림절 전날, 예루살렘 함락일 등). 그리고 특별한 때도 하였습니다. 가을 우기에 비가 오지 않을 때 금식을 선포하는 것 등이 이에 해당됩니다. 따라서 바리새인들이 예수님에게 왜 금식하지 않느냐고 질문한 것은 '왜 경건 생활을 게을리하는가?' 즉 '구도자의 길을 게을리하는 것이 아닌가?'라는 뜻입니다.

이에 대해서 예수님은 혼인집의 비유를 들어 설명하십니다. 혼인집에서 금식할 수가 있느냐는 것입니다(15-17절). 그러면서 바리새인들의 금식 질문에 대해 몇 가지로 대답을 하십니다.

● **금식하지 않는 이유**

바리새인들의 금식을 따르지 않는 이유는 첫째, 신앙생활은 '신랑과의 동행'이기 때문입니다(15절). 신앙생활의 본질은 고행이나 금욕이 아니라 신랑과 같이 있는 것, 즉 혼인집과 같고 신랑의 들러리인 친구들이 누리는 기쁨과 같기 때문이라고 말씀합니다. 예수님과의 인격적인 관계가 신앙생활의 핵심이요, 그분과 교제를 통해서 누리게 되는 기쁨과 축제가 신앙의 본질입니다.

둘째로, 신앙생활은 생베 조각의 이치와 같기 때문입니다(16절). 예수님은 생베 조각의 신축성과 탄력성에 비유해서 설명하십니다. 유대인들은 신앙생활의 목표를 '율법주의에 울타리를 치는 것'이라고 생각했습니다. 이에 대해 주님은 신앙생활이란 옛것에 집착하는 것이 아니라 새로움을 추구하는 것이라고 말씀합니다. 신앙생활은 새 옷을 입는 것입니다. 그런데 그 옷은 잠시 사용하면 구겨지고 해지는 이 세상의 옷이 아닙니다. 영원한 새 옷인 예수 그리스도입니다. 그래서 바울은 '예수로 옷 입자'(롬 13:11-14)라고 말했습니다.

셋째로, 새 술을 담는 이치와 같기 때문입니다(17절). 새 술은 발효력이 왕성하여 낡은 가죽 부대에 담으면 부대가 터집니다. 그럴 경우 심각한 피해가 따릅니다. 17절 말씀처럼 포도주가 쏟아지고 부대도 버리게 됩니다. 율법의 옛 부대에 예수님을 담고 성령을 담으려 하면 그 부대에 담기는 것이 아니라, 예수님과 그의 복음 그리고 성령의 사역마저도 왜곡시키고 변형시켜서 하나님의 영광을 가리는 일이 벌어집니다. 그뿐입니까? 부대 곧 그 자신도 터져서 이전만도 못하게 되는 손해가 있다는 것입니다. 예수님을 담으려면 복음의 새 부대를 준비해야 합니다. 나의 의는 죽고 오직 예수님만을 바라보는 겸손한 심령의 그릇을 준비해야 하는 것입니다.

● **새 포도주**

예수님의 비유에서 말하는 변화의 핵심은 새 포도주입니다. 묵은 포도주는 발효가 다 되어서 변화의 원동력을 잃었습니다. 그렇다면 변화의 핵심으로 비유하신 새 포도주는 무엇을 의미합니까? 바로 예수 그리스도입니다. 진짜 변화란 예수님을 얼마나 제대로 영접하고 예수 체험의 뜨거운 감격을 지녔느냐는 것입니다. 그래서 본문에서도 그릇과 포도주를 각각의 존재라고 말하지 않고 불가분의 관계로 설명하고 있지 않습니까? 이 원리를 두 가지로 설명하고 있습니다.

첫째는 요한복음 15장의 포도나무와 가지의 비유입니다.

"나는 포도나무요 너희는 가지라 그가 내 안에, 내가 그 안에 거하면 사람이 열매를 많이 맺나니 나를 떠나서는 너희가 아무것도 할 수 없음이라"(요 15:5).

과실을 많이 맺는다는 것은 완전한 변혁을 이루어 수많은 역사와 기적과 생명의 열매가 가득한 것을 말합니다. 그 변화의 원동력은 예수님과 하나 됨입니다.

둘째는 접붙임의 원리입니다.

"또한 가지 얼마가 꺾이었는데 돌감람나무인 네가 그들 중에 접붙임이 되어 참감람나무 뿌리의 진액을 함께 받는 자가 되었은즉…네가 원 돌감람나무에서 찍힘을 받고 본성을 거슬러 좋은 감람나무에 접붙임을 받았으니 원 가지인 이 사람들이야 얼마나 더 자기 감람나무에 접붙이심을 받으랴"(롬 11:17, 24).

여기서도 돌감람나무가 참감람나무로 변화하려면 접붙임이 있어야 한다고 말합니다. 예수님과의 완전한 하나 됨을 뜻하는 것입니다. 그래서 바울은 선언합니다. "그런즉 누구든지 그리스도 안에 있으면 새로운 피조물이라 이전 것은 지나갔으니 보라 새것이 되었도다"(고후 5:17).

● 윌리엄 부스

영국의 키플링은 1907년에 노벨 문학상을 받은 작가입니다. 그의 작품은 다 몰라도 《정글북》(The Jungle Books)은 알 것입니다. 한번은 그가 세계 여행을 하려고 배에 올랐을 때, 영국의 감리교 목사이자 구세군 창시자인 윌리엄 부스가 탬버린을 치면서 전도하며 승선하는 것을 보게 되었습니다. 영국의 지성이라고 찬사를 받고 있던 작가로서는 참을 수 없는 행동이었습니다. 키플링은 윌리엄 부스와의 대화 중에 탬버린과 북을 치면서 소란을 피우는 전도가 얼마나 야만적인 전도인지를 말해 주었습니다. 그때 부스는 이렇게 말했습니다. "젊은이, 내가 만일 물구나무를 서서 내 발로 탬버린을 쳐서 한 영혼이라도 그리스도께로 이끌 수만 있다면 나는 그것을 배울 것이요." 진정한 변화는 정신의 변화입니다. 마음의 변화입니다. 예수님의 마음을 품을 수 있느냐가 변화의 핵심입니다.

● **새사람, 새 이름**

오래전 스코틀랜드에 존(John)이라는 이름의 어부가 살고 있었습니다. 그는 술에 인이 박혀 고기를 잡는 대로 팔아 술을 마시는 데다 썼습니다. 그의 아내와 자녀들은 가난에 시달려야 했습니다. 그들은 어촌 마을의 변두리에 헛간을 짓고 살았습니다.

그러다 어느 날 존이 예수 그리스도의 복음을 듣게 되었습니다. 그는 예수님을 구주로 마음에 모셔 들였습니다. 그 후 그의 생활은 달라지기 시작하였습니다. 그는 돈을 버는 대로 아내에게 가져왔고 열심히 일했습니다. 그러자 가정에 새 옷과 양식, 그리고 땔감이 쌓여 갔습니다. 존의 아내가 "여보, 당신이 계속 이렇게만 해주신다면 우리 집도 새 집으로 바꿀 수 있겠어요"라고 말하자 존이 대답하였습니다. "맞아. 그래, 새 집을 마련하는 거야!" 얼마 후 존은 새 집을 구하러 다녔습니다. 마침 그 마을에 세를 얻을 만한 좋은 집이 있었습니다. 존은 집주인을 찾아가서 임대를 요청했습니다. 그러나 집주인이 존을 알아보고 거절조로 말하였습니다.

"난 당신에게 내 집을 세 줄 수 없소. 당신은 가망 없는 술주정꾼이니 내가 집세를 제대로 받지 못할 것 아니오!"

이때 존은 정색을 하며 말하였습니다.

"저는 옛날의 존이 아닙니다. 올드 존(old John)은 죽었습니다. 저는 제가 믿는 예수 그리스도에 의해 새 사람, 뉴 존(New John)이 되었습니다."

존의 식구들은 결국 좋은 새 집으로 이사하였고, 존은 마을에서 새사람으로 인정받고 살게 되었습니다. 그것은 전적으로 그의 마음에 예수님을 모신 결과였습니다.

우리는 자신의 모습을 그대로 가지고 살아가고 있지 않습니까? 아직도 옛 사람, 옛 이름을 가지고 살기에 우리의 생활이 실패로 이어지는 것입니다. 이제는 새사람을 입고 새 이름을 주변의 모든 사람에게 소개하며 살 수 있어야 합니다.

3. 변화의 적은 내 안의 자만이다(눅 5:39)

"묵은 포도주를 마시고 새것을 원하는 자가 없나니 이는 묵은 것이 좋다 함이니라."

● 묵은 것이 좋다

진정한 변혁에 이르려면 묵은 포도주 맛에 안주해서는 안 됩니다. 여기서 묵은 것이 좋다고 하는 사람들은 율법주의자들입니다. 배타주의, 국수주의, 과거 회귀, 현실 안주의 자만한 태도를 말합니다. 현실에 안주해서는 변화가 불가능합니다. 거룩한 불만을 품어야 미래로 갈 수 있습니다. 변화는 모험심과 도전, 앞으로 나아가려는 적극적인 사고방식을 가져야 합니다.

예수님이 이런 가르침을 주신 것은, 세상에서도 오래된 포도주가 비싸고 좋은 것처럼 신앙 안에서도 구약적인 것을 신약의 새 법보다 더 좋아하는 사람들이 있기 때문입니다. 새 포도주를 원하지 않고 묵은 포도주를 좋아한 대표적인 사람들이 바로 예수님 당시의 제사장과 바리새인들이었습니다. 이들은 구약의 율법에 정통한 사람들인데 모세의 율법 외에 그에 따른 규칙들도 만들어 지키고 있었습니다. 예를 들어, '안식일을 거룩히 지키라'라는 율법이 있으면 그 율법을 지키는 방법을 만들어 냅니다. 안식일에는 음식을 만들 불을 피워도 안 되고, 몇 킬로미터 이상 여행을 해서도 안 되며, 무거운 물건을 운반하는 것도 안 된다는 등 세세한 규정을 만들어 지켰습니다.

물론 안식일을 기억하여 거룩하게 지키라는 하나님의 법은 온전하고 참됩니다. 몸과 마음을 하나님 안에서 거룩히 지키면서 창조주 하나님을 기억하고 영광 돌리는 것이 바로 참된 안식입니다. 그러나 안식일의 참된 의미를 알지 못한 육적인 사람들은 하나님의 법을 자신들의 틀 안에서 변질시켜 묵은 포도주로 만들어 버렸습니다. 본래 하나님의 뜻은 뒤로 하고 자신들이 만든 안식일 규정을 지키는 것이 진짜 안식일을 지키는 것이라고 생각했던 것입니다. 그러고는 예수님께서 하나님의 뜻에 합당한 참된 안식이 무엇인지 깨우쳐 주시자 오히려 예수님을 비난하고 정죄했습니다. 바리새인들은 예수님께서 행하시는 새 법이 그들이 알고 있는 옛 율법의 틀에 맞지 않는다는 이유로 예수님을 배척했습니다. 마치 묵은 포도주에 길든 사람들이 새 포도주를 싫어하는 것처럼 율법의 틀에 얽매인 이들도 예수님의 새 교훈을 싫어했습니다. 이런 율법주의자들을 향해 예수님께서 말씀하셨습니다.

> "화 있을진저 외식하는 서기관들과 바리새인들이여 너희가 박하와 회향과 근채의 십일조를 드리되 율법의 더 중한바 정의와 긍휼과 믿음은 버렸도다 그러나 이것도 행하고 저것도 버리지 말아야 할지니라"(마 23:23).

오늘날도 믿는다 하면서 묵은 포도주가 좋다 하는 사람들이 얼마나 많습니까? 육신의 생각과 틀, 또 자기 유익을 구하는 마음속에서 하나님의 말씀대로 살기를 거부하는 사람들이 바로 예수님을 배척하던 바리새인들과 같이 낡은 가죽 부대인 것입니다. 이런 낡은 가죽 부대에는 새 포도주를 담을 수 없듯이, 자기 생각과 구습을 고집하는 사람들은 예수 그리스도와 상관이 없는 사람이요, 결국 천국과도 상관이 없이 멸망의 길로 가게 됩니다. 그러므로 예수 그리스도를 영접한 하나님의 자녀들은 모든 죄악을 신속하게 벗어 버리고, 새 포도주를 담을 수 있는 새 부대가 되어야 합니다.

● **복음은 새 포도주와 같다**

여기서 '새 포도주'는 예수님을 중심으로 확장되는 '하나님 나라'의 역동성을 은유적으로 표현한 말입니다. 새 포도주의 반대 개념으로 사용한 '묵은 포도주'는 구원이 멀어진 구약 종교의 지도자들을 은유적으로 표현한 말입니다. 그동안 예수님이 가르치신 말씀 중에서 죄의 용서나 세리와 죄인들과의 식탁 교제는 그 당시 종교 지도자들은 받아들이기 힘든 메시지였습니다. 유대인들이 기존 질서를 고수하려는 전통에 익숙해 있었기 때문에 예수님은 그들의 저항에 부딪쳤습니다. 그러나 변해서 새것이 되어야 합니다. 낡은 부대는 새것을 담지 못합니다. 변해야만 새것이 됩니다. 우리의 환경, 지식, 방법, 행위라는 부대는 변해야 합니다. 안 변하면 부대는 낡아집니다.

이 두 가지 새것, 즉 변하지 않아야 새것이 되는 포도주와 변해야 새것이 되는 부대가 절묘하게 만나는 이 두 가지의 조화를 예수님은 말씀하고 계십니다. 변하지 않기 위해서 몸부림을 치라는 것입니다. 우리가 가지고 있는 이 진리, 우리가 믿는 이 복음, 우리가 믿고 따르는 예수 그리스도에 대한 우리의 믿음이 변하지 않도록 몸부림을 쳐야 하고, 새 부대로 변하기 위해 몸부림을 쳐야 합니다. 신앙을 지키기 위한 몸부림과 하나님의 말씀대로 살려고 하는 몸부림이 동시에 일어나야 합니다.

> "너희는 이 세대를 본받지 말고 오직 마음을 새롭게 함으로 변화를 받아 하나님의 선하시고 기뻐하시고 온전하신 뜻이 무엇인지 분별하도록 하라"(롬 12:2).
> "너희는 유혹의 욕심을 따라 썩어져 가는 구습을 따르는 옛 사람을 벗어 버리고 오직 너희의 심령이 새롭게 되어 하나님을 따라 의와 진리의 거룩함으로 지으심을 받은 새사람을 입으라"(엡 4:22-24).

하나님을 따라 의와 진리의 거룩함을 입으려면 오직 심령이 새롭게 변해야 합니다. 이 세대를 본받지 않는 일은 인간의 의지로도 가능하지만, 하나님의 선하시고 기뻐하시고 온전하신 뜻을 분별하는 일은 우리의 중심이 변해야 합니다. 이 축이 안 변하면 변화가 없습니다. 성경은 이것을 양보하지 않습니다. 우리 마음의 중심, 내면의 변화가 일어나야 합니다. 우리의 의식이 제자 의식으로 변화되어야 합니다.

● 코닥의 몰락

한때 세계 5대 브랜드 중 하나였던 코닥이 2012년 1월 19일 파산 신청을 하였습니다. 결코 망하지 않을 것이라고 생각했던 세계적인 기업이 망한 것입니다. 사진으로 남기고 싶을 만큼 소중한 순간을

'코닥 모멘트'(kodak moment)라고 표현할 정도로 전 세계인에게 추억을 파는 기업이었던 코닥이 망하게 된 것은 무엇 때문일까요? 그것은 잘나가던 전성기에 현실에 안주하고 대세(大勢)를 읽지 못한 탓이라고 합니다.

1980년대 정보기술(IT) 붐이 일던 와중에 코닥은 디지털 시대가 되면 플라스틱 필름이 필요없어진다는 사실을 깨닫지 못했습니다. 1990년대 중반에 뒤늦게 디지털 사업에 뛰어들었지만, 전성기의 영광에 집착해 기존의 필름 카메라 사업 투자를 확대했습니다. 소비자 입맛과 정반대로 간 것입니다. 그 대가는 혹독했습니다. 일본의 캐논이 디지털 시장을 석권하며 번성하고 있는 동안 코닥은 몰락의 길로 들어섰습니다. 기업의 천국인 미국에서 잘나가던 일류 기업이 자만에 빠져 몰락한 경우는 코닥뿐이 아닙니다. 세상은 끊임없이 변하면서 빠른 변화를 요구하고 있다는 사실을 코닥은 잘 보여 주고 있습니다.

그리스도인은 새 술을 새 부대에 담은 사람들입니다. 사도 요한은 요한복음 1장 16절에서 '은혜 위에 은혜'라고 말합니다. 은혜를 받고 또 받고 계속 받아야 한다는 말씀입니다. 하나님의 은혜는 한 번 받는 것으로 끝나는 것이 아닙니다. 받고 또 받고, 죽는 날까지 계속 받아야 합니다. 하나님의 은혜는 신앙의 능력과 영적 에너지입니다. 우리가 밥을 한 번 먹으면 평생 밥 안 먹고 살아갈 수 있습니까? 매일 하루에 세 끼씩 평생 밥을 먹습니다. 밥을 안 먹으면 우리 몸의 영양과 에너지가 소진되어 죽기 때문에 건강과 생명을 지키기 위해 계속 밥을 먹는 것입니다. 우리가 매일 밥을 먹어야 몸의 건강이 유지되는 것처럼 하나님 은혜도 마찬가지입니다. 하나님의 은혜를 받아야 정상적인 신앙생활을 하고, 거칠고 험한 세상을 기쁘고 즐거운 마음으로 살아갈 수 있습니다. 그리스도인은 신랑 신부와 혼인집 손님처럼 기쁨이 충만한 삶을 살아야 하기 때문에 하나님의 은혜를 받아야 하는 것입니다.

구원의 감격과 새로운 삶은 율법의 준수에 있지 않습니다. 새 삶의 기적과 축제는 오직 예수님을 영접하고 그 가르침을 따를 때 일어납니다. 예수님께 나아가면 새 삶을 주십니다.

당신이 빛과 소금이 되기를!
받고 싶지 않은 선물

●

마태복음 5:13-16

갈릴리호수 일출

● 선물

지난 2022년 연말 윤석열 정부는 신년을 맞으며 특별 사면을 단행했습니다. 대상자 중에 이명박 전 대통령이 있었습니다. 그는 사면 소감에서 "국민 여러분께 심려를 끼치게 되어 대단히 송구스럽게 생각한다"라며 "대한민국의 번영을 위해, 대한민국을 위해 기도하면서 필요한 역할을 하겠다"라고 소회를 밝혔습니다.

2017년 제19대 대통령 선거 때 '드루킹 댓글 조작' 사건으로 유죄가 확정된 김경수 전 경남지사 역시 신년 특별 사면으로 출소했습니다. 그러면서 "이번 사면은 받고 싶지 않은 선물을 억지로 받은 셈"이라며 출소 심경을 밝혔습니다. 이에 대해 일반적인 국민은, 선거에서 여론 조작은 위중한 범죄라며 그 전 정권 사람들은 모두 감옥살이 시켰으면서 자신의 죄에 대해서는 진실한 반성이나 사과도 없는 모습에 뻔뻔하다고 비판했습니다.

연초에는 설날이 있습니다. 설 명절이 되면 가족, 친지를 위해 매년 어떤 선물을 해야 할지 고민이 됩니다. 애써 선물을 하여도 상대방의 마음에 들지 않는다면 낭패이기 때문입니다.

2022년 9월에 온라인 설문조사로 받고 싶은 선물과 주고 싶은 선물의 순위를 매긴 기사가 있었습니다. 명절에 받고 싶은 선물 1위는 상품권, 2위는 한우 세트, 3위는 건강 보조 식품, 4위는 과일 세트였습니다. 또한 본인이 선물을 한다면 어떤 선물을 할지도 물어 보았는데 1위는 상품권이며, 2위는 건강 보조 식품, 3위는 과일 세트로 나타났습니다. 사람마다 호불호가 갈릴 수 있기에 선물보다는 상품권이 무난하여 점점 인기를 끌고 있다고 합니다. 또한 최근 1인 가구가 늘면서 1인 가구 전용 선물도 많이 늘어나고 있습니다. 김과 캔 또는 햄을 소량으로 묶어서 판매하는 '혼밥 세트' 선물, 맥주와 안주가 함께 포장되어 있는 '혼술 세트'도 인기를 끌고 있답니다.

한편, 2030 세대가 가장 받기 싫어하는 선물로는 샴푸 세트, 건어물 세트, 식용유 세트, 수건 세트, 통조림 세트 등이 있으며, 이러한 선물이 싫은 이유는 집에서 요리를 해 먹지 않기 때문이라고 합니다. 그리고 부모님이 받기 싫어하는 선물 중 1위는 '빈손으로 마음만 담아 주는 것'이며, 2위는 샴푸, 비누 등 생필품 세트, 3위는 내복 세트, 4위는 참치, 스팸 등 통조림 세트, 5위는 비타민, 배즙 등과 같은 건강 보조 식품, 그리고 마지막은 굴비 등의 생선 선물 세트였습니다.

그렇다면 우리 선조들은 명절 선물을 무엇으로 하였을까요? 조선시대에는 주로 쌀, 조, 수수 등 곡식류나 짚신, 옷감, 의복, 바느질 도구였습니다. 그 영향인지 1960~1970년대까지만 해도 설탕, 밀가루, 조미료 등의 선물이 주류를 이루었다고 합니다. 그 후 산업화가 이루어지면서 다양한 패션 잡화, 정육 세트 등으로 고급화되었고, 2000년대에는 건강식품이 주를 이루다가, 현재는 상품권이나 기프티콘, 소량의 밀키트 등이 인기를 얻고 있습니다.

그런데 사실 선물이란 고마운 마음을 주고받는 것이기에 나의 필요에 따라 선물로 이익을 바란다면 더는 선물을 통해 행복하지는 못할 것입니다. 여러분, 만일 하나님께서 선물을 주신다면 무엇을 받고 싶습니까? 건강, 승진, 사업 번창, 자녀 형통 등이 요긴할 것이고, 노후 걱정 없게 로또 1등에 당첨된다면 여한이 없을지도 모르겠습니다. 그런데 혹시 빛과 소금은 어떻습니까? 하나님이 빛과 소금을 주신다면 그거야말로 받고 싶지 않은 선물이 아닐까요? 사랑이 많으신 하나님이 왜 우리에게 빛과 소금이라는 선물을 주신 것일까요?

1. 왜 빛과 소금이라고 하셨을까(13-14절)

"너희는 세상의 소금이니…너희는 세상의 빛이라…."

● 빛과 소금의 비유

빛과 소금 비유는 불신자들도 인용할 정도로 유명한 말씀입니다. 예전에 부패한 교회를 고발하는 TV 프로그램에서 마지막 자막이 올라갈 때 마태복음의 이 구절이 나오는 것을 보면서 몹시 부끄러웠던 기억이 있습니다. 이처럼 이 빛과 소금의 비유는 대다수의 사람이 알고 있는 유명한 말씀입니다. 빛과 소금의 비유는 일반적으로 '세상의 부패를 방지하는 소금으로서의 교회'와 '세상을 밝히는 교회'를 가리키는 것으로 알려져 있습니다. 이런 식의 해석은 곧바로 '세상 속에서의 교회의 역할'이라는 주제로 이어지고, 대다수의 경우 결론은 교회가 윤리적·도덕적 영역에서 세상을 정화하는 역할을 해야 한다는 것으로 매듭지어집니다. 그래서 빛과 소금의 비유는 교회가 세상을 정화하는 존재가 되어야 한다는 점에 강조점을 두어 언급됩니다.

그렇다면 정말로 빛과 소금 비유의 진의(眞意)는 교회나 성도가 대(對)사회적인 책임을 다해야 한다는 것을 말씀하기 위해 주어진 것일까요? 13절과 14절 말씀에서 우리가 주목해야 할 것은, '소금과 빛에 관하여 성경이 어떤 속성에 강조점을 두고 있는가'입니다.

통상적인 해석에서는 이 본문을 읽을 때 '소금의 역할', '빛의 역할'이라며 성경이 말씀하고 있지도 않은 것을 첨가합니다. 하지만 이 말씀 중 어느 곳에도 소금이 부패를 막는 기능을 한다고 말하고 있지 않습니다. 방부의 기능은 소금을 사용한 경험에 의거한 우리의 견해를 얹은 것일 뿐, 본문에서는 언급되지 않았습니다. "너희는 세상의 소금이므로 세상이 너희 때문에 더는 부패하지 않아야 한다"라는 말씀은 어디에도 없습니다.

● **존재로서의 빛과 소금**

13절은 단지 소금이 '맛을 내는 것'이라는 사실만을 강조하고 있습니다! "너희는 세상의 소금이니 소금이 만일 그 맛을 잃으면 무엇으로 짜게 하리요." 여기서 소금의 역할은 '부패 방지'가 아니라, '짜게 하는 것'입니다. 이후의 구절에서도 소금의 용도는 짠맛을 내는 데 있습니다. "후에는 아무 쓸 데 없어 다만 밖에 버려져 사람에게 밟힐 뿐이니라." 이 역시 버려지고 밟히는 이유는 부패 방지의 역할을 상실해서가 아니라, 짜게 하는 맛의 기능을 잃어버렸기 때문입니다.

이 말이 무슨 의미입니까? 예수님께서는 "너희는 세상의 소금이다"라고 말씀하시면서 우리가 세상에서 '독특하고 유일한 맛', 즉 '소금밖에 낼 수 없는 맛'을 내는 존재가 되어야 한다고 말씀하고 있지, 그 소금을 가지고 간을 해서 생선 등이 썩지 않게 하는 용도에 대해서 언급하고 있지 않습니다.

빛에 관해서도 마찬가지입니다. 통상적인 해석은 '빛이 세상을 밝게 한다'입니다. 그러나 14절과 15절에서 그 초점이 빛이 어떤 대상물을 '비추어 주는 존재'라는 것에 있습니까, 아니면 빛은 스스로가 빛나기 때문에 타인들에게 '보이는 존재'라는 점에 있습니까? 성경은 빛에 대해 설명할 때도 '빛은 세상을 비추는 것이다'라고 설명하지 않습니다. 14절은 '너희는 세상의 빛이기 때문에 산 위에 있는 동네가 숨겨지지 못한다'라고 함으로써, 빛이라는 존재는 캄캄한 세상 속에 있을 때 드러나기 마련이라는 점을 강조합니다. 15절 역시 그렇습니다. 사람이 등불을 켜서 말 아래 두지 않고 등경 위에 둔다는 것이 무슨 의미입니까? 이 말씀 역시 빛은 모든 대상물에게 보인다는 의미입니다.

● **대체 불가의 존재**

이 두 가지 사실을 종합해 보면 예수님께서 말씀하신 의도는 명백합니다. 예수님은 세상을 염두에 두고 이 말씀을 하신 것이 아닙니다. "너희는 세상이 변질되지 않도록, 세상이 어두워지지 않도록 해라!" 예수님의 주된 의도는 그것이 아닙니다. 오히려 예수님께서는 "너희는 소금처럼 세상에서 독특한 맛을 내는 존재이다. 너희는 빛처럼 세상에 보이는 존재이다"라고 말씀하십니다.

앞에서 사용한 표현대로 말하자면 '교회란 세상 어디에도 존재하지 않는 독특한 기능을 가진 유일한 존재이다', 즉 '대체 불가한 존재'라는 뜻입니다.

왜 예수님은 변하지 않고 사람들이 좋아하는 금 같은 것으로 우리를 비유하지 않고 소금과 빛으로 비유하셨을까요? 삶에서 소금과 빛은 절대적으로 필요한 것이기 때문입니다. 금은 없어도 살 수 있습니다. 그러나 소금이 없으면 살 수 없습니다. 빛이 없으면 어두워서 살 수가 없습니다. 이처럼 그리스도인과 교회는 세상에 반드시 있어야 하는 존재입니다. 소금과 빛은 대체 불가한 존재입니다. 이것이 바로 주님의 강조점입니다.

그러므로 우리가 이 본문을 제대로 읽는다면 그 적용점이 달라집니다. 이 말씀을 '부패 방지'로 읽으면 교회가 해야 할 일은 사회적 봉사가 될 것입니다. 하지만 본의를 제대로 읽으면 교회가 해야 할 일은 세상 아무곳에도 맡겨지지 않은 독특한 맛, 빛으로서의 복음 사역이 될 것입니다. 빛과 소금의 비유는 성경의 목적, 곧 명확하게 교회의 본연의 임무를 알려 줍니다.

● 빛과 소금의 사용처

추가적으로 성경 전체에서 이 소금과 빛을 어떻게 사용하고 있는지에 대해서 한번 생각해 보아야 합니다. 성경에서 소금은 보통 제의적인 용도로 사용되었습니다. 일반적으로 소금은 제물 위에 뿌려졌는데, 레위기 2장 13절은 이 소금을 '언약의 소금'이라고 부릅니다.

> "네 모든 소제물에 소금을 치라 네 하나님의 언약의 소금을 네 소제에 빠지 못할지니 네 모든 예물에 소금을 드릴지니라."

즉, 소금은 하나님께 제사를 드리는 '예배의 방편'이었습니다. 사실 성경 대부분에서 소금은 하나님께 드리는 예배나 언약과 관련되어 있습니다. 이런 부분까지 생각한다면, 예수님께서 소금 비유를 '세상에서의 독특한 기능'으로서 사용하셨다는 생각은 더 강화됩니다.

주님께서 우리를 향해 '세상의 소금'이라고 하신 것은 교회인 우리가 세상을 향하여 예배의 방편, 언약적 역할, 대제사장적 기능을 하기 때문입니다. 즉, 사회적인 봉사가 아니라 복음을 전달하는 기관이 된다는 뜻입니다.

빛 역시 이런 기능과 관련되어 있습니다. 성경에서 빛은 매우 포괄적으로 여러 가지 용도로 사용되지만, 대표적인 것은 아무래도 성전(혹은 성막)의 촛대로부터 나오는 빛이라고 할 수 있을 것입니다. 시편 119편에 의하면, 이 빛은 '하나님의 말씀'을 상징합니다. "주의 말씀은 내 발에 등이요 내 길에 빛이니이다"(시 119:105)라고 했을 때, 이 빛은 일반적인 빛을 말하는 것이 아니라, '네르' 즉 성전 안에 있던 촛대로부터 나오는 빛을 의미합니다. 그러므로 빛이 이렇게 사용될 때 그 빛은 '하나님의 말씀'이라는 독특한 종교적 요소를 나타냅니다.

이처럼 소금과 빛의 성경적 용례를 살필 때 우리는 주님께서 말씀하신 내용에 대해 좀더 강화된 입지를 얻을 수 있습니다. 그런데 이런 식으로 살피지 않고 소금과 빛이 자신의 생활에서 어떻게 사용되는지를 가지고 성경을 해석하려고 하면 그릇된 결론에 도달할 수밖에 없습니다. 빛과 소금의 비유는 성도인 교회가 세상에서 갖는 의미가 무엇인지를 보여 주는 중요한 본문인 것입니다.

● 생존 물질

소금은 생존에 절대적으로 필요한 물질로, 소금의 역사는 인류의 역사만큼 깁니다. 하지만 최근에는 소금이 혈압을 높이고 위암을 유발한다는 이유로 식탁에서 배제되어 저염식 식단이 건강 식단으로 인식되고 있습니다. 정말로 소금은 건강에 악영향을 미치는 걸까요? 아닙니다. 소금은 우리 생존에 필수적인 원소입니다. 소금에 포함된 나트륨은 혈압은 물론 세포의 기능과 형태를 유지하게 합니다. 또한 신경 전달에서 절대적인 역할을 하며, 심장근육 및 골격근이 이완되는 데도 필수적인 요소입니다. 다만 과잉 섭취가 문제가 될 뿐입니다.

많은 분이 알고 있듯이 여성의 자궁 내 양수는 '생명의 바다'라고 불립니다. 모든 사람은 어머니 뱃속에서 생명의 바다인 양수 안에 있다가 태어납니다. 이 양수는 순수 물과 순수 소금으로 구성되어 있습니다. 태아는 어머니 뱃속에서 양수를 먹고 자라며, 태아의 혈액도 0.9%의 염도를 유지합니다. 이 0.9%의 염도가 잘 유지되면 건강하게 성장하여 성인이 됩니다. 혈액 속에 0.9%의 염도는 매우 중요한 역할을 합니다. 체내 산성과 알칼리성 균형 유지, 삼투압 작용을 통한 체액 조절, 체온 유지, 해독 기능이 그것입니다.

1882년 영국의 생리학자인 링거 박사는 혈액의 염분 농도가 중요하다는 사실을 알아냈습니다. 그래서 혈액과 동일한 염분 0.9% 농도의 링거액을 개발했습니다. 오늘날 병원이나 약국에서 흔히 볼 수 있는 생리식염수입니다. 모든 입원 환자들은 기본적으로 링거 주사를 맞습니다. 혈액의 염도가 0.9%일 때 몸의 기능이 최적화되기 때문입니다. 혈액 내 염분 농도가 0.9%이고 약알칼리(pH 7.4) 상태일 때 세포 내에서 효소 기능이 최적화되고, 치료 시 약물 반응이 효과적이며, 각종 세균이나 바이러스에 강한 저항성을 나타내고, 인체의 모든 장기가 원활하게 작용하므로 신진대사가 활발하다고 합니다.

반대로 혈액 내 염분이 부족하면 각종 노폐물이 몸에 축적되어

장기의 기능이 저하됩니다. 대부분 환자의 혈액 속 염도는 0.4~0.8%로 상당히 떨어져 있으며, 암 환자의 경우는 0.2%로 심각한 저염 상태라고 합니다. 소금은 생존에도 필수 불가결이자 대체 불가라는 의미입니다.

● 밖에 기독교인 누구 없느냐?

을미사변은 1895년 10월 8일 새벽에 일어난 명성황후 시해 사건을 가리킵니다. 일본 제국은 조선 침략에 걸림돌이 된 명성황후를 암살하는 끔찍한 사변을 일으켰습니다. 궁궐에 난입한 암살단원들은 국모를 처참하게 시해하였으며, 황후를 이불에 둘둘 말아 석유를 붓고 불태우기까지 하였습니다. 기울어 가는 나라, 그 슬픈 나라의 국모는 그렇게 비참하게 죽었습니다.

명성황후가 시해되던 날 밤, 두려움과 공포에 휩싸인 고종 황제가 침전 밖을 향해 다급하게 외친 말이 있었습니다. "밖에 기독교인 누구 없느냐?"가 그것입니다. 그 말에 당시 선교사 언더우드가 급히 궁궐로 달려왔고, 곧이어 헐버트가 뒤따라와서는 그날 밤을 함께 지새웠습니다. 에비슨은 고종의 요청으로 황제의 신변을 지키며 먹는 음식마다 독이 있는지를 살펴보았고, 언더우드의 부인 릴리어스 호튼은 독살을 두려워하던 고종에게 직접 음식을 조리하여 공급하였습니다. 당시 고종의 안위를 지켰던 사람은 다름 아닌 언더우드 부부와 헐버트, 에비슨 등 기독교인이었습니다. 그들은 순번을 나눠 불침번을 서며 고종을 호위했습니다. 이것이 당시 대한제국의 불행한 황제가 가졌던 유일한 방패였다고 역사는 기록하고 있습니다. 기독교인의 수가 전체 인구의 1%도 채 안 되었을 때의 기독교인의 모습이 이러했습니다. 당시 기독교인은 그 누구도 대체할 수 없는 빛과 소금이었습니다. 오늘날에도 세상은 참된 기독교인을 찾고 있습니다.
"밖에 기독교인 누구 없느냐?"

2. 왜 '소금과 빛'일까?(13-14절)

"너희는 세상의 소금이니 소금이 만일 그 맛을 잃으면 무엇으로 짜게 하리요 후에는 아무 쓸 데 없어 다만 밖에 버려져 사람에게 밟힐 뿐이니라 너희는 세상의 빛이라 산 위에 있는 동네가 숨겨지지 못할 것이요."

● **비유의 순서**

오늘 본문의 비유를 인용할 때 흔히 '빛과 소금'이라고 말합니다. 그런데 예수님은 오늘 본문에서 '빛과 소금'이라고 하지 않고 '소금과 빛'이라고 하십니다. 우리가 생각하는 순서와 다릅니다. 소금과 빛의 비유에서 소금이 나타내는 본질적인 의미는 '동화'입니다. 소금은 녹아야 맛을 냅니다. 음식의 재료에 섞여 녹아 없어집니다. 이처럼 그리스도인은 이 땅에 사는 동안 세상 사람들 속에서 녹아 그들로 하여금 맛을 내게 하고 자신은 흔적도 없이 흡수되는 존재여야 한다는 것입니다.

소금이 겸손한 마음이요 낮은 마음이라면, 빛은 높은 마음이요 고귀한 마음이라고 설명할 수 있습니다. 소금은 동화되어 어디 가나 드러나지 않는 존재이지만, 빛은 고고하고 높은 곳에 있어 묻힐 수 없는 존재입니다. 또한 소금은 타협적이어서 어떤 물체에 들어가면 동화되어 자신이 없어지지만, 빛은 심판적이어서 어두움과 함께 공존하지 못합니다. 그래서 빛이 있으면 어두움은 없고, 어두움이 있으면 빛은 없습니다.

예수님의 비유에서 빛은 '구별'을 상징합니다. 그래서 본문 14절에서 "산 위에 있는 동네가 숨겨지지 못할 것이요"라고 말한 것입니다. 사람들은 구별된 존재로 인정받기를 좋아합니다. 내가 먼저 드러나기를 원합니다. 나를 알아주지 않으면 서운하고, 칭찬받고 박수받는 자리에 앉고 싶어 합니다. 오늘날의 기독교 신자들도 소금은 되지 않고 빛이 되기만을 원합니다. 그저 '내 빛' '내 영광' '내 의로움' '내 잘남' '나의 착함'만 전파하길 원합니다. 그러나 성경에서 말하는 빛은 소금과 같은 삶을 살았을 때 나타나는 자연스러운 결과입니다.

여기서 예수님이 말씀하신 비유의 순서가 중요합니다. 동화되는 것이 우선입니다. 소금이 되지 않고 빛부터 되려고 하면 세상에서 소외되고 맙니다. 오늘날 문제가 여기에 있습니다. 소금같이 사람들 속에서 녹아 본연의 맛을 살리는 역할을 하기 싫어하는 오늘날의 믿는 자들이 그저 빛만 되려고 하다 보니 왜곡된 빛을 비추어 자신만을 드러냅니다. 그러므로 우리는 먼저 소금과 같은 사람이 되어야 합니다. 재료에게 뿌려진 소금은 곧 그 형체가 녹아 사라져 각자의 맛을 살립니다. 소금은 자신을 희생하면서부터 그 영향력이 시작됩니다. 부모로서의 희생, 목자로서의 희생이 있어야 가정과 교회에서 맛을 내게 됩니다. 그리스도인들도 소금처럼 자아와 쓸데없는 자존심, 고집을 버리고 하나님과 타인을 높일 줄 알아야 합니다. 먼저 세상 속에 들어가 동화되어야 합니다.

우리는 때로 신앙생활에서도 권태를 느낄 때가 있습니다. 그토록 열심을 냈던 교회 생활에도 애정이 식고, 예배와 봉사가 부담이 됩니다. 모든 일에 서운한 마음이 앞서기도 합니다. 그러나 이런 마음이 드는 게 혹시 내가 더욱 소금처럼 녹지 못해서는 아닐까요?

● **교회에 가야 하는 이유**

40대 중년의 아들이 어머니에게 교회에 가기 싫다고 투정을 부렸습니다. 어머니가 도대체 왜 교회에 가기 싫은지 이유를 세 가지만 대보라고 하자 아들이 대답합니다. "첫째, 아침 일찍 일어나야 하는 것이 너무 힘듭니다. 둘째, 성가대원들이 자주 음을 틀려 불협화음 때문에 신경이 너무 거슬립니다. 셋째, 장로님의 기도가 너무 길어 언제 끝날지 몰라 항상 긴장이 됩니다." 그러자 어머니가 아들에게 교회에 가야만 하는 이유 세 가지를 말했습니다. "아들아, 네가 교회에 꼭 가야 하는 이유가 세 가지 있다. 첫째, 교회에 모여 예배드리는 것은 하나님의 명령이고 신앙생활의 기본이다. 둘째, 신앙생활은 하나님 보고 하는 것이지 사람 보고 하는 게 아니다. 셋째, 결정적으로 네가 바로 그 교회 담임목사잖니!"

담임목사도 이럴진대 성도들은 어떨까 생각해 봅니다. 그런데 여기서 조금 더 생각해 보고 싶은 것은 신앙생활에서 가끔씩 서운함을 느끼는 이유입니다. 내가 소금처럼 완전히 녹고 동화되지 못했기 때문은 아닐까요?

● **로세토 효과**

혹시 로세토 효과를 아십니까? 소득이 낮거나 상대적으로 먹는 음식이 부실해도, 공동체에 대한 신뢰가 있다면 물질적으로 풍요로운 지역보다 더 좋은 건강 상태를 유지할 수 있다는 이론입니다. 이는 미국 펜실베이니아 동부의 이탈리아 이민자들이 주로 거주하는 로세토 마을에서 유래되었습니다.

이곳은 아픈 이웃이 있으면 함께 돕고, 경제적으로 파산한 이웃이 있을 때면 공동체가 그 가족을 돌보는 것을 당연하게 생각했습니다. 마을 사람 중 누군가가 죽으면, 이전에 있었던 갈등을 뒤로 하고 함께 죽음을 애도했습니다. 부모가 사망하면 그 집의 아이들을 함께 돌봐 주는 무언의 약속이 있었고, 가족을 잃은 사람들은 식량과 돈을 받을 수 있었으며, 가족이 경제적으로 파산했을 때 그 가족을 돕는 것은 공동체의 역할이라고 생각했습니다. 공동체와 깊숙이 결합된 개인들이 꾸려 가는 상호 부조의 문화는 실제로 사람들에게 큰 힘이 되었습니다.

로세토 마을의 특징을 누군가가 이렇게 묘사했습니다.

"로세토 마을의 가장 눈에 띄는 특징은 사람들이 삶을 즐기는 방식이었다. 그들의 삶은 즐거웠고 활기가 넘쳤으며 꾸밈이 없었다. 부유한 사람들도 이웃의 가난한 사람들과 비슷하게 옷을 입고, 비슷하게 행동했다. 로세토 마을을 방문한 사람들에게 그 공동체는 계층이 없는 소박한 사회였으며, 따뜻하고 아주 친절한 사람들이 있는 곳이었다. 그들은 서로를 신뢰하였으며 서로를 도와주었다. 가난한 사람들은 있었지만 진정한 가난은 없었다. 이웃들이 빈곤한 사람들의 필요를 채워 주었으며, 특히 이탈리아에서 이주해 오는 소수 이민자들에게 그러했다."

사도행전에 등장하는 예루살렘 교회가 어떻게 핍박 속에서도 부흥을 이룰 수 있었는지를 생각해 봅니다. 초대교회는 열악한 형편이라 여겨질 만한 자리에서도 한 번도 모자라거나 부족하지 않았습니다. 모든 것이 풍성하고 넘쳐났습니다. 매번 잔칫집 같았습니다. 어떻게 그럴 수 있었을까요? 자신들이 가진 것을 주저 없이 내어놓았기 때문입니다(행 2:44-47). 이 내어 줌이 초대교회를 지켜 내고 살려 내는 힘이었습니다. 그들은 자신의 유익을 계산하지 않았습니다. 그래서 늘 먹을 것이 넘쳐났고 웃음이 넘쳐났습니다. '내 것'을 챙기지 않고 '네 것'을 챙겨 주니 모든 것이 풍성했습니다. 어디서 이런 삶을 누릴 수 있겠습니까? 소금과 빛이 되는 주님의 몸 된 교회입니다.

● **소금과 빛의 역할을 하는 교회**

2007년 12월 중순, 충남 태안 앞바다가 해안선을 따라 검은 기름 띠로 뒤덮였습니다. 태안 앞바다에서 일어난 유조선 기름 유출 사고 때문이었습니다. 유조선과 예인선이 충돌하면서 원유 12,547㎘(200ℓ 드럼통 62,700개 규모)가 유출된 사고 탓에 온갖 어패류가 폐사했고, 어민들의 피해는 막대했습니다. 역대 최악의 기름 유출 사고가 터진 지 일주일 만에 교계 차원에서 '서해안 살리기 자원봉사단'이 꾸려졌습니다. 한 달 뒤엔 '한국교회봉사단'(한교봉)이 공식 발족됐습니다. 시간이 흐르면서 현장 자원봉사자들과 지원 물품 등이 급속도로 줄어들자 '우리 교회들이 힘을 한번 모아 보자'고 나선 것입니다. 그 뒤로 끝 모를 자원봉사 행렬이 이어졌습니다. 큰 교회는 큰 교회대로, 작은 교회는 작은 교회대로 형편에 맞게 사고 현장을 찾아 기름 묻은 돌멩이와 모래를 닦아 냈습니다. 한국교회봉사단에 따르면, 사고 이후 현장에 달려간 전국의 자원봉사자 123만 명(연인

원) 가운데 약 80만 명이 교회 성도들이었습니다. 교계 안팎에서는 지금도 '한국교회사에서 3·1운동 이후 가장 대단했던 사역'이라는 평가가 나옵니다. 그 일에 지역 주민들은 교회를 다시 보게 되었다고 입을 모았고, 교회를 다시 찾게 되었다고 합니다.

소금으로 녹아드는 것은 영혼 구원의 열매들로 이어집니다. 다시 한번 주님의 말씀에 주목해 보시기를 바랍니다. 소금같이 녹으면 빛을 발할 수 있습니다.

3. 비유의 결론은 무엇인가?(16절)

"이같이 너희 빛이 사람 앞에 비치게 하여 그들로 너희 착한 행실을 보고 하늘에 계신 너희 아버지께 영광을 돌리게 하라."

● **중요한 세 가지 금**

오늘 비유의 결론은 16절에 있습니다. 예수님의 사람들이라면, 제자라면, 착한 행실로 하나님께 영광을 돌리는 삶을 살아야 한다는 것입니다. 이 세상에서 가장 중요한 금이 세 가지라고 합니다. 황금, 소금, 지금입니다. 남편이 이 내용을 아내에게 문자로 보냈습니다. 그랬더니 답장이 금방 왔답니다. '아니에요. 이 세상에서 가장 중요한 세 가지는 현금, 지금, 입금이에요.'

우리가 은혜를 아무리 많이 받고 하나님의 말씀을 아무리 많이 알아도 이 말씀을 지금 행하지 않으면 나와 아무런 상관이 없는 말씀이 됩니다. 예수님의 제자들에게는 예수님의 제자의 삶이 있어야 합니다. 예수님을 믿는 사람들은 사랑을 실천하는 자들입니다. 우리는 생명의 빛을 비추어야 합니다.

 암이 싫어하는 세 가지가 있답니다. 소금을 싫어합니다. 열을 싫어합니다. 마지막으로 빛을 싫어합니다. 암은 스트레스를 먹고 자랍니다. 어둠을 먹고 자라는 것입니다. 사람들 중에도 빛을 좋아하는 사람이 있고, 어둠을 좋아하는 사람이 있습니다. 집 안에만 있는 사람은 우울증에 걸리기 쉽습니다. 비타민D는 햇빛을 자주 보아야 생성되는 영양소입니다. 우리 신앙인들은 예수님의 빛을 받아서 세상에 비추는 자들입니다. 우리에게 주어진 사명은 빛을 비추는 것입니다. 우리 신앙인들은 세상의 빛이 되는 삶을 살아야 합니다. 어두운 세상에 사는 사람들과 똑같이 살아서는 안 됩니다.

● **지옥의 단편**

 아일랜드의 극작가요 소설가인 오스카 와일드가 쓴 《지옥의 단편》이란 단편소설 내용입니다. 예수님이 길에서 한 술주정꾼을 만났습니다. 그는 거의 폐인과 같은 젊은이였습니다. 예수님께서 묻습니다. "당신은 왜 그런 생활을 하고 있소?" 술주정꾼이 말합니다. "내가 절름발이였을 때 당신이 나를 일으켜 걷게 만들어 주었습니다. 그런데 걸을 수 있게 되었지만, 먹고살 것이 없어서 이렇게 주정꾼이 되어 버렸습니다." 그다음으로 한 창녀를 만납니다. "당신은 왜 이런 생활을 하고 있소?" 그 창녀가 말합니다. "당신이 나를 창녀의 삶에서 건져 새사람을 만들어 주었지만, 나는 아무런 행복이 없었어요. 그래서 다시 창녀의 생활로 돌아온 거예요." 이번에는 예수님이 다른 사람과 싸우고 있는 불량배를 만나서 묻습니다. "당신은 왜 이런 생활을 하고 있소?" "나는 당신이 눈을 뜨게 해준 맹인이오. 그러나 막상 눈을 뜨고 보니 보이는 것마다 신경질 나고 귀찮고 화나게 해서 이렇게 닥치고 싸우며 살고 있는 거요." 이들 모두는 예수님을 만나서 새로운 삶을 시작했지만, 감사를 잃어버리고 어둠 가운데 사는 사람이 되었습니다. 하나님은 이사야 60장 1-3절에서 분명히 말씀합니다.

"일어나라 빛을 발하라 이는 네 빛이 이르렀고 여호와의 영광이 네 위에 임하였음이니라 보라 어둠이 땅을 덮을 것이며 캄캄함이 만민을 가리려니와 오직 여호와께서 네 위에 임하실 것이며 그의 영광이 네 위에 나타나리니 나라들은 네 빛으로, 왕들은 비치는 네 광명으로 나아오리라"(사 60:1-3).

우리가 일어나서 빛을 발하면 하나님의 영광이 우리에게 임하여 많은 사람이 우리의 빛을 보고 예수님께 나오리라고 분명히 약속하십니다. 예수님을 믿는 사람들은 세상의 빛이 되어야 합니다. 우리는 단지 예수님을 닮아 가면 됩니다. 우리가 예수님을 생각하고 예수님처럼 행동하면 예수님을 닮아 가게 되어 있습니다.

● 빛이 되는 삶

오늘 본문 16절에서 비유의 결론으로 착한 행실을 보여 주라고 주님은 말씀하십니다.

"이같이 너희 빛을 사람 앞에 비치게 하여 그들로 너희 착한 행실을 보고 하늘에 계신 너희 아버지께 영광을 돌리게 하라."

우리는 생명의 빛을 말로만 전해서는 안 됩니다. 글로만 전해서도 안 됩니다. 우리의 삶으로 보여 주어야 합니다. 사람들은 우리의 삶을 보고 감동을 받게 됩니다. 예수님은 "너희 착한 행실을 보고 하늘에 계신 너희 아버지께 영광을 돌리게 하라"고 말씀하십니다. 신앙인들은 착한 사람들입니다. 착하게 살아야 합니다. 그래서 주변에서 칭찬을 받아야 합니다. 쓰레기가 있으면 주울 줄 알아야 하고, 가난한 자가 있으면 베풀 줄 알아야 합니다. 도움이 필요한 자가 있으면 도울 줄 알아야 합니다. 그것이 성도의 삶입니다.

에베소서 5장 8-10절은 이렇게 말씀합니다.

> "너희가 전에는 어둠이더니 이제는 주 안에서 빛이라 빛의 자녀들처럼 행하라 빛의 열매는 모든 착함과 의로움과 진실함에 있느니라 주를 기쁘시게 할 것이 무엇인가 시험하여 보라."

우리가 남의 탓만 하고 신세 한탄만 한다면 어둠 속에 있는 것입니다. 남의 허물을 들추어내고 비방하고 악담한다면 어둠 속에 있는 것입니다. 우리가 진실하지 못하고 거짓말을 한다면 어둠 속에 있는 것입니다. 우리가 사랑하지 못하고 미움과 원망을 가지고 있다는 것은 어둠 속에 있다는 증거입니다. 본인은 예수님을 잘 믿고 있다고 착각할지 모르지만, 잘못 믿는 것입니다.

● **그 청년 바보 의사**

《그 청년 바보 의사》란 책이 있습니다. 2006년 1월에 33세의 나이로 세상을 떠난 고대병원 의사 안수현의 이야기입니다. 그는 유행성 출혈열에 감염되어 갑자기 세상을 떠났습니다. 그러나 그의 삶의 감동적인 이야기는 그의 장례식에서 비로소 시작됩니다.

그는 영락교회 청년부 출신이었기에 영락교회에서 장례식이 열렸습니다. 그의 장례식에는 한경직 목사님 장례식 다음으로 많은 사람이 찾아왔습니다. 이를 보고 많은 사람이 놀랐습니다. 어떤 할아버지는 영정 사진 앞에서 이렇게 말했습니다.

"나는 이 청년 의사가 근무하던 병원 앞에서 구두를 닦던 사람입니다. 이 청년은 구두를 닦을 일이 없으면서도 구두를 닦으면서 더 많은 돈을 지불했습니다. 그러고는 내 손을 잡으면서 '할아버지, 춥지 않으십니까? 식사는 하셨어요? 할아버지, 외로우시면 하나님 믿으세요. 하나님이 할아버지를 사랑하시거든요' 하면서 예수님을 소개해 주고 나를 붙잡고 기도해 주었습니다."

그는 환자의 아픈 부분만을 고치는 사람이 아니라 마음까지 살피는 사람이었습니다. 청소하는 아주머니들에게 먼저 인사하고 약을 건네는 의사였습니다. 퇴원한 환자를 찾아가서 살피기도 했습니다. 바쁜 의사 생활 중에도 자신의 시간과 물질을 주변 사람들에게 나눠 주었습니다. 병원 파업이 일어났을 때는 의사로서 환자 곁을 떠날 수 없다며 다른 동료 의사들의 따돌림을 당하면서까지 환자들의 곁을 지키던 바보 의사였습니다. 그는 이메일이나 편지 끝에 꼭 이렇게 썼다고 합니다. '예수님의 스티그마 안수현.' 자신이 예수님의 흔적이라는 뜻입니다. 그 사랑의 흔적을 가지고 살기를 원했던 것입니다. 우리 삶의 끝에서는 얼마나 오래 살았느냐가 아니라 어떻게 살았느냐가 중요할 것입니다.

그가 한 말입니다.

"다시 한번 나를 향한 주님의 부르심을 상고해 본다. 땅끝을 바라보며 살아야 할 증인의 삶! 세상을 섬길 도구로 허락하신 의료인의 소명을! 내가 속한 공동체를 향한 부르심, 그 부르심을 위해서라면 내 몸이 부서진다 해도 나는 행복할 것이다."

"우린 무엇인가를 움켜잡으려고 또는 움킨 것을 놓지 않으려고 발버둥을 친다. 하지만 주님은 그 움켜쥔 손이 펴지기를 기다리신다. 그 손을 펼치지 않고서는 아무것도 주실 수 없기 때문이다. 그분을 향해 손을 펴자."

우리는 착한 사람들입니다. 무엇이 되느냐보다 어떻게 사느냐가 중요합니다. 정치를 하든지, 사업을 하든지, 예술을 하든지, 목회를 하든지, 무엇을 하든지 바르게 살아야 합니다. '저분은 참으로 착하다, 의롭다, 진실하다' 하는 소리를 들어야 합니다. 우리가 착하게 살 때, 하나님께 영광을 돌리게 됩니다. 소금은 녹아야 맛을 내고, 등불은 타야 빛을 내며, 사람도 자아가 죽어야 착한 행실을 보일 수 있습니다. 사도 바울이 말합니다.

"나의 간절한 기대와 소망을 따라 아무 일에든지 부끄러워하지 아니하고 지금도 전과 같이 온전히 담대하여 살든지 죽든지 내 몸에서 그리스도가 존귀하게 되게 하려 하나니 이는 내게 사는 것이 그리스도니 죽는 것도 유익함이라"(빌 1:20-21).

● 삶을 허비하지 말라

미국에서 가장 영향력 있는 그리스도인 중 한 명으로 손꼽히는 존 파이퍼 목사의 《삶을 허비하지 말라》는 '한 번뿐인 인생, 곧 지나가리라. 오직 그리스도를 위해 한 일만 영원하리라'라는 것이 책 전체 내용의 핵심이요 중심 주제입니다. 저자는 이 책에서 삶을 허비하지 말라고 강력히 권면하면서 무엇이 삶을 허비하지 않는 것인지, 그리고 무엇이 삶을 허비하는 비극적인 것인지를 예를 들어 설명합니다.

아프리카에서 남은 인생을 보냈던 두 여인에 관한 이야기입니다. 루비 엘리어슨과 로라 에드워즈는 2000년 4월 서부 아프리카 카메룬에서 같은 날 죽었습니다. 루비는 여든이 넘은 간호사였습니다. 평생 독신으로 살았고, 한 가지 큰 일에 온 인생을 쏟아부었습니다. 복음을 듣지 못한 사람들, 가난한 사람들, 병든 사람들에게 예수 그리스도를 전하는 일이었습니다. 함께 죽은 로라도 여든을 바라보는 미망인이자 의사로서 카메룬에서 루비를 도왔습니다. 두 사람은 고령에 남은 인생을 카메룬에 있는 마을들을 두루 다니며 어려운 사람들을 돕고 복음을 전하며 보내던 중, 위험한 절벽 길에서 자동차 브레이크가 파열되는 바람에 그만 절벽 아래로 떨어져 사망하였습니다. 사람들은 평생 간호사와 의사로 살았으면 충분한 은퇴 연금이 있었을 것이요, 미국 내 어디서나 편안한 여생을 보낼 수 있었을 텐데, 괜히 그 고생을 하다가 비참하게 죽었다며 이들의 죽음을 안타까워했습니다.

이 슬픈 소식이 전해지자 그들이 다니던 교회의 성도들은 너무 슬펐습니다. 이 일이 있고 3주 후 존 파이퍼는 이렇게 설교했습니다.

"복음을 전할 의지도 열정도 없는 것이 비극이지, 하나님을 위해 희생한 것이 어찌 비극입니까!" 그러면서 존 파이퍼 목사는 이 책에서 하나님을 위해 창조된 우리가 하나님을 영화롭게 하려는 것을 목적으로 삼고 살지 않는 것은 삶을 낭비하는 것이라고 강력히 경고합니다. 하나님은 우리를 '잠시 보이다 사라지는 안개'라고 했습니다. 그 짧은 인생을 무의미한 것에 탕진하고 있지는 않은지 우리는 스스로 진지하게 삶을 돌아볼 필요가 있습니다. 인생은 한 번뿐입니다.

● **하나님의 선물**

평생 많은 선물을 받아 봤을 텐데 그중에 어떤 선물이 가장 기억에 남습니까? 선물이 마음에 들지 않으면 받아도 별 의미도 없고, 기쁘지도 않고, 고맙지도 않고, 받으나 마나 한 것이 되고 맙니다. 수년 전 노무현 대통령이 하도 사람들이 뭐라고 하니까 '대통령 짓도 못 해먹겠다'라고 해서 빈축을 사기도 했습니다. 아무리 귀한 직분도 맡은 사람이 어떻게 마음 먹고 수행하느냐에 따라 가치가 달라지는 것입니다.

우리는 하나님께 받은 선물인 '소금과 빛'에 대해 어떻게 생각하고 있습니까? 혹 받고 싶지 않은 선물이라고 투정하지는 않았습니까? '소금과 빛'은 알고 보면 가장 소중한 선물이고 우리의 삶을 가치 있고 빛나게 하는 보물입니다. 우리의 삶을 새롭게 하고 온전하게 세우는 능력이 그 속에 숨어 있습니다. 여러분, 부디 소금과 빛으로 사십시오. 그리하여 주님께 한없는 영광을 돌리시기를 바랍니다.

당신에게 복 주시기를!
축복이 필요합니다

●

민수기 6:22-27

● **해외여행 필수품**

　10여 년 전의 일입니다. 우리 교회에서 필리핀 단기선교를 떠나기 위해 교회에 모여 최종 점검을 하고 있었습니다. 인원 파악, 선교 물품 확인, 마지막으로 여권 확인을 하였습니다. 그런데 팀원 중 한 명이 여권 만료기간 6개월 이상이라는 조건이 안 되어서 출국할 수 없었습니다.

　그동안 코로나19로 인한 팬데믹 상황 때문에 장기간 해외여행이 자유롭지 못했으나 이제는 상당 부분 하늘 길이 열리면서 해외여행의 수요가 폭증하고 있다고 합니다. 해외여행을 원활히 하기 위해서는 반드시 준비해야 할 필수 품목이 있습니다.

　해외여행 갈 때 꼭 챙겨야 할 준비물에는 무엇이 있을까요? 가장 먼저 여권과 비자입니다. 이것은 해외여행 시 필수품입니다. 이것이 없으면 아예 출국을 할 수가 없습니다. 분실 사고를 대비해 사진이 있는 1면은 복사하여 보관해 두면 좋습니다. 항공권도 필수품입니다. 출국·귀국 날짜, 여정, 유효기간을 잘 확인하고 이것도 분실을 대비해 복사해 두어야 합니다. 현지에서 필요한 돈을 환전하고 필요시 사용할 수 있는 신용카드도 준비해야 합니다. 만약의 경우를 대비해 여행자 보험도 들어야 합니다. 휴대폰이나 카메라, 보조 배터리 등도 챙겨야 합니다. 또 평소에 복용하는 약이나 지사제, 소화제, 신경안정

제, 진통제, 멀미약, 감기약, 밴드 등 비상 약품도 챙겨야 합니다. 타 문화 음식에 어려움을 겪는 사람들은 튜브 포장된 고추장이나 라면, 햇반도 챙깁니다. 그 외에도 준비할 것은 많이 있을 것입니다.

그런데 우리가 천국을 향해 가는 순례길에서 꼭 필요한 것이 있다면 무엇일까요? 오늘 본문이 그 답을 알려 주고 있습니다. 애굽에서 해방되어 가나안을 향해 광야를 걸어가는 이스라엘 백성에게는 필요한 게 많았습니다. 광야는 메마른 곳이어서 마실 물이 가장 급했습니다. 40년 동안 광야를 행진한 이스라엘 백성에게는 먹을 양식도 필요했고, 입을 옷이나 거주할 집도 문제였습니다. 그런데 하나님은 지금 모세에게 명하여 제사장들로 하여금 이스라엘 자손에게 축복하라고 명령하십니다. 성도들이 세상을 살아가는 데 필요한 게 많지만 하나님의 축복이 가장 필요하다는 것입니다. 과연 우리에게 필요한 하나님의 축복은 무엇일까요?

● 복 주기를 원하시는 하나님

교회 안에서도 복에 대해 말하면 기복신앙이라고 폄하하기 일쑤입니다. 그러나 성경의 그토록 많은 말씀이 하나님의 복 주심에 대해 언급하고 있는데, 그 말씀대로 선포하지 않고 기복신앙이라고 재단해 낸다면 그것이야말로 엄청난 왜곡이고 불신앙입니다.

성경이 말하는 복을 이해하려면 세상적인 복과 하나님이 주시는 복의 분명한 차이를 알아야 합니다. 첫째, 사회성에 차이가 있습니다. 세상적인 복은 나만 잘 먹고 잘살면 되는 것이고, 하나님이 주시는 복은 다른 사람에게도 유익이 됩니다. 둘째는, 윤리성에 차이가 있습니다. 세상적인 복은 어떤 방법을 사용하든지 내가 많이 소유하는 것이라면, 하나님이 주시는 복은 바르고 깨끗하게 그리고 정직하게 살면서 받는 복입니다. 셋째, 과정에도 차이가 있습니다. 세상적인 복은 과정 없이 일확천금을 노리는 복이라면, 하나님이 주시는 복은 수고와 노력과 땀이 있습니다. 넷째, 지속성의 차이입니다. 세상적인 복은 풀과 같아서 급속히 자라지만 잠시 후에 사라져 버립니다. 하나님이 주시는 복은 백향목이 자라는 것처럼 더딘 것 같으나 백향목처럼 지속적입니다. 영원한 세계까지 이어지는 것입니다.

본문은 제사장의 축복에 관한 말씀입니다. 여호와께서 모세에게 이르시길 이스라엘의 제사장 가문을 이룬 아론과 그 아들들에게 말하라고 하셨습니다. 24-26절에서는 제사장들이 백성들을 위해 빌 복을 말씀하고, 27절에서는 제사장들이 하나님이 말씀하신 대로 여호와의 이름으로 이스라엘을 축복하면 하나님께서 이스라엘 백성들에게 복을 주겠다고 하셨습니다. 이스라엘이라는 공동체에 주시는 말씀은 이 시대의 교회에 주시는 말씀이고, 구약의 성민에게 주시는 메시지는 이 시대의 성도에게 주시는 메시지입니다.

24절은 '여호와는 네게 복을 주시고'로 시작합니다. 하나님은 우리에게 복 주기를 간절히 원하십니다. 24, 25, 26절 모두에서 '원한다'라는 말이 나옵니다. 하나님께서 이렇게 주기를 원하시는 복을 저와 여러분은 받아야 합니다. 그리고 누려야 합니다. 하나님이 주시는 복을 받으면 놀라운 일들이 일어납니다.

"네가 네 하나님 여호와의 말씀을 삼가 듣고 내가 오늘 네게 명령하는 그의 모든 명령을 지켜 행하면 네 하나님 여호와께서 너를 세계 모든 민족 위에 뛰어나게 하실 것이라"(신 28:1).

하나님께서 말씀대로 사는 사람에게 복을 주시는데 세계 모든 민족 위에 뛰어나게 하겠다고 약속하셨습니다. 일반적으로 사람들은 자신의 능력만큼 꿈을 꿉니다. 그런데 성경적인 원리는 그렇지 않습니다. 자신의 능력만큼 꿈을 꾸는 것이 아니라, 하나님이 주시는 은혜만큼 꿈을 꿀 수 있습니다. 우리가 믿음으로 살고 하나님의 뜻을 이루어 드리며 살면 하나님께서 높여 주시는데, 세계 모든 민족 위에 뛰어날 정도로 높여 주십니다.

하나님은 80세의 모세를 이스라엘의 해방자로 부르셨습니다. 그는 늙었고 말도 잘 못하는 사람이었습니다. 모세는 그런 자신의 처지를 잘 알았기 때문에 하나님의 부르심을 받고는 보낼 만한 자를 보내시라며 하나님의 부르심을 거절했습니다. 그런데 하나님은 무능한 모세를 높이셔서 위대하게 사용하셨습니다.

"여호와께서 모세에게 이르시되 볼지어다 내가 너를 바로에게 신같이 되게 하였은즉 네 형 아론은 네 대언자가 되리니"(출 7:1).

모세가 말을 잘 못하니 말 잘하는 아론이 모세의 대언자가 되게 하셨습니다. 그리고 그 당시 세계 최강대국이었던 애굽의 왕에게는 모세가 신과 같이 느껴지도록 높이셨습니다. 출애굽기 11장 3절을 보십시오.

"여호와께서 그 백성으로 애굽 사람의 은혜를 받게 하셨고 또 그 사람 모세는 애굽 땅에 있는 바로의 신하와 백성의 눈에 아주 위대하게 보였더라."

하나님께서 은혜를 베푸시니 모세는 바로의 신하들과 애굽 백성의 눈에 아주 위대하게 보였습니다.

● 유리 천장

'유리 천장'(glass ceiling)이라는 말을 들어 보셨습니까? 차별로 인하여 높은 자리에 올라가지 못하는 경우를 비유적으로 이르는 용어입니다. 예를 들면, 능력은 충분한데 여성이라는 이유로 승진하지 못하거나, 능력은 충분한데 인종차별 때문에 고위직에 올라가지 못하는 경우입니다. 그러나 우리가 하나님의 복을 받으면 우리에게 보이지 않게 존재하는 모든 유리 천장을 깨고 전진할 수 있습니다.

요셉의 인생이 그것을 증명해 줍니다. 그는 가나안 땅에서 야곱의 열한 번째 아들로 태어나 아버지의 사랑을 받으며 살았습니다. 그런데 형들의 미움을 받아 어느 날 상인들에게 팔려 애굽에 가서 종살이를 했습니다. 종살이를 하다가 억울한 누명을 쓰고 감옥에도 들어갔습니다. 그러나 요셉은 종살이를 할 때도 옥살이를 할 때도 하나님의 말씀을 따라 살았고, 늘 하나님 앞에서 살았습니다. 그러자 하나님은 때가 되니 이방인이며 종이며 죄수라는 요셉의 유리 천장을 한순간에 깨부수셨습니다. 하나님께서는 감옥에 있는 요셉을 꺼내어 애굽의 총리가 되게 하셨습니다. 그리고 7년 풍년에 7년 흉년을 준비하게 하셔서 세계를 먹여 살리게 하셨습니다. 종살이와 옥살이를 할 때는 상상도 할 수 없었던 일이 요셉에게 일어났습니다. 하나님께서 요셉의 유리 천장을 깨신 것입니다.

하나님은 우리에게 복을 주시길 원하십니다.

"기록된 바 하나님이 자기를 사랑하는 자들을 위하여 예비하신 모든 것은 눈으로 보지 못하고 귀로 듣지 못하고 사람의 마음으로 생각하지도 못하였다 함과 같으니라"(고전 2:9).

하나님이 우리를 위하여 예비하신 것들은 눈으로 보지 못하고, 귀로 듣지 못하고, 마음으로 생각하지도 못했던 복들입니다. 하나님은 나에게 복 주기를 원하시는 분이라고 믿고 늘 믿음의 고백을 하기 바랍니다.

그러면 하나님께서 제사장의 축복을 통해 우리에게 주기를 원하시는 복이 무엇인지 살펴보겠습니다.

1. 지키시는 복(24절)

"여호와는 네게 복을 주시고 너를 지키시기를 원하며."

● 지키시는 복

하나님이 주시는 복은 먼저 지키시는 복입니다. 24절에서 제사장들은, 하나님께서 주의 자녀들을 지키시기를 축복합니다. 여기서 '지키다'라는 말은 원래 '둘레에 가시로 울타리를 친다'라는 뜻입니다. 가시로 담장을 친다는 말은 대적들로부터 지켜 주신다는 표현입니다. 하나님은 우리를 원수 마귀로부터 지켜 주십니다. 마귀는 우는 사자처럼 두루 다니며 삼킬 자를 찾습니다(벧전 5:8). 성도를 멸망시키려고 갖은 수법을 다 사용합니다. 하나님이 지켜 주시지 않으면 우리는 마귀의 밥이 될 수밖에 없습니다.

● 천사로 지켜 주신다

바벨론에 포로로 끌려간 다니엘의 세 친구 사드락과 메삭과 아벳느고는 신앙의 큰 도전을 만났습니다. 느부갓네살 왕이 30m에 육박하는 엄청난 금 신상을 두라 평지에 세웠습니다. 그리고 낙성식을 하면서 사람들로 절하게 했습니다. 그때 사드락과 메삭과 아벳느고도 낙성식에 참석해야 했습니다. 음악 소리가 나면 우상 앞에 절해야 하지만 그들은 믿음의 사람들이라 하나님 외에 다른 우상에게 절할 수 없었습니다. 마귀는 그들의 정적들로 왕에게 그들을 고소하게 했습니다. 왕은 그들에게 우상에게 절하고 살아남을 수 있는 기회를 주었습니다. 하지만 그들은 믿음의 절개를 지켰습니다. 그들은 자신들이 풀무불 속에 들어가도 하나님이 지켜 주실 것이고, 그렇게 하지 않으실지라도 우상숭배는 할 수 없다고 단호하게 말했습니다.

이에 분노한 느부갓네살 왕은 풀무불을 평소보다 일곱 배나 뜨겁게 만들어 그들을 그 불 속에 집어넣었습니다. 불이 얼마나 뜨거웠던지 그들을 불에 집어던지던 병사들이 타 죽을 정도였습니다. 그런데 놀랍게도 사드락과 메삭과 아벳느고는 풀무불 속에서 멀쩡했습니다. 그 불 속에 주님이 오셔서 그들과 함께 계셨습니다. 그 일로 인하여 왕은 사드락과 메삭과 아벳느고를 더 높은 자리에 앉혀 주었습니다. 주님이 불 속에서 다니엘의 세 친구를 지켜 주셨습니다.

하나님은 이처럼 천사를 통해서 우리를 지켜 주십니다. 눈에 보이지 않아도 능력의 천사들이 활동하고 있습니다. 아람 군대는 자신들의 대적이었던 하나님의 사람 엘리사를 잡기 위해 도단성을 포위했습니다. 엘리사의 종 게하시는 아람 군대를 보고 두려워 떨었습니다. 엘리사가 게하시를 위하여 기도하자 게하시의 영적인 눈이 열렸고, 자신들을 지키는 천군천사를 보게 되었습니다. 도단성은 아람 군대가 포위하고 있었지만 아람 군대는 천국 천사들이 포위하고 있었습니다.

● 보혈로 지켜 주신다

하나님은 예수 그리스도의 보혈로 우리를 지켜 주십니다. 출애굽 당시 하나님께서는 애굽을 치고 이스라엘을 해방시켜 주셨습니다. 그날을 기념하는 절기가 유월절입니다. 하나님은 애굽의 장자들을 치실 것을 경고하셨고, 이스라엘 백성들에게는 어린양을 잡아서 그 고기는 먹고 피는 문설주와 인방에 바르라고 하셨습니다. 그 밤에 죽음의 천사들이 애굽 전역의 장자들을 죽였습니다. 그러나 어린양을 잡아 문설주와 인방에 바른 집은 그냥 넘어갔기 때문에 유대인들은 어린양의 피로 보호를 받았습니다.

유월절 어린양의 피는 우리를 위하여 십자가에서 죽으신 예수 그리스도의 보혈을 의미합니다. 예수님의 보배로운 피는 하나님의 심판대에서 우리를 보호합니다. 믿음으로 예수 그리스도의 보혈을 마음의 문설주와 문 인방에 바른 사람들은 하나님의 심판을 이기고 영원한 천국에 들어갈 것입니다. 그뿐 아니라 예수님의 피는 현세에서도 사탄의 공격으로부터 믿음의 사람들을 보호해 줍니다.

노아는 방주를 만들고 안팎으로 역청을 발랐습니다. 그 결과 홍수가 나서 물이 범람할 때 물에서 보호를 받았습니다. 거기서 역청도 예수님의 피를 의미하는 것입니다. 역청이 홍수로부터 방주를 보호한 것처럼 주님의 보혈은 하나님의 심판으로부터 우리를 지켜 주십니다. 우리는 기도할 때 나 자신과 가족들 그리고 교회를 주의 보혈로 덮어 달라고 기도해야 합니다. 그러면 하나님은 우는 사자처럼 역사하는 사탄의 공격으로부터 나와 가족들과 교회를 지켜 주실 것입니다.

● 성령으로 지켜 주신다

하나님은 성령으로 우리를 지켜 주십니다. 하나님은 광야 생활을 하던 이스라엘 백성들을 구름기둥과 불기둥으로 지키셨습니다. 낮에는 구름기둥으로 이글거리는 태양을 가려 그늘을 만들어 이스라엘 백성들을 지켜 주셨습니다. 밤에는 불기둥으로 사막의 추위로부터 이스라엘 백성들을 지켜 주셨습니다. 마찬가지로 지금은 성령께서 우리 안에서 우리를 인도하시고 보호해 주십니다. 주님은 우리를 온갖 환난과 문제로부터 지켜 주시는 분입니다. 지금 우리가 살아 있는 것은 하나님의 지켜 주심 때문입니다. 시편 121편은 보호하시는 하나님을 찬양합니다.

"내가 산을 향하여 눈을 들리라 나의 도움이 어디서 올까 나의 도움은 천지를 지으신 여호와에게서로다 여호와께서 너를 실족하지 아니하게 하시며 너를 지키시는 이가 졸지 아니하시리로다 이스라엘을 지키시는 이는 졸지도 아니하시고 주무시지도 아니하시리로다 여호와는 너를 지키시는 이시라 여호와께서 네 오른쪽에서 네 그늘이 되시나니 낮의 해가 너를 상하게 하지 아니하며 밤의 달도 너를 해치지 아니하리로다 여호와께서 너를 지켜 모든 환난을 면하게 하시며 또 네 영혼을 지키시리로다 여호와께서 너의 출입을 지금부터 영원까지 지키시리로다"(시 121:1-8).

● 사운드 오브 뮤직

〈사운드 오브 뮤직〉이라는 고전 영화는 많은 사람에게 깊은 인상을 주었습니다. 극 중에서 가장 긴장감을 자극한 장면은, 오스트리아의 배런 폰 트랩 장교가 제2차 세계대전 초 히틀러 제국으로부터 군 입대 소집 통지서를 받고 자신의 조국을 탈출하여 스위스로 도망치는 장면이었습니다. 특히, 폰 트랩이 그의 새 아내이자 여주인공인 마리아를 비롯해 자녀들과 함께 아내가 결혼 전에 몸담고 있었던 수녀원으로 몸을 숨겼을 때였습니다. 독일 헌병들이 그곳으로 몰려와 그들의 은신처를 샅샅이 수색할 때, 즉 아무런 희망이 보이지 않던 매우 절망적인 순간에 마리아가 애절하게 읊은 기도문의 한 부분이 바로 시편 121편 첫 절 말씀이었습니다.

"내가 산을 향하여 눈을 들리라 나의 도움이 어디서 올까."

마리아의 간절한 기도 후에 폰 트랩 대령의 가족은 기적처럼 수녀원 뒷문으로 빠져나와 국경선을 넘어 스위스의 알프스산맥 어느 푸른 언덕 위에 도달합니다. 마침내 마리아가 자신이 그토록 마음속에 그렸던 그 언덕들, 그 푸른 산등성이를 치마를 나풀대며 달리고 아이들도 춤을 추며 자유의 노래를 목청껏 소리 내어 부를 때, 그 알프스산맥의 온 산야가 아름다운 '사운드 오브 뮤직'의 선율로 삽시간에 가득 메워지는 것이 영화의 마지막 장면입니다.

이 말을 하는 시편 시인의 참뜻은 이것입니다. 자기가 산을 향하여 눈을 들고 '나의 도움이 어디서 올까?' 하고 물었으나, 자신의 도움은 산에서 오지 않고 오직 천지를 지으신 여호와에게서 왔다는 것입니다. 더 쉽게 푼다면 이러한 말이 될 것입니다. 자기가 산을 향하여 '나의 도움이 어디서 올까?' 하고 물었으나, 산들은 대답하기를

'산은 산일 뿐이다'라고 하고, 물들은 대답하기를 '물은 물일 뿐이다'라고 하였을 뿐, 자신의 도움은 오직 천지를 지으신 분, 산과 물을 지으신 창조주 여호와 하나님에게서만 온다는 것을 알았다는 고백입니다.

그렇습니다. 세상 사람들은 흔히 산이나 물 같은 것이 우리에게 도움을 주는 존재가 아닌가 하고 생각합니다. 그러나 성경은 이 점에서 매우 단호하고 확고하게 말합니다. '우리의 구원은 오직 산을 지으시고 물을 만드신, 천지를 지으신 분, 여호와 하나님에게서만 온다.' 우리 교회 모든 성도에게 하나님의 지켜 주심의 축복이 넘치기를 바랍니다.

2. 은혜 베푸심의 복(25절)

"여호와는 그의 얼굴을 네게 비추사 은혜 베푸시기를 원하며."

● 오직 은혜

아론과 제사장들은 이스라엘 자손을 위하여 날마다 축복해야 했습니다. 하나님의 은혜가 임하길 기도해야 했습니다.

하나님은 우리에게 은혜의 복을 주시는 분입니다. 하나님의 은혜를 입는 것이 가장 큰 복입니다. 온갖 좋은 은사와 온전한 선물이 다 하나님에게서 오기 때문입니다(약 1:17). 신앙생활에서 가장 중요한 것은 구원입니다. 구원받아야 하나님의 자녀가 되고 영원한 천국에서 영생을 얻습니다. 구원받지 못하면 심판받아 영원한 지옥에 갑니다. 그런데 이 구원은 은혜로 받습니다.

"너희는 그 은혜에 의하여 믿음으로 말미암아 구원을 받았으니 이것은 너희에게서 난 것이 아니요 하나님의 선물이라"(엡 2:8).

사람은 은혜로 믿음을 얻고 은혜로 구원을 받습니다. 그래서 은혜를 입는 것이 가장 큰 복입니다.

사람이 하나님의 은혜를 입지 못하여 하나님의 얼굴을 떠나면 영원한 멸망을 받게 됩니다. 데살로니가후서 1장 9절에 "이런 자들은 주의 얼굴과 그의 힘의 영광을 떠나 영원한 멸망의 형벌을 받으리로다"라고 하였습니다. 하나님의 얼굴은 은혜 베푸시는 얼굴입니다. 그러므로 하나님의 얼굴을 떠나면 하나님의 은혜가 끊어지고, 그 결과 영원한 멸망의 형벌을 받습니다.

● 총장의 고백

경북대 총장을 지낸 박찬석 박사의 "나는 꼴찌였다"라는 글입니다.

나의 고향은 경남 산청이다. 지금도 비교적 가난한 곳이다. 그러나 아버지는 가정형편도 안 되고 머리도 안 되는 나를 대구로 유학을 보내셨다. 대구중학을 다녔는데 공부가 하기 싫었다. 1학년 8반, 석차는 68/68, 꼴찌를 했다. 부끄러운 성적표를 가지고 고향에 가면서, 어린 마음에도 그 성적을 내밀 자신이 없었다. 당신이 교육을 받지 못한 한을 자식을 통해 풀고자 했는데 꼴찌라니, 끼니를 제대로 잇지 못하는 소작농이면서도 아들을 중학교에 보낼 생각을 한 아버지를 떠올리면 그냥 있을 수가 없었다. 그래서 잉크로 기록된 성적표를 1/68로 고쳐 아버지께 보여 드렸다. 아버지는 보통학교도 다니지 않았으므로 내가 1등으로 고친 성적표를 알아차리지 못할 것으로 생각했다.

대구로 유학한 아들이 집으로 왔으니 친지들이 몰려와 "찬석이는 공부를 잘 했더냐?"고 물었다. 아버지는, "앞으로 봐야제…이번에는 어쩌다 1등을 했는가배"라고 했다. 친지들은 "명순이(아버지)는 자식 하나는 잘 뒀어. 1등을 했으면 책거리를 해야제" 했다. 당시 우리 집은 동네에서 가장 가난했다.

이튿날 강에서 멱을 감고 돌아오니, 아버지는 한 마리뿐인 돼지를 잡아 동네 사람들을 모아 놓고 잔치를 하고 있었다. 그 돼지는 우리 집 재산목록 1호였다. 기가 막힌 일이 벌어진 것이다. "아부지!" 하고 불렀지만 다음 말을 할 수가 없었다. 그리고 달려 나갔다. 그 뒤로 나를 부르는 소리가 들렸다. 겁이 난 나는 강으로 가 죽어 버리고 싶은 마음에 물속에서 숨을 안 쉬고 버티기도 했고, 주먹으로 내 머리를 내리치기도 했다.

충격적인 그 사건 이후 나는 달라졌다. 항상 그 일이 머리에 맴돌았기 때문이다. 그로부터 17년 후 나는 대학 교수가 되었다. 그리고 나의 아들이 중학교에 입학했을 때, 그러니까 내 나이 45세가 되던 어느 날, 부모님 앞에서 33년 전의 일을 고백하기 위해 "어무이, 저 중학교 1학년 때 1등은요…" 하고 말을 시작하려고 하는데, 옆에서 담배를 피우시던 아버지께서 "알고 있었다. 고마 해라. 민우 듣는다"라고 하셨다.

박찬석 총장은 이 글을 이렇게 마무리했습니다.

"자식의 위조한 성적을 알고도 재산목록 1호인 돼지를 잡아 잔치를 하신 부모님 마음을, 박사이고 교수이고 대학 총장인 나는…아직도 감히 알 수가 없다."

이런 것이 부모가 자식을 은혜로 대하는 것입니다. 이런 은혜가 자식을 박사로, 교수로, 대학 총장으로 만든 것입니다.

가정에도 하나님의 은혜가 임해야 합니다. 많은 사람이 자신의 가정을 명문가로 만들기 위해 노력하는데, 제일 좋은 방법은 가족 모두가 하나님의 은혜를 입는 것입니다. 아버지 아브라함이 하나님의 은혜를 입고, 아들 이삭이 하나님의 은혜를 입었습니다. 그리고 손자 야곱도, 증손자 요셉도 하나님의 은혜를 입었습니다. 아브라함의 가문이 명문가가 된 것은 대를 이어 하나님의 은혜를 입었기 때문입니다.

국가도 하나님의 은혜를 입어야 강대국이 됩니다. 교회도 하나님의 은혜를 입어야 평안하여 든든히 서 갑니다. 우리가 어떤 단체에 속해 있든지 그 단체에 하나님의 은혜가 임해야 합니다. 그리고 저와 여러분에게도 하나님의 은혜가 임해야 합니다.

은혜를 입는 것은 논에 물을 대는 것과 같습니다. 물 없는 논은 모내기를 할 수 없습니다. 아무리 좋은 모종을 심어도 물이 공급되지 않으면 의미가 없습니다. 이와 같이 우리에게 정말 필요한 것은 하나님의 은혜입니다. 유럽의 격언 가운데 "젖소는 물을 마신 후에 그 물로 맛있는 우유를 만든다. 그러나 뱀은 물을 마신 후 그 물로 독을 만든다"라는 말이 있습니다. 같은 물을 마셔도 젖소는 우유를 만들고, 독사는 독을 만듭니다. 같은 설교를 들어도 은혜가 있으면 구원과 생명이 되지만, 은혜가 없으면 구원도 생명도 없습니다. 그래서 신앙생활에는 하나님의 은혜가 필요합니다.

● 그리스도인이 받는 은혜

미국의 남북전쟁 중에 벌어진 '프레더릭스버그 전투'(Battle of Fredericksburg)라는 유명한 싸움이 있습니다. 육탄전까지 치르고 수많은 부상자를 전장에 남겨 놓은 채 쌍방이 후퇴하여 대치하고 있었습니다. 그때 북군 병사 하나가 물통을 들고 달려 나갔습니다. 남군에서 사격이 시작되었습니다. 그러나 이 병사가 남군, 북군 가리지 않고 부상자들에게 물을 먹이는 광경을 보고 사격은 중단되었습니다. 이를 계기로 쌍방은 한 시간 동안 휴전을 하고 서로 부상자를 처리하기로 했습니다. 그때 남군 장교 하나가 그 북군 병사에게 다가와 물었습니다. "당신 이름이 무엇이오?"(What is you name?) 그 병사가 답했습니다. "내 이름은 '그리스도인'입니다"(My name is Christian). 그에게 '그리스도인'이라는 이름은 값싸고 편한 대로 부르는 이름이 아니었습니다. 자신의 전 존재와 목숨을 건 이름이었습니다.

우리 모두에게는 각자 부모님이 지어 주신 이름 외에 한 가지 공통된 이름이 주어져 있습니다. '그리스도인'(Christian)이라는 이름입니다. '그리스도를 따르는 사람들'이라는 뜻의 이름입니다. '그리스도의 길을 가는 사람들'이라는 뜻입니다. 이 이름은 우리가 살아 있는 이유, 살아가는 이유가 무엇인지 말해 줍니다. 그리스도인은 은혜로 사는 사람들입니다.

종교개혁자 마르틴 루터는 "하나님의 은혜는 마른 땅을 적시는 여름날의 소낙비와 같다"고 했습니다. 만일 여름철 소낙비가 없다면 대지도, 초목도, 사람도 메말라 시들고 말 것입니다. 어떤 날 페르시아의 고레스(키루스, Kyros) 황제가 친구 중 한 사람에게는 금메달을 걸어 주고, 다른 한 사람에게는 키스를 해주었습니다. 그때 금메달을 받은 사람은 키스를 받은 사람을 몹시 부러워했습니다. 왕의 키스는 총애를 받는 사람들에게만 허락되는 것이었기 때문입니다.

그렇습니다. 돈을 벌고, 출세하고, 성공하고, 명예를 얻는 것도 좋지만 가장 중요한 것은 주님의 총애를 받는 것입니다. 주님의 총애를 다른 말로 표현하면 은혜가 됩니다. 우리는 그 은혜 하나만 있으면 일평생 감격하고 감사하며 살아갈 수 있습니다.

은혜를 받으면 세 가지 안목이 열립니다. 첫째, 자신의 모습을 보게 됩니다. 죄인이었던 나, 허물 많은 나, 쓸모없는 나, 연약한 나를 제대로 보게 됩니다. 그리고 주의 은혜로 거듭난 나를 보게 됩니다. 둘째, 이웃을 보게 됩니다. 이웃을 보면서 사랑을 나누고 통찰력 있는 교제를 시작하게 됩니다. 셋째, 하나님을 보게 됩니다. 은혜를 받으면 눈이 밝아져 하나님을 보게 됩니다. 은혜를 못 받으면 선악과가 보이고 벌거벗은 수치만 보입니다.

일본인들이 중의원의 아버지라고 부르는 카타오카 켄키치는 네 차례나 일본 중의원 의장을 역임한 사람입니다. 그는 본래 불신자였습니다. 미국에 유학을 가서 공부하던 어느 날, 안개 낀 철길을 건너다 기차에 치어 공중으로 튕겨 올라 수십 미터를 날아가 땅에 떨어졌습니다. 얼마 후 정신을 차려보니 모래밭이었습니다. 그날 그는 거기서 하나님을 만났습니다. 누가 자신을 모래밭에 떨어뜨려 살게 했을까를 생각하다가 바로 그분이 하나님이라는 사실을 깨달았습니다. 다친 데도 없었습니다. 그는 즉시 모래밭에 꿇어 엎드려 기도했습니다. 그리고 자기 발로 교회를 찾아가 예수를 믿기 시작했고, 유학 후 일본으로 돌아와 정치에 투신해 중의원 의장을 네 번이나 역임하였습니다.

그는 무슨 일이 있어도 주일이면 교회에 나가 예배를 드렸고, 문간에 서서 들어오는 교인들의 신발(게다)을 정리하는 일을 도맡아 했습니다. 그리고 매월 말이면 자신이 직접 '아오키'(목사님께 드리는 생활비)를 봉투에 담고 리본을 매어 찾아가 무릎 꿇고 드렸다고 합니다. 한마디로 은혜 받은 산 증거인 것입니다.

관계가 틀어진 부부가 하나 되려면 은혜를 받아야 합니다. 회사가 잘되려면 사장도, 사원도 은혜를 받아야 합니다. 교회가 잘되려면 목사도, 교인도 함께 은혜를 받아야 합니다. 한마음 한뜻이 되는 것은 은혜 받고 예수의 마음으로 변화될 때 가능해집니다.

여러분, 우리가 신앙생활을 하고 있지만 가정에서, 직장에서, 교회에서 억울한 일이 참 많습니다. 화나는 일도 많고, 분노할 일도 많고, 참아야 할 일도 많고, 마음 상하는 일도 많을 것입니다. 그러나 성도는 감정대로 사는 사람이 아니라 은혜로 사는 사람입니다. 은혜의 축복을 받으면 안 될 일도 됩니다. 그래서 축복이 필요합니다. 은혜 받는 축복이 필요합니다. 여러분 모두 은혜 충만의 복을 받으시기를 바랍니다.

3. 평강의 복 (26절)

"여호와는 그 얼굴을 네게로 향하여 드사 평강 주시기를 원하노라 할지니라 하라."

● 평안이 없다면?

여호수아 리프맨의 소설《마음의 평안》은 이런 내용입니다. 한 젊은이가 어떤 노인에게 가르침을 받기 위하여 갔습니다. 노인은 "그대가 원하는 것이 무엇인가?"라고 물었습니다. 젊은이는 첫째는 건강, 둘째는 재물, 셋째는 외모, 넷째는 재능, 다섯째는 권력, 여섯째는 명예라면서 세상에서 좋은 것은 다 열거하였습니다. 청년의 소원을 다 들은 노인은 이렇게 말합니다. "청년이여, 그것들이 자네를 만족시켜 줄 수 있을 것 같은가? 거기에 평안이 없으면 아무것도 즐길 수가 없다네." 그 말에 깨달음을 얻은 청년이 노인에게 부탁합니다. "그렇다면 저에게 평안을 빌어 주십시오. 다른 것은 없어도 좋습니다." 평안의 복이 얼마나 귀한 것인지를 말해 주는 이야기입니다. 평안 없이는 이 모든 것이 허울입니다. 평안이 있으면 이 모든 것은 절로 생깁니다. 그리고 자신이 가진 것에 만족하게 됩니다. 이 평안은 주님이 우리에게 주신 선물입니다.

● 참된 평안

26절에서 말씀하는 평강은 히브리말로 '샬롬'입니다. 하나님이 주시는 평안, 평화를 말합니다. 하나님은 우리가 평안하기를 원하십니다. 부활하신 주님이 제자들을 찾아오셔서 가장 먼저 하신 말씀도 "너희에게 평강이 있을지어다"였습니다. 그리고 예수님께서 이렇게 약속하셨습니다.

"평안을 너희에게 끼치노니 곧 나의 평안을 너희에게 주노라 내가 너희에게 주는 것은 세상이 주는 것과 같지 아니하니라 너희는 마음에 근심하지도 말고 두려워하지도 말라"(요 14:27).

시편 127편 2절은 "여호와께서 그의 사랑하시는 자에게는 잠을 주시는도다"라고 말씀하는데, 이는 참 평안을 주신다는 의미입니다. 육체적으로나 정신적으로 평안해야 단잠을 이루기 때문입니다.

황량한 광야 같은 인생길을 살아가는 우리에게 평안의 약속만큼 귀한 것이 어디 있겠습니까? 예수님은 "수고하고 무거운 짐 진 자들아 다 내게로 오라 내가 너희를 쉬게 하리라"(마 11:28)라고 말씀하셨습니다. 예수님은 우리 인생에 쉼과 평안과 안식을 주기 위해 오셨습니다. 평안과 안식은 예수 믿는 사람들이 누려야 할 복입니다. 근심하지도 말고, 두려워하지도 말고, 오직 평안을 누려야 합니다. 근심하는 사람은 불신의 사람입니다. 하나님께서 우리의 능력과 권세가 되시고, 우리의 빛이 되시며 반석이 되시고, 우리를 지키시고 보호하십니다.

하나님이 주시는 평강은 환경과 상관없습니다. 하나님의 은혜를 받으면 어떤 상황에서도 평강을 누리게 됩니다. 미국의 커싱(W. O. Cushing) 목사는 19세기의 가장 영향력 있는 설교자 중 한 사람이었습니다. 그런데 어느 날 갑자기 성대에 이상이 생겨 더는 말을 할 수 없게 되었습니다. 목사가 말을 할 수 없으니 목회를 어떻게 할 수 있겠습니까? 부득불 강단을 떠나게 된 커싱 목사는 크게 낙심하고 절망할 수밖에 없었습니다.

그러나 커싱 목사는 하나님의 뜻을 기다렸습니다. 하나님께서 자신의 목소리를 거두어 가셨지만 분명 이 세상에서 해야 할 다른 일이 있을 것이라고 믿었습니다. 이에 커싱 목사는 하나님 앞에 엎드려 기도하기 시작했습니다. 그런데 어느 날 응답이 왔습니다. 설교 대신에 찬송시를 써보라는 감동을 주셨습니다. 그래서 커싱 목사는 그동안 한 번도 찬송시를 써본 적이 없지만 펜을 들었습니다. 그러자 하나님께서 탁월한 영감과 시적 재능을 부어 주셨습니다. 그때부터 주옥같은 찬송시를 써내려 갔는데 커싱 목사가 남긴 찬송시가 오늘날까지 300여 편이나 전해오고 있습니다. 그중 하나가 찬송가 419장입니다.

"주 날개 밑 내가 편안히 쉬네 / 밤 깊고 비바람 불어쳐도 / 아버지께서 날 지켜 주시니 / 거기서 편안히 쉬리로다 / 주 날개 밑 평안하다 / 그 사랑 끊을 자 뉘뇨 / 주 날개 밑 내 쉬는 영혼 / 영원히 거기서 살리." 커싱 목사가 누린 평안은 환경과 상관없는 평강이었습니다.

● 평안을 누리려면?

하나님의 평안을 누리려면 하나님의 사랑을 믿고 모든 무거운 짐을 그분께 맡겨야 합니다. 빌립보서 4장 6-7절에 "아무것도 염려하지 말고 다만 모든 일에 기도와 간구로, 너희 구할 것을 감사함으로 하나님께 아뢰라 그리하면 모든 지각에 뛰어난 하나님의 평강이 그리스도 예수 안에서 너희 마음과 생각을 지키시리라"라고 했습니다. 엎드려 많이 기도하고 하나님과 교통하면 성령이 임하십니다. 환경에 구애받지 않는 평안의 복을 받으려면 성령으로 충만해야 합니다. 평강은 성령 안에서 주어지는 것입니다. 로마서 14장 17절에 "하나님의 나라는 먹는 것과 마시는 것이 아니요 오직 성령 안에 있는 의와 평강과 희락이라"라고 하였습니다. 성령 안에 진짜 평강이 있습니다.

● 주의 종을 통하여

하나님은 우리에게 '지키시는 복'과 '은혜의 복' 그리고 '평강의 복'을 주기 원하십니다. 그런데 특이하게도 주의 종의 축복을 통해 그런 복들을 주십니다. 본문 27절을 보면 "그들은 이같이 내 이름으로 이스라엘 자손에게 축복할지니 내가 그들에게 복을 주리라"라고 말씀합니다. 옛 히브리 학자들은 "복을 주시는 분은 제사장이 아니라 거룩하신 하나님이고 제사장은 그 입을 대신하여 전달하는 것이라 하여 제사장의 기도가 무슨 소용이 있겠느냐고 경시하지 말지니라"라고 했습니다.

예배의 순서 가운데 축도가 있습니다. 이 축도를 중요하게 여겨야 합니다. 목사가 주의 이름으로 성도들을 위하여 복을 빌면 하나님께서 성도들에게 복을 주시기 때문입니다.

대부분의 한국 사람은 복을 비는 문화에서 태어나, 복을 비는 문화에서 자라다가, 복을 비는 의식 속에서 죽어 갑니다. 이처럼 복은 한국인의 삶을 그 밑바닥에서부터 움직이고 있는 가장 끈질기고 보편적인 동기입니다. 조금만 주의해서 돌아보면 우리의 일상적인 언어생활과 우리의 가까운 의식주 생활에 복을 비는 말과 그를 조형화한 상징들이 얼마나 많이 있는지 쉽게 깨닫게 됩니다.

정월 초하룻날에는 쌀을 씻는 조리를 새벽에 파는데, 그것을 사면 한 해의 복을 받을 수 있다는 뜻에서 복조리(福笊籬)라고 일컫습니다. 사람이 음식을 먹는 모습을 보고도 복스럽게 먹는다고 칭찬하는가 하면 복이 달아나겠다고 꾸짖기도 합니다. 제사를 마치고 제사에 사용한 술이나 제물을 먹는 것은 '음복(飮福)한다'고 말합니다. 집터를 고를 때도 복지(福地)를 찾기 위해 풍수지리설을 따르기도 합니다. 복을 비는 마음은 여러 이름에도 나타납니다. 사람에 대한 작명(作名)으로는 복동(福童), 만복(萬福), 수복(壽福), 복수(福壽), 현복(賢福), 복실(福實), 복녀(福女), 복희(福姬), 복란(福蘭), 복순(福順) 등 '복' 자가 이름에서 흔히 보입니다. 배운 사람과 못 배운 사람의 구별 없이 설날의 새해 인사말도 '새해 복 많이 받으세요'입니다.

그러나 우리가 그토록 갈구하는 복은 손이 발이 되도록 빈다고 누리게 되는 것이 아닙니다. 더구나 팔자 소관도 아닙니다. 만복의 근원이신 하나님이 주시는 것입니다. 우리가 온전하고 행복한 삶을 살려면 하나님의 축복이 필요합니다. 하나님께서 그 백성에게 허락하시는 축복을 사모하십시오. 그리고 간구하십시오. 하나님이 주시는 축복으로 늘 승리하시기를 바랍니다.

당신이 참된 힘을 지니길!
벌거벗은 힘

●

누가복음 23:33-38

● 벌거벗은 힘

'계관시인'(桂冠詩人)은 영국 왕실에서 나라에서 제일 뛰어난 시인에게 수여하는 칭호로 왕실에서 봉급을 받던 시인을 가리킵니다. 계관시인 중에 알프레드 테니슨(Alfred Tennyson, 1809~1892)의 시 〈참나무〉(The Oak)는 한국인에게도 많이 알려진 시입니다.

젊거나 늙거나
저기 저 참나무같이
네 삶을 살아라
봄에는 싱싱한
황금빛으로 빛나며

여름에는 무성하고
그리고, 그러고 나서
가을이 오면 다시
더욱 더 맑은
황금빛이 되고

마침내 잎사귀

모두 떨어지면
보라, 줄기와 가지로
나목 되어 선
저 벌거벗은 힘을

이 시는 테니슨이 80세에 썼다고 합니다. 테니슨은 참나무가 잎과 열매 등 여름 동안 입고 있던 옷을 모두 벗은 후에도 '벌거벗은 힘'을 지니고 있다고 예찬합니다. 이 시 마지막 구절의 '벌거벗은 힘'이라는 표현이 압권인 것 같습니다. 벌거벗은 힘은 총, 칼, 돈, 권력 같은 물질의 힘을 다 벗은 후에도 여전히 사람들에게 큰 영향을 줄 수 있는 힘을 가리킨다고 볼 수 있습니다. 우리 속담의 "정승집 개가 죽으면 문상을 가도 정승이 죽으면 안 간다"는 말처럼 힘은 입은 옷에서 나옵니다. 그런데 옷을 다 벗은 후에도 더 큰 영향력을 발휘하는 힘이 있다면 그게 무엇이란 말입니까?

그것이 무엇인지 바로 오늘 본문에서 예수님이 십자가에서 보여주십니다. 십자가에 달리신 예수님은 군병들에 의해 옷이 모두 벗겨지셨지만 온 세상을 행복하게 할 영원하고 위대한 힘이 있음을 보여주셨습니다. 그렇다면 예수님을 따르는 우리가 추구해야 할 벌거벗은 힘은 무엇일까요?

1. 사랑의 힘(33절)

"해골이라 하는 곳에 이르러 거기서 예수를 십자가에 못 박고 두 행악자도 그렇게 하니 하나는 우편에, 하나는 좌편에 있더라."

● 해골의 언덕

오늘 본문은 예수님이 십자가에 달리실 때의 장면입니다. 누가는 예수님이 십자가에 못 박히신 장소를 '해골이라고 불리는 곳'이었다고 말합니다. 그 언덕은 해골이라고 불릴 정도로 흉흉한 곳이었습니다. 분명 십자가형이 집행되는 단골 장소였을 것입니다. 로마 제국의 사형은 매우 고통스러웠고 동시에 누구라도 잘 보이는 곳에서 공개적으로 집행되었기 때문에 골고다 언덕은 매우 적절한 장소였습니다. 이곳에서 예수님은 죄가 없음에도 마치 죄인처럼 죄인들 사이에서 십자가에 매달리셨습니다. 33절에서 그 장면을 다음과 같이 묘사하고 있습니다.

"해골이라 하는 곳에 이르러 거기서 예수를 십자가에 못 박고 두 행악자도 그렇게 하니 하나는 우편에, 하나는 좌편에 있더라."

예수님께서 영광으로 들어가시는 순간에 그 좌우 자리를 그렇게 차지하고 싶어 했던 제자들은 온데간데없고, 범죄자들이 그 자리를 차지하고 있었습니다. 영광은 좋지만 고난은 싫은 것이 사람의 본성입니다. 하나님 나라에 들어가려면 주님의 고난에 동참할 수 있어야 합니다. 그러나 많은 그리스도인이 고난을 슬금슬금 피하다가 영광만 가로채려고 합니다. 그래서 바울은 이렇게 말했습니다.

"무릇 그리스도 예수 안에서 경건하게 살고자 하는 자는 박해를 받으리라"(딤후 3:12).

예수님이 골고다 언덕에서 십자가에 달리셨을 때 백성들은 서서 구경하였고, 관리들은 하나님이 보내신 그리스도라면 먼저 자신을 구원해 보라며 비웃었습니다. 군인들도 똑같이 유대인의 왕이면 스스로 십자가 위에서 내려오라고 희롱하였습니다. 예수님은 채찍에 맞고 가시관에 찔리는 것보다 이들의 조롱과 희롱이 더 아팠을 것입니다. 성경 기자들은 예수님이 십자가에 달리신 의미를 무엇이라고 설명합니까?

● **십자가의 의미**

예수님께서 십자가에 달리셨다는 것은 단순이 당시에 받을 수 있는 극한의 형벌을 받으셨다는 것 이상의 의미를 가지고 있습니다. 베드로는 예수님의 죽음을 언급할 때 '나무에 달렸다'라는 표현을 여러 곳에서 사용합니다.

> "우리는 유대인의 땅과 예루살렘에서 그가 행하신 모든 일에 증인이라 그를 그들이 나무에 달아 죽였으나"(행 10:39).
> "친히 나무에 달려 그 몸으로 우리 죄를 담당하셨으니"(벧전 2:24).

베드로는 왜 십자가라는 말을 사용하지 않고 나무에 달렸다고 했을까요? 그 해답은 다음 성경구절에 있습니다.

> "그리스도께서 우리를 위하여 저주를 받은 바 되사 율법의 저주에서 우리를 속량하셨으니 기록된바 나무에 달린 자마다 저주 아래에 있는 자라 하였음이라"(갈 3:13).

당시 히브리인들은 나무에 달려 죽은 사람은 하나님께 저주를 받은 자라는 통념을 가지고 있었습니다(신 21:23). 그러므로 사람이 죽는 여러 가지 방법 중에서도 나무에 달려 죽는 것은 특히 더 불명예스럽게 여겨졌습니다. 예수님께서 죽으신 십자가의 재료가 바로 나무입니다. 나무에 달리는 죽음을 선택하신 것은 율법에 정해진 저주의 죽음을 보여 주신 것입니다.

하지만 예수님이 저주받은 자입니까? 결코 그렇지 않습니다. 예수님께서 나무에 달리신 것은, 바로 우리가 저주 아래에서 이렇게 죽어야 했다는 것을 보여 주시기 위함입니다. 죄로 인해 나무에 달려 죽는 저주 아래 있어야 하는 우리를 대신해서 주님께서 그 저주의 십자가를 지셨습니다. 그러나 이것은 유대인의 문제만은 아닙니다. 바울의 말을 들어 보십시오.

> "우리는 십자가에 못 박힌 그리스도를 전하니 유대인에게는 거리끼는 것이요 이방인에게는 미련한 것이로되"(고전 1:23).

십자가가 율법적인 이유로 유대인들에게 꺼리는 것이었다면 이방인들에게는 미련해 보이는 것이었습니다. 인류를 구원할 메시아가 극한의 형벌인 십자가에서 죽었다는 것은 이방인들로서 납득하기 어려운 진리였습니다. 그러나 십자가 형벌의 의미를 깨닫는 순간 누구라도 예수 그리스도의 사랑에 무릎을 꿇지 않을 수 없습니다.

> "오직 부르심을 받은 자들에게는 유대인이나 헬라인이나 그리스도는 하나님의 능력이요 하나님의 지혜니라"(고전 1:24).

그리스도의 은혜로 구원받은 성도는, 주님께서 나무에 달려 죽거나 십자가에 달려 죽은 것이 역설적으로 하나님의 능력이요, 하나님만이 하실 수 있는 지혜임을 깨닫고 감격할 수밖에 없습니다.

성도 여러분, 이것이 바로 복음입니다. 하나님께서 독생자 아들을 이 땅에 보내 저주의 나무에 달아 죽이시면서까지 우리를 사랑하셨습니다. 이 사랑을 깨달은 우리는 마땅히 십자가의 사랑을 세상에 선포해야 할 의무가 있음을 기억해야 합니다. 세상은 힘이란 항상 자본과 권력에서 나오는 것이라고 가르칩니다. 그러나 익히 아는 바대로 자본과 권력에만 경도되어 발휘되는 힘은 지속적이지 못하며, 이것이 우리가 믿는 성경적 진리이기도 합니다.

● **자기희생의 능력**

이런 점에서 도덕성에 기초한 자기희생의 힘을 깊이 생각하지 않을 수 없습니다. 진정한 교회 부흥을 꿈꾼다면 자기희생의 실천이 있어야 합니다.

예수님은 당시의 편견과 고정관념을 뛰어넘어 세리, 죄인, 창녀까지도 포용하는 모습을 보여 주셨습니다. 세상의 강대국들은 주변의 작고 힘없는 나라들을 힘으로 제압하고 식민지 사람들의 모든 것을 빼앗아 갔지만, 하나님 나라는 그런 제국주의의 피비린내 나는 이기적 나라가 아니라는 것을 예수님께서 십자가를 통하여 몸소 보여 주셨습니다. 희생하는 사랑이 '우주 최강의 힘'이라는 사실을 십자가 위에서 실천하신 것입니다. 그 놀라운 사랑을 체험한 사도 바울은 이렇게 고백했습니다.

"또한 모든 것을 해로 여김은 내 주 그리스도 예수를 아는 지식이 가장 고상하기 때문이라 내가 그를 위하여 모든 것을 잃어버리고 배설물로 여김은 그리스도를 얻고"(빌 3:8).

● **참된 사랑**

11세기경 잉글랜드 중부지방의 코번트리에서 있었던 일입니다. 레오프릭 영주가 농노들을 대상으로 한 지나친 징세를 보다 못한 사람은 농노의 대표도, 민중 봉기의 우두머리도 아닌 레오프릭 영주의 부인인 레이디 고다이바였습니다. 그녀는 6세기 이후 영국에 들어온 기독교를 신실하게 따르며, 하나님 앞에 겸허한 마음을 가진 정직하고 숭고한 여인이었습니다. 신실한 믿음을 가졌던 고다이바는 가난한 농민들이 남편의 세금 징수 때문에 굶어 죽어 가는 것을 차마 볼 수가 없었습니다. 고다이바는 나날이 몰락해 가는 농민들의 모습을 보고 남편의 과중한 세금 정책을 비판하였습니다. 세금을 줄여 영주와 농민이 함께 살 수 있는 방법을 모색하라고 남편에게 충고하였습니다. 그러나 레오프릭은 고다이바의 말을 귓전으로 흘려보냈습니다. 그녀의 숭고한 마음을 비웃기도 하였습니다.

마침내 거만한 레오프릭 영주는 이렇게 제안했습니다. "당신의 농노 사랑이 진심이라면 그 사랑을 몸으로 실천해 보시오. 만약 당신이 알몸으로 말을 타고 영지를 한 바퀴 돌면 세금 감면을 고려하겠소." 귀족인 영주의 아내가 알몸으로 말을 타고 영지를 도는 것은 불가능한 일이라고 생각하고, 실천할 수 없는 조건을 제시한 것입니다. 영주는 코웃음을 쳤습니다.

　하지만 그녀는 남편의 제의를 고민 끝에 받아들이기로 하고, 어느 날 이른 아침에 전라로 말 등에 올라 영지를 돌기 시작했습니다. 영주 부인이 자신들을 위해 알몸으로 영지를 돈다는 소문을 접한 농노들은 그 마음에 감동하여 레이디 고다이바가 영지를 돌 때 누구도 그 알몸을 보지 않기로 하고 집집마다 문과 창을 걸어 잠그고 커튼을 내려 그녀의 희생에 경의를 표했습니다. 그 누구도 내다보지 않았으며 그날의 일을 모두 비밀에 부쳤습니다.

　하지만 이때 고다이바 부인이 알몸으로 말을 타고 가는 모습을 커튼 사이로 몰래 엿본 사람이 있었다고 합니다. 톰이라는 양복점 직원이었는데, 하늘의 벌을 받을 건지 나중에 장님이 되고 말았다는 전설이 있습니다. 이 일화에서 유래해 영국에서는 남몰래 다른 사람을 엿보는 사람을 '피핑 톰'(Peeping Tom, 관음증)이라고 합니다.

고다이바는 결국 백성들의 세금을 줄이는 데 성공했고, 그녀의 이야기는 전설로 남아 전해져 오고 있습니다. 세계적으로 유명한 벨기에 초콜릿, 고디바 초콜릿도 이 고다이바 부인의 숭고한 희생정신에 감동하여 붙인 이름입니다.

진정 위대한 힘이 무엇입니까? 예수님이 십자가에서 보여 준 사랑보다 더 큰 힘이 있을까요?

● **사랑은 동사다**

사랑은 '하는 것'입니다. 사랑은 명사가 아니라 동사입니다. 에리히 프롬이라는 학자는 사랑을 '기술'이라고 했습니다. 그래서 그는 《사랑의 기술》이라는 책까지 썼습니다. 많은 사람이 사랑에 관해 말합니다. 그렇다면 과연 어떤 것이 참 사랑일까요? 한마디로 말하면 예수님처럼 하는 것이 사랑입니다. 우리는 예수님에게서 사랑을 배워야 합니다.

예수님은 우리를 사랑하십니다(요 15:9). 예수님이 먼저 우리를 사랑하셨고, 사랑하시되 끝까지(죽기까지) 사랑하셨습니다. 가장 위대한 힘은 사랑의 힘입니다. 그리고 사랑은 말로만 하는 게 아닙니다. 요한1서 3장 18절에 "자녀들아 우리가 말과 혀로만 사랑하지 말고 행함과 진실함으로 하자"라고 했습니다. 희생하는 사랑이 가장 위대한 힘입니다. 예수님이 벌거벗은 몸으로 십자가 위에서 보여 주신 힘이 바로 이것입니다. 희생하는 사랑을 실천한다면 우리가 세상의 옷을 다 벗은 후에도 그것이 위대한 힘으로 남아 세상을 구원할 것입니다.

윤석철 한양대학교 석좌교수는 벌거벗은 힘에 대해서 이렇게 말했습니다. "인간을 움직이는 대표적인 힘은 아름다움입니다. 벌거벗은 힘은 그중에서도 자기희생의 아름다움을 의미하는 표현입니다. '아름다울 미(美)'라는 한자는 '양 양(羊)'과 '클 대(大)'의 합입니다. 양은 거룩한 제사에 쓰이는 제물을 뜻합니다. 자신을 제물로 내놓을 정도의 자기희생을 보여 주는 사람만이 아름다움을 지닐 수 있습니다. 자기희생이 클수록 아름다움의 깊이도 깊어집니다."

벌거벗은 힘은 인생살이의 지혜에도 그대로 적용할 수 있습니다. 인간이 젊은 시절에 향유하는 육체적 아름다움은 세월이 흐르면 누구나 벗어야 하는 옷입니다. 서슬 퍼런 권세 또한 시간이 지나면 사라지는 옷입니다. 결국 모든 인간은 젊은 시절에는 헛된 환상, 탐욕, 유혹 등에서 깨어나야 하고, 나이가 들수록 내면의 벌거벗은 힘을 기르기 위해 노력해야 합니다. 이것이 바로 인간이 성장하고 발전할 수 있는 원동력입니다.

2. 용서의 힘(34절)

"이에 예수께서 이르시되 아버지 저들을 사하여 주옵소서 자기들이 하는 것을 알지 못함이니이다 하시더라."

● 실천하기 어려운 용서

이 세상에서 사랑보다 어려운 건 용서인 것 같습니다. "네 이웃을 네 자신같이 사랑하라"(마 22:39)고 하신 계명도 실천하기 어렵지만, "용서하라"(눅 6:37)고 하신 계명은 더 실천하기 어려운 것 같습니다.

예수 그리스도를 주로 믿고 따르는 사람들은 다른 사람들보다 더 용서를 잘할 거라는 기대를 받습니다. 무엇보다 예수님께서 십자가에 자신의 손과 발을 못 박는 사람들을 향해 "저 사람들을 용서하여 주십시오. 저 사람들은 자기네가 무슨 일을 하는지를 알지 못합니다"(눅 23:34, 새번역)라고 기도하셨기 때문입니다. 초대교회 최초의 순교자 스데반도 돌에 맞아 죽으면서 "주님, 이 죄를 저 사람들에게 돌리지 마십시오"(행 7:60, 새번역)라고 기도했습니다. 그리스도인들은 이런 '신적 용서'의 모범을 따라 그것을 실천하며 살아야 한다는 강한 도덕적·신앙적 요청을 받습니다. 그리스도인들은 예수님처럼, 스데반처럼 용서해야 한다는 신앙적 당위 앞에서 종종 더 큰 죄의식에 사로잡히곤 합니다. 그렇다면 예수님의 용서에 대한 가르침을 이런 관점에서 다시 생각해 봅시다.

● 용서는 삶의 주권을 찾는 일

용서는 피해자가 하는 것입니다. 용서의 주체는 피해자입니다. 용서란 피해자가 가해자에게 보복하지 않겠다고 하는 일방적이고 주체적인 선언입니다. 용서는 가해자의 태도에 달린 일이 아니라 피해자의 능동적인 결단입니다. 이 점을 정호승 시인이 탁월하게 정리했습니다. 시인은 심리학자 딕 티비츠(Dick Tibbits)가 쓴 《용서의 기술》(Forgive to Live)을 읽고 이렇게 자신이 얻은 깊은 깨달음을 이야기합니다.

> "저는 용서가 무엇인지 모릅니다. 용서가 내 삶에 왜 필요한지도 모릅니다. 그래도 지금까지 '용서하지 못하더라도 용서하려고 노력은 해야 한다'고 막연히 생각하며 살아왔습니다. 그러다가 어느 날 이 책에서 '남을 용서하지 못하면 내가 죽는다'라는 말 한마디를 만나

내 인생에 용서가 왜 필요한지 너무나 쉽고 단순하게 이해하게 되었습니다.

용서는 용서해야 할 대상을 위한 것이 아니라 바로 나 자신을 위한 것이었습니다. 남을 위해 내가 참고 희생하는 것이 아니었습니다. 내가 용서하고 싶어서 용서하는 게 아니라, 내가 살기 위해 용서하는 것이었습니다. 저는 용서하지 못함으로써 내가 죽고 싶지는 않았습니다.

용서는 잊기 위한 것이라고 생각하는 것은 잘못된 통념입니다. 용서는 내게 상처 준 이에게 넘겨준 내 삶의 통제권에서 나를 해방시키며, 과거의 상황이 나의 현재를 지배하지 않도록 가르칩니다. 용서는 결국 자기 삶과 행복을 자신이 책임지는 것입니다."

그렇습니다. 용서의 주체는 피해자입니다. 용서는 가해자에게 넘겨준 자기 삶의 통제권을 되찾아오는 일입니다. 가해자의 회개 여부에 내가 끌려 다니지 않겠다는 선언입니다. 과거의 상처가 오늘의 나를 지배하지 못하게 하겠다는 결단입니다. 그렇게 용서는 나를 위한 것입니다. 나의 행복을 위한 것입니다.

주님은 상처 입어 고통받는 사람들에게 무조건적인 용서의 짐을 지우는 분이 아닙니다. 주님은 우리의 무거운 짐을 벗겨 주시는 분입니다.

● **용서는 하나님의 권능을 공유하는 길**

유대인들은 전통적으로 "오직 하나님 한 분 외에는 누가 능히 죄를 사하겠느냐"(막 2:7)라고 믿었습니다. 용서는 하나님만이 하실 수 있는 특권이었습니다. 그런데 예수님께서는 공관복음에 기록된 대로 한 중풍병자를 고치면서 그에게 먼저 "네 죄 사함을 받았느니라"(마 9:2; 막 2:5; 눅 5:20)라고 선포하셨습니다. 마태는 이 놀라운 사건을 기록하면서 그 끝을 이렇게 마무리합니다.

"무리가 보고 두려워하며 이런 권능을 사람에게 주신 하나님께 영광을 돌리니라"(마 9:8).

철학자 한나 아렌트가 감동받은 구절입니다. 마태에 의하면 예수님은 이 땅에서 용서하는 권능을 사람 곧 우리에게 주셨다는 것입니다. 지금까지 용서는 하나님만이 하실 수 있는, 즉 아무도 침범할 수 없는 하나님의 고유한 영역이었습니다. 하지만 예수님께서는 그 권능을 우리에게 주시고 우리에게 용서를 실천할 수 있는 새 삶의 길을 열어 주셨습니다. 주님은 부활하신 날 저녁에 제자들에게 이렇게 말씀하셨습니다.

"이 말씀을 하시고 그들을 향하사 숨을 내쉬며 이르시되 성령을 받으라 너희가 누구의 죄든지 사하면 사하여질 것이요 누구의 죄든지 그대로 두면 그대로 있으리라 하시니라"(요 20:22-23).

● **자신을 용서하라**

가룟 유다와 베드로의 차이를 아십니까? 성봉오 신부의 책 《상처와 용서》에 나오는 이야기입니다.

두 사람은 똑같이 스승 예수를 배반했습니다. 그런데 베드로는 예수님의 수제자답게 교회의 반석이 되었고, 유다는 스스로 나무에 목매달아 죽었습니다. 두 사람의 차이는 무엇이었을까요? 자신에 대한 용서입니다.

베드로는 세 번이나 주님을 부인한 후에 통곡하며 회개하고 자신의 잘못을 스스로 용서했습니다. 그리고 그 용서를 바탕으로 그리스도의 제자로서 새 삶을 살았습니다. 가혹한 박해 속에서도 끝까지 하나님 나라의 복음을 전하다 마지막 순간에 자신은 스승과 똑같이 십자가에 달릴 자격이 없다며 거꾸로 십자가에 달려 순교했습니다. 하지만 유다는 그렇지 않았습니다. 유다는 스승을 판 돈을 자신이 갖지는 않았습니다. 은 삼십을 제사장들에게 집어던지고 나왔습니다. 그러나 끝내 자신을 용서하지는 않았습니다. 유다도 베드로와 똑같이 잘못을 뉘우치고 통곡했지만 끝내 자신을 용서하지 못했습니다. 그래서 비극적으로 생을 마감하고 말았습니다.

유다와 베드로의 차이는 오늘 우리에게 '나 자신을 용서하는 일'이 얼마나 중요한가를 깊이 가르쳐 줍니다(정호승. "먼저 자기 자신을 용서하라"《내 인생에 힘이 되어 준 한마디》중에서).

먼저 자신을 용서하십시오. 자신의 잘못과 실수와 실패를 탓하지 마십시오. 그리고 형제자매를 용서하지 못하는 자신을 탓하지 마십시오. 무조건 용서해야 한다는 압박감에서 벗어나십시오. 용서는 상처받은 사람들의 존엄과 행복과 회복을 위해 하나님께서 주신 권능이며 권리입니다.

어쩌면 내가 남을 용서하는 일보다 남에게 용서를 청하는 일이 더 많을 수도 있음을 기억하십시오. 우리는 남을 용서하는 일에만 마음을 썼지, 남이 나를 용서하는 일에 대해서는 대개 소홀합니다. 하지만 용서하는 일보다 용서를 청하는 일이 더 중요합니다. 예배를 드리려다 형제나 자매에게 상처와 피해를 준 일이 생각나면 먼저 가서 용서를 청하고 피해의 120%를 갚은 다음 돌아와 예배하십시오.

그리고 이렇게 용서하고 또 용서를 청할 때 하나님의 도우심을 구하십시오. 우리는 우리 혼자의 힘으론 도저히 이 용서의 깊은 강을 건널 수 없습니다. 하나님의 도우심이 필요합니다.

● **용서의 능력**

여러분, 용서에는 능력 있습니다. 예수님의 용서 기도는 저주를 축복으로 바꾸었습니다. 용서는 악을 선으로 바꿉니다. 미움을 사랑으로 바꿉니다. 치욕을 영광으로 바꿉니다. 남편 때문에 고통 받는 아내들이 있다면 용서 기도를 드리십시오. 사랑하는 자녀들을 놓고 눈물로 기도하는 부모들은 낙심하지 말고 이 기도를 드리십시오. 그뿐 아니라, 나를 미워하는 사람들을 위하여 기도하십시오. 내 마음의 미움이 박살 나는 것을 경험할 것입니다. 내 마음의 저주로 꽁꽁 묶어 두었던 사슬이 풀리는 것을 경험할 것입니다. 기도하십시오. 만나기 싫은 사람을 만날 수 있게 됩니다. 듣기 싫은 목소리를 들을 수 있게 됩니다. 얼어붙었던 마음이 녹기 시작합니다.

이 기도는 역사상 가장 능력 있는 기도입니다. 이보다 더 위대한 기도는 없습니다. 이 기도보다 확실하게 하나님의 뜻을 성취하는 기도는 없습니다. 이 기도보다 내 삶에 평화와 능력과 위로를 주는 기도는 없습니다. 오늘 이 기도부터 시작하십시오.

● 토머스 선교사의 순교

토머스 선교사가 중국 통역관으로 대동강변에 왔다가 붙잡혔습니다. 망나니들이 칼을 휘두를 때 그가 집행관에게 말합니다. "잠깐 내가 기도할 수 있게 해주십시오." 그리고 하나님께 기도합니다. "하나님, 이 조선 민족을 용서해 주시옵소서. 이 조선 민족의 죄를 사하여 주시옵소서. 내 생명을 받으시고 수많은 생명을 이 땅에 주시옵소서." 기도를 마친 다음, 자기가 가지고 있었던 중국어 성경을 집행관에게 주었습니다. 그리고 참수형을 당했습니다.

이 기도는 별로 의미가 없는 것 같아 보였습니다. 그런데 죽음의 순간까지 초연하게 평화를 잃지 않는 이 서양인의 표정에 감동한 한 사람이 성경책을 들여다보기 시작했고, 그가 예수님을 만나 조선 땅에서 첫 번째 그리스도인이 되었다는 이야기가 있습니다.

1883년에 서상륜이 만주에 갔다가 죽을병에 걸렸는데 선교사의 도움을 받고 거기서 복음을 받아들입니다. 그리고 성경을 번역해 집에 돌아와 소래 땅에 복음을 전했습니다. 이 일로 마을 사람들이 모두 예수를 믿게 되었습니다. 그래서 선교사가 들어오기 2년 전인 1883년에 소래교회가 탄생했습니다. 토머스 선교사의 기도는 땅에 떨어지지 않았습니다. 그 순교의 기도, 이 민족의 용서를 간절히 구했던 그 기도가 1885년 아펜젤러, 언더우드가 이 땅에 와서 복음을 전하게 했고, 1907년에 있었던 평양 장대현교회의 놀라운 부흥 운동, 곧 30만 명이 한꺼번에 주님 앞에 돌아오는 오순절 다락방 이래 최대 부흥의 역사로 이어집니다.

3. 믿음의 힘(눅 23:46)

"예수께서 큰 소리로 불러 이르시되 아버지 내 영혼을 아버지 손에 부탁하나이다 하고 이 말씀을 하신 후 숨지시니라."

● 믿음의 힘

누구에게 무엇을 맡긴다는 것은 굉장히 중요한 일입니다. 믿음과 신뢰가 있어야 맡길 수 있습니다. 누가복음 23장 46절에서 예수님은 십자가상에서 숨을 거두실 때 자신의 영혼을 하나님 아버지께 맡기셨습니다. 이를 통해 예수님은 하나님 아버지에 대한 무한한 신뢰를 보여 주고 있습니다. 여기서 예수님은 '아버지'라는 호칭을 사용하고 있습니다. 아버지는 세상에서 가장 신뢰하고 믿을 수 있는 존재입니다. 아버지의 이름의 무게가 어떠한지 우리는 잘 알고 있습니다. 오늘의 말씀을 통해 예수님은 하나님이 바로 그러한 대상임을 알려 주고 있습니다.

예수님은 지상에 계실 때도 믿음의 중요성을 강조하셨습니다. 마가복음 9장 23절에 "예수께서 이르시되 할 수 있거든이 무슨 말이냐 믿는 자에게는 능히 하지 못할 일이 없느니라"라고 했습니다. 세상을 온전하게 하는 가장 위대한 힘은 하나님을 신뢰하는 믿음이라는 것입니다.

"너는 마음을 다하여 여호와를 신뢰하고 네 명철을 의지하지 말라 너는 범사에 그를 인정하라 그리하면 네 길을 지도하시리라"(잠 3:5-6).
"무릇 하나님께로부터 난 자마다 세상을 이기느니라 세상을 이기는 승리는 이것이니 우리의 믿음이니라"(요일 5:4).

우리가 세상 끝 날까지 붙들어야 할 힘은 믿음의 힘입니다. 그래서 사도 바울은 디모데후서 4장 7-8절에서 "나는 선한 싸움을 싸우고 나의 달려갈 길을 마치고 믿음을 지켰으니 이제 후로는 나를 위하여 의의 면류관이 예비되었으므로 주 곧 의로우신 재판장이 그날에 내게 주실 것이며 내게만 아니라 주의 나타나심을 사모하는 모든 자에게도니라"라고 하였습니다. 우리가 세상의 모든 것을 벗고 하나님께로 갈 때까지 위대한 영향력을 남기는 힘은 믿음의 힘입니다.

● 믿음은 하나님의 관점

폭풍우가 치는 어느 날, 모든 영업 사원이 모여 어떻게 시간을 때울까 궁리하고 있는데 한 사람이 이렇게 말했습니다. "방문 판매원에게는 완벽한 날씨군. 모두들 집에 있잖아?" 박용후의 《관점을 디자인하라》라는 책에 나오는 내용입니다.

관점이란 사물이나 현상을 관찰할 때 보고 생각하는 태도나 방향을 의미합니다. 관점의 변화는 삶을 바꾸는 힘이 있습니다. 이 책의 부제는 "없는 것인가, 못 본 것인가?"입니다. 저자는 눈에 보이지 않는다고 해서 없는 것은 아니라고 말합니다. 그렇다면 우리가 못 보던 것을 보려면 어떻게 해야 할까요? 작가는 관점을 바꾸어야 한다고 역설합니다.

믿음의 사람들에게서 최고의 관점은 하나님의 관점입니다. 그리고 하나님의 관점으로 만물과 현실을 보는 눈이 바로 '믿음'입니다. 신앙의 사람들은 믿음의 눈, 믿음의 시력을 키울 수 있어야 합니다.

믿음 없이는 볼 수 없는 요소들이 너무 많기 때문입니다. 그래서 히브리서 11장 1-3절은 이렇게 말합니다.

"믿음은 바라는 것들의 실상이요 보이지 않는 것들의 증거니 선진들이 이로써 증거를 얻었느니라 믿음으로 모든 세계가 하나님의 말씀으로 지어진 줄을 우리가 아나니 보이는 것은 나타난 것으로 말미암아 된 것이 아니니라."

가나안 땅의 입성을 앞두고 있던 이스라엘 백성들, 특히 10명의 정탐꾼도 믿음의 눈이 없어 보지 못한 것이 많았다는 것을 역사가 증명합니다.

성경에 나오는 최고의 관점 디자이너는 예수님이십니다. 예수님은 절망을 소망으로, 실패를 성공으로 바꾸실 수 있는 분입니다. 예수님께서 한 마을에 들어가셨습니다. 그때 회당장 야이로가 예수님께 와서 발 아래 엎드리며 자기 집에 오시기를 간구했습니다. 그의 열두 살 된 외동딸이 죽어 가고 있었기 때문입니다. 예수님께서는 그 간구를 들으시고 그 집으로 향하셨습니다.

집에 거의 도착했을 때 사람들이 와서 딸이 죽었으니 더는 예수님을 귀찮게 하지 말라고 했습니다. 집에 들어가자 모든 사람이 아이로 인해 통곡하고 있었습니다. 이때 예수님께서는 "울지 말라, 이 아이는 죽은 것이 아니라 잔다"라고 말씀하셨습니다. 그 누구도 죽은 회당장 야이로의 딸이 잔다고 생각하지 않았습니다. 그런데 주님께서는 "잔다"라고 말씀하셨습니다. 그 말에 사람들은 예수님을 비웃기까지 했습니다. 그러나 예수님은 아이의 손을 붙잡고 "달리다굼"

곧 "아이야, 일어나라"라고 말씀하시며 일으켜 세우셨습니다. '죽음'을 '잠'으로 보는 것이 믿음입니다. 그리고 죽은 자를 살릴 수 있다는 것은 하나님의 관점이며, 그 믿음이 그 아이를 살린 것입니다.

세상에서 들려오는 소식은 언제나 긍정보다는 부정, 희망보다는 절망에 가까울 때가 많습니다. 그리고 사람들은 절망의 소식에 더 귀를 기울이는 경향이 있습니다. 이때 믿음의 사람들은 믿음의 관점으로 세상을 바라보며 승리할 수 있어야 합니다. 믿음이 무엇입니까? 믿음은 맹목적인 낙관주의가 아닙니다. 믿음은 실존하시는 하나님에 대한 무한한 신뢰이며, 절대적인 의지입니다. 그리스도인은 그 믿음의 힘으로 살아가는 사람들입니다.

● 한국 대통령과 드골이라는 옷

대한민국의 대통령들은 '옷'만 벗으면 감옥에 가거나 국민들로부터 큰 비난을 받습니다. 아마도 '벌거벗은 힘'이 없었기 때문이 아닐까 싶습니다. 샤를 드골 전 프랑스 대통령은 이웃 나라 독일보다 영토도 크고 인구도 많은데도 프랑스가 전쟁만 하면 독일에 번번이 지는 걸 안타까워했습니다. 제2차 세계대전 후에 대통령에 당선된 드골은 '위대한 프랑스'를 만들기 위해 미래지향적 정책을 펴기로 했습니다.

하지만 프랑스 국민은 불확실한 미래를 위한 오늘의 희생을 거부했습니다. 이런 갈등 때문에 드골은 하야하고 말았습니다. 드골은 유언을 통해 국장을 거부했고, 묘비에 '전직 대통령'이라는 구절도 넣지 못하게 했습니다. 그의 아내 이본 드골 역시 대통령 배우자에게 나오는 연금을 사양했습니다. 드골 사후 그에 대한 인기가 치

솟습니다. 이본 여사가 죽자 프랑스 국민들은 드골에게 '프랑스 대통령'이란 문구를 새겨 넣은 묘비를 헌정했습니다. 오늘날에도 드골은 프랑스 국민으로부터 가장 존경받는 지도자로 꼽힙니다. 드골이 대통령이라는 옷을 벗은 후에도 사람들의 마음을 끌었던 것은 '벌거벗은 힘' 덕분이었습니다.

그리스도인은 예수님이 십자가에서 보여 주신 참된 힘을 믿는 사람들입니다. 그러므로 우리도 그 사랑을 실천합시다. 용서를 보여 줍시다. 그리고 믿음으로 삽시다! 그러면 하나님의 나라가 이루어질 것입니다.

당신이 회복되기를!
회복을 위한 안목

●

이사야 43:14-21

● **보이지 않는 고릴라**

　미국 하버드대학의 크리스토퍼 차브리스와 일리노이대학의 대니얼 사이먼스는 한 가지 실험을 했습니다. 농구공을 패스하는 두 팀이 나오는 짧은 동영상을 만들었는데, 한 팀은 흰색 셔츠, 다른 팀은 검은색 셔츠를 입게 했습니다. 동영상을 시청하는 학생들에게는 흰색 셔츠를 입은 팀의 패스 횟수를 세라고 했습니다. 동영상 시청이 끝난 후 동영상에서 고릴라를 보았는지를 물었습니다. 학생들이 흰색 셔츠를 입은 팀의 패스 횟수를 세는 데 몰입하고 집중하는 동안, 고릴라 복장을 한 한 학생이 코트를 가로질러 천천히 걸으며 가슴을 두드리는 등의 행동을 무려 9초 동안이나 합니다. 그런데 동영상을 본 수천 명의 학생 중 절반 정도는 고릴라를 보지 못했다고 했습니다. 이른바 '보이지 않는 고릴라 실험'으로 알려진 유명한 연구 결과입니다. 실험에서 나타난 현상을 가리켜 영어로 'inattentional blindness'라고 하고, 우리말로는 '무주의 맹시', '시각적 맹목성' 등으로 번역하고 있습니다.

　인간은 보통 어느 한 가지에 집중하면 다른 것은 인식하지 못합니다. 인간의 뇌는 시각을 집중할 때 주의를 분산시키지 않는 장점이 있으나, 반면 인간의 시야를 좁게 하여 종합적인 판단을 그르치게 하는 부작용도 나타납니다.

실험 결과 이런 현상은 특정 집단에서 더 높게 나타나는 것으로 밝혀졌습니다. 위 실험에서 고릴라를 가장 보지 못한 집단은 행동심리학자들이었습니다. 이 밖에도 기업의 임원, 성공한 사업가처럼 사회적인 지위가 높고 나이가 많을수록 무주의 맹시 현상이 더욱 잘 드러났습니다. 평소 자신의 실력과 경험에 대한 자신감이 넘치는 사람일수록 자신이 보고 싶은 것만 보고 판단하는 오류를 범하기 쉽다는 결론입니다.

우리는 자신이 눈앞에 펼쳐진 세상을 정확하게 잘 본다고 믿고 있습니다. 하지만 그 확신이 오히려 정작 보아야 할 것을 보지 못하게 하지는 않는지요? 특히 눈에 보이는 세상일에만 너무 치중한 나머지 꼭 보아야 하는 영적 세계를 보지 못하고 사는 것은 아닌지 살펴보아야 합니다.

오늘 본문에서 이사야 선지자도 바벨론 포로 생활 중인 이스라엘 백성들의 문제점을 바로 이 점에서 찾고 있습니다. 그래서 본문 8절에서 "눈이 있어도 보지 못하고 귀가 있어도 듣지 못하는 백성을 이끌어 내라"라고 외칩니다. 이스라엘의 역사가 다시 회복되려면 무엇보다도 영적인 안목이 열려야 한다는 것입니다. 불확실한 미래 앞에 선 우리가 회복을 위해 반드시 보아야 하는 것은 무엇일까요?

1. 하나님에 대한 인식(14–15절)

"너희의 구속자요 이스라엘의 거룩한 이 여호와가 말하노라 너희를 위하여 내가 바벨론에 사람을 보내어 모든 갈대아 사람에게 자기들이 연락하던 배를 타고 도망하여 내려가게 하리라 나는 여호와 너희의 거룩한 이요 이스라엘의 창조자요 너희의 왕이니라."

● 바벨론 포로 생활

본문은 바벨론 포로 생활 중에 있는 유다 백성들에게 주신 말씀입니다. 주전 586년경, 남왕국 유다가 바벨론 왕 느부갓네살의 침략을 받아 멸망하고 수많은 포로들이 바벨론으로 끌려갔습니다. 성은 불타 버렸고, 민족 지도자들까지 바벨론의 포로로 끌려가자 이스라엘 백성들은 깊은 실의와 절망에 빠졌습니다. 비운의 왕 시드기야는 자기 눈으로 왕자들의 죽음을 지켜보아야 했고, 자신도 두 눈이 뽑힌 채 포로로 잡혀갔습니다. 이때부터 이스라엘 백성들은 마음에 큰 소원을 품었는데, 하루빨리 원수의 나라 바벨론을 쳐부수고 예루살렘에 돌아와 모두 함께 무너져 폐허가 된 예루살렘성을 다시 쌓고 하나님의 성전을 다시 세우는 것이었습니다.

그러나 그날은 그렇게 쉽게 오지 않았습니다. 그 시간이 길어짐에 따라 백성들의 희망과 신앙에 동요가 생기기 시작했습니다. '정말 우리 민족의 독립이 가능할까? 우리가 다시 예루살렘으로 돌아갈 수 있을까?' 수십 년의 세월이 지나자 낙관론보다는 비관론이 앞섰고, 희망적으로 보기보다는 절망적으로 보는 사람들이 많아졌습니다. '차라리 바벨론 정부가 시키는 대로 고분고분 말 잘 듣자, 바람 부는 대로 물결치는 대로 살아가 보자' 하는 사람들도 생겨났습니다. 유다 백성들이 바벨론의 침략을 받아 나라를 잃고 포로로 잡혀가 오랜 시간 동안 힘든 고역에 시달렸지만 여기서 벗어날 길이 전혀 보이지 않습니다.

고통의 끝이 보이지 않는 암울한 상황에 놓여 있을 때 하나님께서 이사야를 통해 놀라운 소식을 전하십니다.

"너희의 구속자요 이스라엘의 거룩한 이 여호와가 말하노라 너희를 위하여 내가 바벨론에 사람을 보내어 모든 갈대아 사람에게 자기들이 연락하던 배를 타고 도망하여 내려가게 하리라"(14절).

바벨론에 사람을 보내 모든 갈대아 사람(바벨론 백성)이 배를 타고 도망가게 하겠다고 하십니다. 이는 유다를 사로잡고 있는 바벨론을 무너뜨리겠다는 희망의 소식입니다.

이 말씀은 이스라엘 백성이 고난에 빠지게 된 원인과 해결책을 암시하고 있습니다. 당시 이스라엘 민족에게 고난이 오고 위기가 온 원인이 무엇이었을까요? 모든 백성이 하나님을 버렸기 때문입니다. 그렇기에 하나님이 내신 새 길을 가기 위해서는 해야 할 것이 있었습니다.

● 하나님을 주로 모시고

첫째, 하나님을 주로 모시고 따라야 했습니다. 본문 15절에서 "나는 여호와 너희의 거룩한 이요 이스라엘의 창조자요 너희의 왕이니라"라고 말씀합니다. 하나님은 이스라엘 민족을 세우신 분입니다. 아브라함을 불러 그와 언약을 맺고, 아브라함의 후손을 창대케 하여 큰 민족을 이루게 하셨습니다. 언약의 내용이 무엇입니까? '나는 너희의 하나님이 되고, 너희는 나의 백성이 된다'는 약속입니다. 그래서 하나님은 '나는 이스라엘의 창조자요 너희의 왕이다'라고 하며 자신이 이스라엘의 주권자임을 밝히십니다.

이스라엘이 왜 바벨론에 포로로 끌려갔습니까? 하나님을 왕으로 섬기지 않고, 우상을 숭배하며 자신들이 원하는 대로 살았기 때문입니다. 이들이 다시 민족을 회복하기 위해서는 하나님의 주권을 인정하고, 하나님의 다스림을 받아야 했습니다. 하나님의 말씀에 순종하며 겸손히 하나님을 따라야 했습니다. 내가 내 인생의 주인이 되어 내가 가고 싶은 길을 가는 것은 하나님의 주 되심을 인정하는 삶이 아닙니다. 하나님의 주 되심을 인정하는 사람은 내 생각을 내려놓고 하나님 말씀에 귀를 기울이고, 하나님의 뜻을 겸손히 따릅니다. 그렇게 할 때 하나님이 새롭게 여신 구원의 길로 갈 수 있습니다.

예수님은 '내가 곧 길이요 진리요 생명이다'라고 하셨습니다(요 14:6). 예수님이 구원의 길입니다. 광야와도 같고 사막과도 같은 험한 인생길을 가다가 앞이 캄캄하고 막막한 지경에 놓이면 길이요 진리요 생명이신 예수님을 따라야 합니다. 그러면 구원의 길을 갈 수 있습니다.

예수님은 하나님께서 정하신 유일한 구원의 길입니다. 예수님 외에 우리가 구원받을 만한 다른 이름을 주신 적이 없습니다. 예수님을 믿고 예수님을 나의 주, 나의 하나님으로 영접하여 예수님을 따르면 구원의 은혜를 입을 수 있습니다. 인생의 문제를 해결하려면 근본적인 문제부터 해결해야 합니다. 근본적인 문제 해결 없이 부차적인 문제에 집착하면 문제에서 벗어날 수 없습니다.

● 거룩한 길

둘째, 거룩한 길로 가야 했습니다. 14절에서 하나님은 자신을 '이스라엘의 거룩한 이'로 소개합니다. 15절에서도 '나는 여호와 너희의 거룩한 이'라고 합니다. 하나님께서 자신의 거룩함을 강조하고 있습니다. 그 이유는 하나님이 거룩하신 분이므로 우리도 거룩해야 함을 말씀하기 위함입니다. 하나님은 "내가 거룩하니 너희도 거룩할지어다"(레 11:45)라고 하셨습니다. 하나님이 내신 구원의 길을 가려면 거룩해야 합니다.

> "거기에 대로가 있어 그 길을 거룩한 길이라 일컫는 바 되리니 깨끗하지 못한 자는 지나가지 못하겠고 오직 구속함을 입은 자들을 위하여 있게 될 것이라 우매한 행인은 그 길로 다니지 못할 것이며"(사 35:8).

하나님이 내신 길은 거룩한 길이므로 깨끗하지 못한 자는 지나가지 못하고, 구속함을 입은 거룩한 자만 갈 수 있습니다.

인생의 기로에서 어떤 선택을 해야 할 때, 우리는 거룩한 길을 선택해야 합니다. 돈은 해결책이 아닙니다. 돈이 있으면 문제가 다 해결될 것처럼 생각하지만 돈은 문제 해결의 열쇠가 아닙니다. 하나님의 말씀을 따라 거룩한 길을 선택할 때 반석 위에 세운 집과 같이 견고한 인생의 집을 지을 수 있습니다. 거룩함이 기초가 되지 않은 인생의 집은 모래 위에 지은 집과 같아서 풍파가 일면 쉽게 무너집니다.

거룩한 길은 거룩한 사람이 갈 수 있습니다. 죄인은 거룩한 길을 가지 못합니다. 거룩한 길을 가려면 내가 먼저 거룩한 사람이 되어야 합니다. 내가 거룩해야 거룩한 길을 갈 수 있습니다. 그러나 거룩한 삶의 능력이 내게는 없습니다. 거룩한 분은 하나님이십니다. 거룩한 하나님만이 우리를 거룩하게 하실 수 있으며, 거룩한 길로 인도하실 수 있습니다.

요한복음 17장 17절에서 예수님은 "그들을 진리로 거룩하게 하옵소서 아버지의 말씀은 진리니이다"라고 하였습니다. 우리를 거룩하게 하는 것은 진리의 말씀입니다. 진리의 말씀을 붙잡고 그 말씀대로 살아갈 때 우리는 거룩한 존재가 될 수 있고 거룩한 길을 갈 수 있습니다.

● **하나님과의 관계**

하나님과의 관계가 막히면 좋은 것을 공급받지 못하니 삶이 피곤할 수밖에 없습니다. 물고기가 물을 떠나 살 수 없듯이 인간도 하나님을 떠나서는 살 수 없습니다. 하나님을 떠난 인생들이 하나님을 찾을 때 비로소 행복해집니다. 자신을 창조하신 하나님의 품에 안길 때 인간은 참된 평안과 행복을 얻을 수 있습니다.

연약한 인간이 하나님과 바른 관계를 맺을 수 있는 길은 오직 회개하는 것입니다. 하나님의 긍휼을 구하며 회개할 때 하나님께서 모든 죄를 깨끗하게 용서해 주심으로 관계가 회복되고 새 힘을 얻을 수 있습니다. 그래서 힘들고 지칠 때 피곤함에서 벗어날 수 있는 길은 여호와를 앙망하는 것입니다. 여호와를 앙망하는 자에게 독수리가 날개 치며 올라감 같은 새 힘을 주십니다(사 40:31).

이스라엘 역사는 하나님의 약속을 믿고 기다린 역사입니다. 하나님은 430년간 애굽에서 노예로 살던 이스라엘을 버리지 않고 약속을 기억하셔서 유월절 어린양 사건을 통해 출애굽 하게 하셨습니다. 40년 동안 광야를 방황할 때도 약속의 땅을 기다림으로 마침내 그 땅으로 들어간 것입니다. 다윗은 오랜 기간을 사울 왕에게 쫓기며 고난을 당하며 살았지만 낙심하지 않고 계속 하나님을 바라며 믿음으로 살았습니다.

> "나의 영혼이 잠잠히 하나님만 바람이여 나의 구원이 그에게서 나는도다 오직 그만이 나의 반석이시요 나의 구원이시요 나의 요새이시니 내가 크게 흔들리지 아니하리로다"(시 62:1-2).

다윗은 죽음의 위기 앞에서도 절망하지 않고 하나님이 도우실 것을 바랐습니다. 결국 다윗은 승리하여 하나님이 약속하신 대로 이스라엘 왕이 되었습니다.

지금 나를 둘러싸고 있는 문제가 무엇입니까? 혹시 사람이나 물질, 환경을 의지하고 있지는 않습니까? 오직 하나님의 약속을 믿고 끝까지 그 약속을 붙잡고 바라보시기 바랍니다. 무엇보다도 고난을 당하여 힘들 때 하나님의 약속을 붙잡고 승리해야 합니다. 인간의 생각을 가지고 연약한 자신과 주변을 바라보면 절망합니다. 갈수록 문제가 더 복잡해지고 꼬입니다.

하나님을 바라보시기 바랍니다. 우리 하나님은 신실하십니다. 믿음으로 바라는 자들을 실망시키지 않고 도와주십니다. 오늘도 내일도 하나님께서 나를 도와주실 것을 믿고 기다리시기 바랍니다. 이런 사람에게 닫힌 길이 열리고 좋은 일이 있는 것입니다. 여호와의 도우심을 기다리며 바라는 자는 가만 있지 않고 준비하지만, 내일에 대한 기대가 없는 사람은 아무것도 준비하지 않고 시간을 흘려보냅니다. 그래서 좋은 기회가 주어져도 그것이 기회인지를 알지 못하고 놓치는 것입니다. 그러나 오늘에 최선을 다하면서 내일을 열심히 준비하는 자에게는 기회가 옵니다. 하나님은 이스라엘 백성들이 해방의 날을 바라보며 준비하기를 원하셨습니다.

2. 하나님의 주권과 섭리(16-20절)

"나 여호와가 이같이 말하노라 바다 가운데에 길을, 큰 물 가운데에 지름길을 내고 병거와 말과 군대의 용사를 이끌어 내어 그들이 일시에 엎드러져 일어나지 못하고 소멸하기를 꺼져 가는 등불 같게 하였느니라 너희는 이전 일을 기억하지 말며 옛날 일을 생각하지 말라 보라 내가 새 일을 행하리니 이제 나타낼 것이라 너희가 그것을 알지 못하겠느냐 반드시 내가 광야에 길을 사막에 강을 내리니 장차 들짐승 곧 승냥이와 타조도 나를 존경할 것은 내가 광야에 물을, 사막에 강들을 내어 내 백성, 내가 택한 자에게 마시게 할 것임이라."

● 출애굽의 옛적 일

하나님은 유다 백성들에게 확신을 심어 주기 위해 과거에 하나님이 행하신 일을 이야기하십니다. 16-17절에서 하나님은 '내가 바다 가운데 길을 내고, 큰물 가운데 지름길을 내고, 병거와 말과 군대의 용사를 일시에 엎드러지게 한 적이 있다'라고 말씀합니다. 출애굽 시 홍해 도하 사건을 말씀하는 것입니다. 홍해 가운데 길을 내어 이스라엘 백성들을 지나가게 하시고, 뒤쫓아 오는 애굽의 마병들을 물에 수장시켜 이스라엘 백성들이 무사히 애굽을 빠져나오게 하신 일을 상기시키십니다. 홍해 도하 사건은 인간의 상상을 뛰어넘는 엄청난 일입니다. 누가 홍해를 갈라 건너갈 것이라 상상이나 했겠습니까? 하나님은 누구도 상상하지 못한 방법으로 이스라엘 백성을 애굽 군대의 손에서 건져 내셨습니다.

그런데 18절에서 "너희는 이전 일을 기억하지 말며 옛날 일을 생각하지 말라"고 하십니다. 왜 홍해 도하 사건을 이야기하다가 갑자기 이전 일을 기억하지 말라고 하신 것일까요?

● 현재가 중요하다

하나님은 과거의 역사 속에서만 기억되는 분이 아니라 지금도 살아 계셔서 구원의 역사를 이루시는 분입니다. 과거에 하나님이 행하신 위대한 구원 사건을 기억하는 일도 필요합니다. 하지만 거기에 머물러서는 안 됩니다. 과거에 구원의 역사를 펼치신 하나님은 지금도 동일하게 구원의 역사를 펼치십니다. 그러므로 구원의 역사를 펼치실 하나님을 믿고 하나님께 소망을 두어야 합니다. 그럴 때 우리 하나님이 행하시는 구원을 경험할 수 있습니다.

우리의 신앙이 과거를 회상하는 데 머물러서는 안 됩니다. 우리는 '아! 옛날이여~' 하며 과거의 기억을 회상하는 경우가 많습니다. 과거에는 이러이러했는데 하며 과거의 아름다운 기억을 떠올립니다. 신앙에서 중요한 것은 과거가 아니라 현재입니다. 물론 과거의 아름다웠던 기억은 기쁨을 줍니다. 하지만 과거를 회상하는 것에서 그치면 안 됩니다. 과거보다 더 아름다운 현재와 미래를 만들어야 합니다.

과거 1970~1980년대에 일본은 경제 호황기를 누렸습니다. 일본에서 만든 전자제품, 자동차는 세계적으로 인기가 많아 수출이 잘되었고, 이를 통해 무역 흑자를 내며 일본은 큰 부를 쌓았습니다. 일본인들은 자국의 제품에 대한 자부심이 컸습니다. 미국이 위협을 느낄 정도로 일본의 경제력은 대단했습니다. 그러나 지금의 일본은 내리막길을 걷고 있습니다. 일본 경제는 20년 전으로 퇴보하고 있습니다. 지금 일본에서 생산되는 제품 중에 주목을 받는 것은 자동차 외에 거의 없습니다. 1인당 국민소득은 우리나라보다도 적습니다. 일본이 이런 지경에 놓이게 된 것은 과거에서 벗어나지 못했기 때문입니다. 더구나 디지털 시대에도 아날로그에서 벗어나지 못했습니다. 디지털 제품보다 아날로그 제품이 더 우수하다고 생각하였기 때문에 전환을 하지 못했습니다. 과거 자신들이 이룬 업적에 취하여 새로운 미래를 대비하지 못한 결과, 일본의 쇠퇴가 시작되었습니다.

과거보다 중요한 것은 현재입니다. 우리의 신앙도 과거의 향수에 젖어 있어서는 안 됩니다. 더 나은 모습으로 발전하기 위해 노력해야 합니다. 하나님은 과거에 머물러 있지 않습니다. 하나님은 지금도 살아 역사하십니다. 홍해 도하 사건을 통해 놀라운 구원의 역사를 펼치신 하나님은 지금도 동일하게 구원의 역사를 펼치십니다. 그러므로 어제나 오늘이나 내일도 변함없이 구원의 역사를 펼치시는 하나님을 믿고 하나님과 함께 구원의 역사를 만들어 가야 합니다.

● 새 길을 여시는 분

본문 19절에서 "보라 내가 새 일을 행하리니 이제 나타낼 것이라"라고 선포합니다. 하나님은 선지자를 통하여 "보라"라고 말씀하십니다. 삶에서 눈으로 보는 것이 얼마나 중요한지 모릅니다. 무엇을 보라는 것입니까? 하나님이 행하실 새 일입니다.

하나님은 새 일을 행하겠다고 하시며 광야에 길을, 사막에 강을 내겠다고 하십니다. 출애굽 때는 홍해에 길을 내셨지만, 이제는 포로 된 유다 백성을 위하여 광야에 길을 내고, 사막에 강을 내겠다고 하십니다. 포로 된 백성들을 위하여 구원의 길을 내겠다는 말씀입니다. 바벨론에서 예루살렘으로 돌아오려면 광야를 통과해야 합니다. 사막을 지나야 합니다. 하나님은 광야에 길을 내고, 사막에 강을 내어 예루살렘 귀환의 길을 열겠다고 말씀합니다.

하나님은 길을 내시는 분입니다. 길이 없는 곳에 새로운 길을 만드시는 분입니다. 홍해를 가르고 길을 내신 하나님은 광야와 사막에도 길을 내며 구원의 길을 여십니다. 우리가 살아가다 보면 사면초가와 같이 앞뒤가 꽉 막혀 벗어날 길이 보이지 않을 때가 있습니다. 그러나 하나님은 그곳에서도 새로운 길, 구원의 길을 여십니다. 길이 보이지 않고 앞이 막막할 때 하나님을 믿고 따라야 하는 이유가 여기에 있습니다. 하나님을 믿고 따르면 하나님께서 길을 내셔서 새날을 맞이하게 하십니다.

요셉을 보십시오. 요셉은 형들의 미움을 사 애굽으로 팔려 갔습니다. 그리고 보디발의 집에서 종으로 살았습니다. 요셉은 애굽으로 팔려갔을 때 앞이 캄캄하였습니다. 아버지의 품 안에서 편하게 지내던 시간은 끝났습니다. 고된 일과 시련만이 그를 기다리고 있었습니다. 그의 인생은 이것으로 끝장이 난 것처럼 보였습니다. 그러나 하나님은 새 길을 열어 요셉을 애굽의 총리 자리에 오르게 하셨습니다. 하나님의 백성에게 막다른 길은 없습니다. 하나님께서 새 길을 여시기 때문입니다. 여러분! 이 믿음을 가지시길 바랍니다.

● 인생을 주관하시는 하나님

이스라엘을 애굽에서 해방시킨 옛적 일을 행하신 하나님과 바벨론 포로 생활 중인 이스라엘 백성을 해방시킬 새 일을 행하시는 하나님을 보라는 말씀은 곧 하나님의 주권과 섭리를 보라는 말씀입니다. 우리의 삶이 새롭게 회복되려면 하나님의 섭리와 주권을 보는 눈이 있어야 합니다. 기독교적인 세계관과 역사관이 있어야 합니다. 그래서 성경은 계속 강조합니다.

"토기장이가 진흙 한 덩이로 하나는 귀히 쓸 그릇을, 하나는 천히 쓸 그릇을 만들 권한이 없느냐"(롬 9:21).
"여호와의 말씀이니라 이스라엘 족속아 이 토기장이가 하는 것같이 내가 능히 너희에게 행하지 못하겠느냐 이스라엘 족속아 진흙이 토기장이의 손에 있음같이 너희가 내 손에 있느니라"(렘 18:6).
"나는 빛도 짓고 어둠도 창조하며 나는 평안도 짓고 환난도 창조하나니 나는 여호와라 이 모든 일들을 행하는 자니라 하였노라"(사 45:7).

인간은 절대로 자기 삶이나 우주의 주인이 될 수 없습니다. 하나님이 주인이시고 주관자가 되십니다.

● 능력의 근원

하나님의 섭리와 주권을 보라는 말은 우리 삶의 능력의 근원이 어디에 있는지를 알려 줍니다. 고린도후서 4장 7절은 "우리가 이 보배를 질그릇에 가졌으니 이는 심히 큰 능력은 하나님께 있고 우리에게 있지 아니함을 알게 하려 함이라"라고 말씀합니다.

종교나 사상은 다양하지만, 결국 능력의 근원을 어디에 두느냐에 따라 두 가지로 분류됩니다. 인간 중심적이냐, 하나님 중심적이냐 하는 것입니다. 대부분의 가르침은 능력의 근원이 인간에게 있다고 가르칩니다. 그래서 수양이 중요하고 도를 닦는 것이 중요하다고 합니다. 그러나 성경의 가르침은 다릅니다.

"심히 큰 능력이 하나님께 있고 우리에게 있지 않다."

그래서 인간의 수행이 아니라 이 사실을 받아들이는 '믿음'이 중요합니다. 모세의 삶이 이것을 증명합니다. 애굽에서의 40년은 자기가 중심이었습니다. 자기의 능력을 의지했습니다. 그러나 그는 아무 일도 할 수 없었습니다. 오히려 살인을 저지르고 도망하는 신세가 되었습니다. 하지만 미디안 광야에서의 40년을 통해 능력의 근원이 하나님께 있음을 철저히 깨닫습니다. 그리고 하나님을 의지하고 나아갈 때 기적이 나타나게 되었습니다.

우리는 곧잘 인간의 능력과 오늘날 인간이 이룩한 거대한 힘에 대하여 말합니다. 그러나 바울은 그 인간도 여전히 깨지기 쉬운 질그릇 같은 존재라고 말합니다. 파스칼의 말과 같이 "한 방울의 물, 한 점의 바람에도 죽을 수 있는 존재"가 인간입니다. 심히 큰 능력이 인간에게 있는 것이 아니라 하나님께 있기 때문입니다. 바울은 고린도후서에서 자신이 어떻게 그처럼 일하고, 많은 핍박과 시련 속에서도 그 위대한 하나님의 사역을 감당할 수 있었는지 그 비밀을 밝힙니다. 바울은 예수 그리스도를 죽은 자 가운데서 다시 살리신 하나님의 능력을 기억하면서 일했기 때문이라고 말합니다. 그렇습니다! 하나님은 능력의 근원입니다. 그렇기에 하나님을 의지할 때 능력 있는 삶이 이루어집니다.

- **하나님이 주신 손**

벤 카슨은 흑인이었습니다. 그가 처참한 생활을 하고 있을 때 어떤 사람이 그를 주께로 인도했습니다. "너는 다시 새롭게 살 수 있어. 지금까지 살던 방식을 끊어 버리고 새 생활을 할 수 있어." 그는 믿음으로 나아갔고 변화되기 시작했습니다. 그리고 열심히 공부하여 흑인 최초로 존홉킨스의대 외과 의사가 되었습니다.

한번은 머리와 등이 붙은 샴쌍둥이 아이를 23명의 의사들을 이끌고 수술하게 되었는데, 오랜 수술 끝에 너무 힘들어서 무릎을 꿇고 이렇게 기도합니다. "이제 저는 다 했어요. 하나님 손에 맡깁니다." 그런데 그 아이가 살아났습니다. 이 일로 그는 일약 세계적으로 유명한 의사가 되었습니다.

이처럼 우리는 하나님의 것일 때 귀한 존재가 됩니다. 혹시 아직도 내가 나의 주인이지는 않습니까? 아직도 내 힘, 내 능력, 나의 지식과 재능을 의지하고 있지는 않습니까? 하나님의 능력을 의지하시기 바랍니다. 성경은 인간을 진흙으로 빚은 질그릇 같다고 말합니다. 모세, 다윗, 바울, 예수님의 제자들처럼 하나님을 의지하여 심히 큰 능력을 체험하는 성도들이 되시기를 바랍니다.

3. 자신의 정체성(21절)

"이 백성은 내가 나를 위하여 지었나니 나를 찬송하게 하려 함이니라."

- **나는 누구인가?**

하나님께서 광야에 길을 내고 사막에 강을 내어 마시게 하시는 이유가, 하나님의 영광을 찬송하게 하려 함이라고 밝히고 있습니다. 이사야 선지자의 이 선포는 회복에 관한 마지막 안목을 알려 줍니다. 이스라엘은 회복될 것입니다. 그들의 역사는 다시 재건될 것입니다. 그러기 위해서는 반드시 눈이 열려야 합니다. 그것은 자신을 보는 눈입니다. '나는 누구인가'를 깨닫는 눈이 있어야 진정한 회복이 이루어집니다. 나는 하나님이 지으신 존재요, 하나님을 위해 살도록 부름 받은 존재라는 눈이 열려야 한다는 것입니다. 21절의 말씀은 존재의 정체성과 삶의 목적성을 깨닫게 하려는 데 있습니다. 사람의 삶이 달라지려면 자신을 보는 눈을 떠야 합니다.

돈키호테는 자신의 실상을 모른 채 과대망상의 자아상을 가졌기에 풍차를 향해 돌진하는 무모함을 보였습니다. 그래서 희극의 주인공이 되었습니다. 이렇게 인간은 자신을 어떻게 보느냐는 따라 삶의 방향이 결정됩니다.

성경은 인간을 하나님의 형상대로 지음 받은 존재요, 하나님의 영광과 찬송을 위하여 부름 받은 존재라고 가르칩니다. 인간은 슈퍼맨이나 로보캅처럼 강하지 않습니다. 질그릇처럼 무력합니다. 하지만 그 속에 보배로운 예수 그리스도를 담고 산다면 그 가치와 삶이 존귀하게 변할 수 있습니다. 성경은 보배이신 예수님을 수용할 때 우리가 사방으로 욱여쌈을 당하여도 싸우지 않으며, 답답한 일을 당하여도 낙심치 않고, 박해를 받아도 버린 바 되지 않으며, 거꾸러 뜨림을 당하여도 망하지 않는다고 선언합니다.

● **하나님의 형상으로서의 인간**
하나님이 인간을 창조하실 때 그 모습은 창조의 면류관이었습니다.

"하나님이 이르시되 우리의 형상을 따라 우리의 모양대로 우리가 사람을 만들고 그들로 바다의 물고기와 하늘의 새와 가축과 온 땅과 땅에 기는 모든 것을 다스리게 하자 하시고 하나님이 자기 형상 곧 하나님의 형상대로 사람을 창조하시되 남자와 여자를 창조하시고"(창 1:26-27).

이 말씀은 인간이 하나님의 형상대로 창조되었음을 선포합니다. 하나님이 인간을 창조하셨을 때 그 모습은 하나님의 형상을 닮은 신성으로 충만했습니다.

그러나 동산 나무 사이에 숨은 아담과 하와의 모습은 자기 자신에 대한 자부심과 자신감을 모두 잃어버린 모습이었습니다. 창세기 3장 10절은 "이르되 내가 동산에서 하나님의 소리를 듣고 내가 벗었으므로 두려워하여 숨었나이다"라고 기록합니다. 두려워하고 숨는 모습은 자기 정체성을 상실한 인간의 전형적인 모습입니다. 하나님의 형상을 따라 지음 받은 존재의 모습은 부끄러울 게 없었습니다. 창조의 영광이었고 절정이었습니다. 하지만 지금은 그 모습을 상실한 채 숨으려고만 합니다. 하나님의 명령을 어긴 인간의 실망스러운 모습으로 세상 속으로 숨고 또 숨으려는 인간의 모습을 반영하고 있습니다.

하나님께서 숨어 있는 아담에게 "네가 어디 있느냐?"라고 물으신 것은 그의 정체성을 찾아 주시려는 깨우침의 음성입니다. 하나님이 지금 아담에게 일러 주고 싶으신 것은 이것입니다. "아담아! 너는 그렇게 세상에 숨어서 어깨도 펴지 못하고 눈치나 보면서 살 존재가 아니다. 너는 내가 나의 형상을 따라 지은 존귀한 작품이다. 열등감을 깨고 너의 정체성을 찾아라!"

'당신은 누구입니까?'라는 질문에 우리는 대답할 수 있어야 합니다. 대부분의 그리스도인이 이런 질문에 확실하게 대답하지 못합니다. 그러나 우리는 내가 예수를 믿고 어떤 존재가 되었는지를 바르게 인지하고 있어야 합니다. '당신의 정체가 무엇입니까?'라는 질문에 분명히 대답할 수 있어야 합니다.

정체성을 잃어버리면 우리는 하나님의 축복을 모두 다 잃어버립니다. 우리가 자신의 정체성을 알면 세상에 대해 저항심이 생깁니다. 사탄과 맹렬한 전쟁을 할 용기가 생깁니다. 그러나 많은 그리스도인이 타협해 버립니다. 자신의 정체성을 알려고 하지 않고 관심도 없습니다.

창세기는 모세오경의 첫 번째 책입니다. 전통적으로 창세기도 모세가 저술했다고 봅니다. 이 견해대로라면 창세기를 읽는 첫 번째 독자는 누구겠습니까? 광야의 이스라엘 백성입니다. 모세가 볼 때 광야 백성의 문제는 정체성의 문제였습니다. 이스라엘 백성들은 자신들이 하나님의 약속을 받은 선민이라는 사실을 잊어버렸습니다. 하나님의 축복 받은 백성이라는 정체성을 상실하고 광야를 걸어갔습니다. 광야란 세상입니다. 세상을 살아가는 동안 정체성을 잃어버린다는 것이 얼마나 비극적인지를 우리는 알아야 합니다. 이스라엘 백성들은 자신의 존재와 하나님의 선민이라는 정체성을 몰랐습니다. 하나님의 강력한 주권과 권세를 잃어버렸습니다. 하나님의 약속도 잊어버렸습니다. 하나님의 약속을 받은 선민이라는 정체성을 잃어버리고 멸망에 이르렀던 것입니다.

지금 내가 당하고 있는 저주와 낭패도 사실은 정체성의 상실에서 온 것입니다. 정체성을 찾는 싸움에서부터 능력이 나옵니다. 정체성을 깨달으면 다음과 같은 의식이 생깁니다. '이것은 내가 아니다. 지금 현재의 모습은 내가 아니다. 정녕 이것은 내가 아니다. 하나님께서 내게 주신 모습이 아니다. 싸워야겠다. 물리쳐야겠다'라고 생각하게 됩니다.

> "그런즉 누구든지 그리스도 안에 있으면 새로운 피조물이라 이전 것은 지나갔으니 보라 새것이 되었도다"(고후 5:17).

이 말씀은 그리스도인의 정체성에 대한 일대 변혁을 약속한 말씀입니다. 정체성을 알면 우리는 지속적으로 마귀와 싸우게 됩니다. 정체성을 상실했기 때문에 많은 그리스도인이 죄와 타협하고 살아갑니다. 정체성을 알면 죄와 강력하게 싸웁니다. 그리스도의 십자가에서 새롭게 된 나의 정체를 아는 그리스도인이라면 죄와 끝까지 싸웁니다. 끝까지 저항심을 가지고 싸웁니다.

정체성을 상실한 사람은 자기는 죄와 싸워서 절대로 이길 수 없다는 생각부터 합니다. 죄를 이길 수 없으니 적당히 타협하는 게 낫다고 생각하고 포기한 채 주저앉아 버립니다. 내가 누구인지를 이해하지 못하면 내가 아닌 다른 존재가 나의 집에 들어와 재산권을 행사하면서 주인 행세를 합니다. 수백억의 재산을 가지고 있어도 자신이 소유주라는 사실을 모르면 남이 들어와 주인 행세를 하는 것입니다. 자기의 권리와 권세를 하나도 사용하지 못하고 모두 마귀에게 빼앗깁니다.

마귀가 가장 싫어하는 것이 그리스도인들이 자기의 정체성을 아는 것입니다. 마귀가 자기의 정체성을 아는 그리스도인에게는 권리 주장을 하지 못하기 때문입니다. 주인 행세를 못 하고 쫓겨납니다. 따라서 십자가의 보혈로 과연 내가 어떤 존재가 되었는지를 아는 것이 매우 중요합니다. 마귀는 끊임없이 위장하고 속이며 우리도 정체성을 알지 못하게 합니다. 마귀가 아담과 하와에게 한 일이 그것입니다.

● 너 자신을 알라

자신이 현재 알고 있는 내 모습이 진정한 '나'인가 묻고 또 물어야 합니다. '지피지기 백전백승'(知彼知己 百戰百勝)은 지금도 많이 회자되는 명언입니다. 나를 알고 적을 알면 싸움에서 당연히 이길 확률이 높아질 것입니다. 그런 의미에서 '너 자신을 알라'라는 말은 동서고금을 막론하고 인간사의 본질을 꿰뚫고 있는 가장 중요한 과제라고 할 수 있습니다. 한편 이 말은 그만큼 자신을 아는 것이 어려움을 암시하고 있습니다.

우리 자신이 어떤 사람인지를 아는 방식은 마치 거울을 보고 우리 얼굴 모습을 아는 것과 흡사합니다. 안데르센의 동화 〈미운 오리 새끼〉가 그 사실을 잘 보여 줍니다. 오리의 무리에서 부화한 새끼 백조는 자신이 백조인 것을 모르고 오리라고 생각합니다. 다른 오리들이 자신들과 닮지 않았다고 '미운 오리'라고 놀리자 호수에 비친 자기 모습을 다른 오리들과 비교합니다. 그리고는 다른 오리들과 모습이 다름을 알게 되자 자신도 '미운 오리'라고 믿습니다. 이로 인해 다른 오리들이 못살게 괴롭히자 미운 오리는 다른 곳으로 갑니다.

어디에서도 따뜻한 대우를 받지 못한 채 방황하던 미운 오리는 저만치에서 무리를 지어 재미있게 지내는 한 무리의 백조들을 바라보면서 부러움과 좌절감을 느낍니다. 온갖 고생 끝에 성장한 미운 오리는 자신이 날 수 있다는 것과 함께 연못에 비친 자신의 모습이 희고 잘생긴 백조의 모습과 같다는 것을 발견하게 됩니다. 그러고는 백조의 무리 속에서 행복하게 삽니다.

우리는 오늘도 내가 알고 있는 내가 진정한 '나'인가를 묻고 또 물어야 합니다. 그래서 하나님이 '아담아, 네가 어디 있느냐'라고 물으신 것입니다.

● 한 노인의 슬픔

한홍 목사의 《다음 세대의 날개》에 이런 일화가 소개되어 있습니다. 어느 날 19세기의 전설적인 화가 단테 가브리엘 로세티(Rossetti)에게 한 노인이 스케치북을 들고 찾아왔습니다. 자신이 최근에 그린 그림들인데 유명한 로세티의 평을 듣고 싶어서 왔다는 것입니다. 자신이 조금이라도 예술가로서의 재능이 있는지를 솔직히 말해 달라고 했습니다. 로세티는 찬찬히 그림들을 살펴보다가 한숨을 내쉬었습니다. 전혀 가능성이 보이지 않았기 때문입니다. 로세티는 최대한 부드럽게 솔직한 자신의 생각을 말해 주었습니다. 노인은 실망한 표정이었지만 어느 정도는 각오한 듯 그리 놀란 것 같지는 않았습니다.

노인은 다른 낡은 스케치북 하나를 더 꺼내더니 그 그림들도 봐 달라고 요청했습니다. 자기가 잘 아는 어린 화가 지망생이 그린 그림이라고 했습니다. 로세티는 노인의 진지한 태도에 이끌려 그 그림들을 살피기 시작했습니다. 이번엔 놀랍게도 그림들이 아주 좋았습니다. 흥분한 로세티는 이 그림을 그린 젊은이는 매우 탁월한 가능성을 갖고 있으며 바로 전문적인 화가 수업을 시작하도록 격려해야 한다고 말했습니다. 그 말을 듣는 순간 노인은 충격을 받은 듯했습니다. 이상하게 생각한 로세티는 그 그림을 그린 사람이 혹시 노인의 아들이 아니냐고 물었습니다. 노인이 대답했습니다.

"아닙니다. 사실은 이 그림들도 제 것입니다. 40년 전에 그린 것들이지요. 만약 그때 당신같이 뛰어난 화가가 바로 이런 칭찬을 해주었더라면 얼마나 좋았을까요? 하지만 아무도 그런 말을 해주지 않았기에 저는 그때 너무 힘이 빠져서 포기해 버리고 말았지요."

이 노인의 슬픔은 자신의 정체성을 너무 늦게 깨달았다는 슬픔이었습니다. 정체성을 잃어버리면 이 노인과 같이 인생을 허비하게 됩니다. 우리는 하나님의 형상입니다. 무엇이든 얼마든지 될 수 있는 존귀한 존재들입니다. 하나님은 이 질문을 통해 바로 그 자존감을 일깨우려 하신 것입니다. 여러분은 지금 하나님의 형상의 자리에 있습니까?

● 길이 막힐 때

운전하는 분들은 길이 막혀 곤란했던 경험이 모두 있을 겁니다. 오래전에 겪었던 일입니다. 결혼식 주례를 맡아 강남의 예식장으로 이동하는 중에 길이 심하게 막혀 예식 시간에 도착하지 못할 상황이 되어 버렸습니다. 결국 퀵서비스를 불러 오토바이를 타고 예식장으로 갔습니다. 이때 차가 막혀 꼼짝하지 않아 얼마나 당혹스러웠는지 모릅니다.

인생의 길을 가다가도 길이 막힐 때가 있습니다. 앞뒤가 꽉 막혀 돌파구가 보이지 않고, 이러지도 저러지도 못하는 상황을 만날 때가 있습니다. 또는 어떤 길로 가야 할지 결정하지 못해 머뭇거릴 때도 있습니다. 이런 경우 어떻게 해야 할까요? 보는 눈이 열려야 합니다. 미치광이라는 별명을 가졌던 시인 프리드리히 실러는 시간에 대하여 이렇게 말한 바 있습니다.

"시간의 걸음을 세어 보는 방법은 세 가지다. 미래는 주저하면서 다가오고, 과거는 영원히 정지해 있고, 현재는 화살처럼 날아간다."

그렇습니다. 현재라고 하는 시간은 쏜 화살처럼 빨리 지나갑니다. 쏜 화살 같은 시간을 잡으려면 하나님의 안목이 열려야 합니다. 하나님을 보는 눈이 열리기를 바랍니다. 하나님의 섭리를 믿으십시오. 그리고 우리 자신에 대해 알려 준 성경 말씀을 믿으십시오. 모든 성도들은 성경이 가르치는 진리를 통해 자신의 무력함에 좌절하지 않고, 연약함을 통해 오히려 하나님의 능력을 발견하는 승리자들이 되시기를 바랍니다.

당신이 두려움을 이기길!
죽음의 두려움

●

사도행전 27:20-26

⋮

● 마리 앙투아네트 증후군

마리 앙투아네트 증후군(Marie Antoinette syndrome)이라는 말이 있습니다. 1793년 10월 16일 프랑스혁명으로 당시 왕비였던 마리 앙투아네트가 단두대에 오르기 전날 밤 죽음에 대한 공포와 극심한 스트레스로 하룻밤 만에 머리카락이 하얗게 변한 데서 유래된 증후군입니다. 목격자들은 앙투아네트의 머리카락이 세 차례 갑자기 하얗게 바뀌었다고 합니다.

이러한 역사적 예는 많이 있습니다. 소크라테스가 사형 판결을 받고 독약을 먹었을 때 제자 플라톤도 순식간에 늙어 버려 머리가 희게 세고 주름이 짙어졌다고 합니다. 중국 양 무제는 누명을 쓰고 옥에 갇힌 주흥사를 불러 하룻밤 사이에 천자(千字) 시를 짓도록 명령했습니다. 만일 완성하지 못하면 죽음이 따를 것이라고 했습니다. 같은 글자가 겹치지 않게 넉 자씩 짝을 지은 250구(句)의 천자문을 완성한 새벽, 먼동이 터오는데 주흥사의 머리카락이 하룻밤 새 하얗게 세었다고 합니다. 그래서 천자문은 백발문이라고도 합니다. 죽음의 공포가 얼마나 극심했으면 하룻밤 만에 머리카락이 탈색되었겠습니까?

● **죽음에 대한 두려움**

죽음은 두려운 존재입니다. 과학의 비약적 발달로 수명이 점점 길어지고, 심지어 냉동기술이 불멸의 희망까지 품게 하는 놀라운 세상이지만, 막상 내가 죽는다고 생각하면 상상만으로도 두렵습니다. "지렁이도 밟으면 꿈틀한다"라는 속담도 있듯이 살아 있는 모든 존재는 죽음을 필사적으로 피하려 하고, 죽음의 공포에서 자유롭지 못합니다. 언제, 어디서, 어떻게 올지 모르는 죽음이 두려운 것이 인간의 현실입니다. 그래서 철학자들은 인간 불안의 근원이 죽음에 대한 두려움에 있다고 말합니다. 그렇다면 그 두려움을 이기는 길은 없는 것일까요?

오늘 본문이 죽음의 두려움을 물리치는 길을 알려 줍니다. 주후 60년경 늦가을이었습니다. 오늘 본문의 주인공인 바울은 복음을 증거하다가 체포되어 재판을 받기 위해 이스라엘(가이사랴)을 떠나 로마로 호송되고 있었습니다. 그가 탄 배에는 276명이나 되는 승객이 동승하고 있었습니다. 그런데 출항한 지 얼마 되지 않아 '유라굴로'라는 큰 폭풍을 만나 배가 침몰할 위기에 처하게 되고, 배 안의 모든 사람들은 죽음의 공포에 질리게 됩니다. 그때 사도 바울이 분연히 일어나 죽음의 두려움을 이기는 길이 있다고 외칩니다. 과연 죽음의 두려움을 이기려면 어떻게 해야 할까요?

1. 구원의 확신 (22절)

"내가 너희를 권하노니 이제는 안심하라 너희 중 아무도 생명에는 아무런 손상이 없겠고 오직 배뿐이리라."

● 풍랑을 만난 인생

본문은 사도 바울이 재판을 받기 위해 로마로 가는 알렉산드리아호를 타고 항해하다 그레데 항구 부근에서 '유라굴로'라는 광풍을 만나 표류하게 된 내용을 기록하고 있습니다.

그 배에는 선장과 선주 그리고 여행객, 군인, 장사꾼 등 수많은 사람이 타고 있었습니다. 그중에 죄수인 사도 바울도 있었습니다. 그는 복음을 전하다가 고소를 당해 로마에서 재판을 받기 위해 죄수의 몸으로 호송되고 있었습니다. 그가 타고 가던 배는 역대급 풍랑을 만나 배를 더는 지킬 수 없게 되었습니다. 선원들은 배 안에 있는 모든 짐과 기구들까지도 바다에 던져 버렸습니다. 성난 풍랑은 쉴 새 없이 몰아닥치고 살아날 가망이 전혀 없는 완전한 절망에 부딪쳤습니다.

모든 사람이 절망에 빠져 있을 때 사도 바울이 일어나 희망의 소식을 외쳤습니다.

"내가 너희를 권하노니 이제는 안심하라 너희 중 아무도 생명에는 아무런 손상이 없겠고 오직 배뿐이리라 내가 속한 바 곧 내가 섬기는 하나님의 사자가 어제 밤에 내 곁에 서서 말하되 바울아 두려워하지 말라 네가 가이사 앞에 서야 하겠고 또 하나님께서 너와 함께 항해하는 자를 다 네게 주셨다 하였으니 그러므로 여러분이여 안심하라 나는 내게 말씀하신 그대로 되리라고 하나님을 믿노라 그러나 우리가 한 섬에 걸리리라 하더라"(22-26절).

모든 사람이 죽음의 공포에 질려 절망할 때 바울은 그 두려움을 떨칠 방법이 있다고 소리칩니다.

● 희망의 근거

사도 바울이 죽음을 이길 수 있다고 외치는 근거는 무엇입니까? 그는 험한 바다와 풍랑을 바라보지 않고 오직 하나님만 바라보고 하나님께만 소망을 두었기 때문입니다. 바울은 풍랑 중에도 하나님을 찾고 하나님만 바라보다가 하나님의 음성을 듣고 희망의 소식을 전하게 되었습니다.

하나님만 바라보는 사람은 희망이 있습니다. 세상에 속한 사람들은 파도가 일어나고 해와 달과 별이 보이지 않을 때 쉽게 절망합니다. 이제는 끝이라고 생각하고 자포자기합니다. 그러나 하나님께 속한 사람은 그렇지 않습니다. 절망의 바다에서도 하나님을 바라봅니다. 그러면 하나님께서 구원의 확신을 주시고 희망을 외칠 수 있게 합니다. 믿음의 사람 바울 하나 때문에 276명의 사람이 모두 희망을 가지고 멜리데섬으로 갈 수 있었습니다.

우리의 인생길에도 크고 작은 파도가 쉴 새 없이 밀려옵니다. 때로는 해와 달과 별들도 보이지 않고 한 치 앞도 내다볼 수 없는 어둠이 덮칠 때도 있습니다. 건강을 잃어버리고 신음할 때도 있고, 사업에 실패해 재물을 잃고 고통 중에 있을 때도 있을 것입니다. 그런 때에도 우리는 바울처럼 희망을 가져야 합니다. 바로 하나님의 구원을 확신하면 희망이 일어납니다.

● 구원의 확신

성경은 인간의 위기를 기회로 만드신 하나님의 구원의 역사입니다. 다니엘같이 사자굴 속에 있다 할지라도 사자에게서 보호하시고, 다니엘의 세 친구처럼 풀무불 속에 던져진다 할지라도 머리털 하나 상하지 않도록 지켜 주시는 구원의 하나님이십니다. 바울과 실라처럼 감옥에 갇힌다 할지라도, 그곳에서 하나님을 향해 기도하고 찬송하면 하나님의 구원의 손길이 함께하셔서 옥문이 열리고 간수가 구원받는 역전이 일어납니다.

지금도 하나님의 구원의 손길이 여러분과 함께하심을 믿으십시오. 우리 삶의 현실에서 때로는 깜깜하게 구름이 덮이고, 풍랑이 일어나고, 절망의 상황에 놓인다 할지라도 구름 저 너머로 여전히 햇살이 비치고 있음을 깨달으십시오. 우리에게 주시는 위기 상황은 절망의 나락이 아니라 하나님이 역사하실 구원의 기회임을 믿어야 합니다.

바울은 구원의 여망이 없는 상황, 배에 함께 타고 있는 선주, 선장, 선원들 그리고 로마의 백부장과 병사들, 함께 호송되어 가는 죄수들 모두 두려움과 절망으로 식음을 전폐하고 있는 상황에서도 하나님의 말씀을 믿고 담대하게 일어섭니다. 그리고 사람들에게 하나님이 주신 말씀을 선포합니다.

"여러분이여 안심하라 나는 내게 말씀하신 그대로 되리라고 하나님을 믿노라."

어떤 상황에서도, 어떤 문제를 만나더라도 하나님의 구원을 확신하는 믿음을 볼 수 있습니다.

지금 이 시대에 이런 믿음이 필요합니다. 지금 우리 시대는 가히 유라굴로를 만난 것과 같다고 할 수 있습니다. 그에 따라 희망보다는 절망이 왕 노릇 하고 있습니다. 이럴 때 하나님의 말씀에서 붙들어야 하는 진리는 하나님의 구원을 확신하는 믿음이 필요하다는 것입니다. 본문에서 바울은 절망적인 상황에서도 하나님의 말씀을 절대적으로 신뢰합니다. 그 말씀에 근거하여 구원의 확신을 선포합니다. 하나님은 위기 상황이나 문제를 통해 여러분의 믿음을 보기를 원하십니다.

● 믿음이 불러오는 기적

구원의 확신은 하나님의 기적을 불러옵니다. 다니엘의 세 친구를 보십시오. 다니엘 3장 17절을 보면 죽음으로 위협하며 신앙을 회유하는 느부갓네살 왕 앞에서 이들은 당당합니다.

> "왕이여 우리가 섬기는 하나님이 계시다면 우리를 맹렬히 타는 풀무불 가운데에서 능히 건져 내시겠고 왕의 손에서도 건져 내시리이다."

이들의 담대함의 근원은 하나님의 구원하심을 확신하는 믿음이었습니다. 하나님의 구원의 말씀을 붙든 모세는 희망 없이 살아가는 그의 동포 이스라엘에게 출애굽의 큰 소망을 선포할 수 있었습니다.

> "모세가 백성에게 이르되 너희는 두려워하지 말고 가만히 서서 여호와께서 오늘 너희를 위하여 행하시는 구원을 보라 너희가 오늘 본 애굽 사람을 영원히 다시 보지 아니하리라"(출 14:13).

이스라엘 백성은 하나님의 크신 은혜와 기적적인 간섭으로 430년 간의 애굽의 종살이에서 해방되었습니다. 그러나 이스라엘 백성을 보낸 뒤 후회한 애굽 왕 바로가 다시 잡아가려고 600승의 병거를 거느리고 추격해 왔습니다. 앞에서는 넘실거리는 홍해가 그들을 좌절하게 하고, 뒤에서는 먼지를 일으키며 무서운 속력으로 따르는 애굽 정예부대 군인들의 말발굽 소리가 그들의 가슴을 두드렸습니다. 싸울 무기도 없고, 무리 가운데 노약자와 부녀자와 각종 짐승도 함께 있었던 그들은 좌절할 수밖에 없었습니다. 두려운 마음에 불평이 터져 나왔습니다. "차라리 애굽 땅에서 종으로 사는 것이 이 광야에서 죽는 것보다 낫겠다."

이러한 상황에서 모세는 조금도 흔들리지 않습니다. 그 담대함의 근거가 무엇입니까? "여호와께서 오늘 너희를 위하여 행하시는 구원을 보라." 구원의 확신이 죽음의 공포를 물리치고 하나님의 역사하심을 보게 하였습니다. 지난 3년 동안 지속된 코로나 팬데믹 상황은 우리를 불안하게 하였습니다. 이럴 때 필요한 것은 구원을 확신하는 믿음입니다.

● **선교사의 구원 확신**

미국 장로교 선교사 벤저민 위어(Benjamin Weir)가 1980년에 레바논의 무슬림 과격분자들에게 납치되었습니다. 그는 손과 발이 묶이고 눈이 가려진 채 어디론가 끌려갔습니다. 그때 그는 이렇게 기도했습니다. "주님, 저는 무슨 일이 일어날지 알지 못합니다. 그러나 주님을 신뢰합니다!" 그러면서 그는 기쁜 마음으로 찬양을 했습니다. 후일 그가 구조되었을 때, 체포된 테러리스트 한 명이 그의 행동을 보고 예수님을 알게 되었다고 고백했습니다. 벤저민 위어는 죽더라도 자기 영혼이 구원받을 것을 분명히 알았습니다. 그래서 기쁨이 넘쳤습니다. 그 기쁨이 테러리스트까지 감동시킨 것입니다.

구원에 대하여 확고한 믿음을 갖고 있다면 죽음을 눈앞에 둔 순간에도 흔들리지 않게 됩니다. 하나님께서는 반드시 해답이 있다는 것과 하나님은 절망의 상황을 희망으로 바꾸시는 전능하신 분임을 믿어야 합니다. 염려나 걱정, 두려움을 온전히 하나님께 맡기고, 하나님의 구원을 확신하는 믿음으로 평안을 누리시기를 축원합니다.

2. 사명감(24절)

"바울아 두려워하지 말라 네가 가이사 앞에 서야 하겠고 또 하나님께서 너와 함께 항해하는 자를 다 네게 주셨다 하였으니."

● 바울의 꿈

바울의 마지막 꿈은 로마에 가는 것이었습니다. 당시 로마는 세계의 관문으로 교통, 정치, 교육, 예술, 상업의 중심지였습니다. 그는 그 로마에 가서 복음을 전하고 싶었습니다. 그리고 그다음 꿈은 서바나(스페인)에 가는 것이었습니다. 서바나는 그 당시 지구의 끝이라고 여겨졌기 때문입니다.

그런데 드디어 로마로 가는 길이 열렸습니다. 유대인들이 바울을 죽이려 하자 바울이 로마 황제에게 상소를 했습니다. 바울은 로마 시민권을 가지고 있었는데, 당시는 로마시민이 황제에게 상소를 하면 황제가 직접 재판하는 관례가 있었습니다. 바울은 이 제도를 최대한 활용했던 것입니다. 사도행전 27장 1절과 6절을 보면 율리오란 백부장이 다른 죄수 몇 사람과 바울의 호송 책임을 맡고 알렉산드리아라는 배를 타고 로마로 떠났습니다.

때는 겨울이었습니다. 지중해 역시 겨울에는 폭풍이 불고 바람이 차서 춥습니다. 미항이라는 곳에 닻을 내리고 풍세를 살피며 며칠 쉬고 있을 때 바울은 "이곳이 불편하긴 하지만 이곳에서 과동하는 것이 좋겠다. 지금 떠나면 풍랑을 만날 것이고, 배와 짐은 물론이고 생명에도 지장이 있으며 많은 타격을 받고 손해를 입게 될 것이다"라고 예언했습니다.

그러나 사도행전 27장 11절은 "백부장이 선장과 선주의 말을 바울의 말보다 더 믿더라"라고 기록합니다. 선장과 선주의 말은 "걱정 없다. 죄수로 끌려가는 주제에 말이 많다. 우리가 지중해를 한두 번 항해해 본 줄 아느냐? 너는 네 걱정이나 해라", "이곳에 하루 머물면 경비가 얼마나 더 소요되는 줄 아느냐? 우린 하루라도 빨리 로마에 가야 한다"는 것이었습니다. 그때 최종 결정권을 가진 사람은 백부장 율리오였습니다. 그가 오랜 항해 경험을 가진 선장이나 선주의 말보다 바울의 말에 귀를 기울이는 것은 불가능한 일이었습니다. 그래서 그는 선장과 선주의 말을 듣고 미항을 떠나 항해를 시작했습니다.

"여러 날 동안 해도 별도 보이지 아니하고 큰 풍랑이 그대로 있으매 구원의 여망마저 없어졌더라 여러 사람이 오래 먹지 못하였으매 바울이 가운데 서서 말하되 여러분이여 내 말을 듣고 그레데에서 떠나지 아니하여 이 타격과 손상을 면하였더라면 좋을 뻔하였느니라"(20-21절).

● 풍랑에서의 위로의 말씀

20절의 '구원의 여망마저 없어졌다'라는 말은, 망망대해에서 무려 14여 일 동안 해와 별을 보지 못한 채 표류했으니 어찌 살 수 있겠느냐는 뜻입니다. 그때 하나님은 바울에게 사자를 보내어 말씀하셨습니다.

"내가 너희를 권하노니 이제는 안심하라 너희 중 아무도 생명에는 아무런 손상이 없겠고 오직 배뿐이리라 내가 속한 바 곧 내가 섬기는 하나님의 사자가 어제 밤에 내 곁에 서서 말하되 바울아 두려워하지 말라 네가 가이사 앞에 서야 하겠고 또 하나님께서 너와 함께 항해하는 자를 다 네게 주셨다 하였으니 그러므로 여러분이여 안심하라 나는 내게 말씀하신 그대로 되리라고 하나님을 믿노라"(22-25절).

● 바울의 사명

유라굴로 광풍에 바울도 몹시 답답했을 것이고, 또 기도했을 것입니다. 하나님은 바울에게 사자를 보내 위로의 말씀을 주셨습니다. 여기서 '사자'는 헬라어로 '앙겔로스'(αγγελος)인데 천사를 가리킵니다. 구약 시대의 소돔과 고모라 멸망 때 아브라함에게 나타난 사자와 같은 천사입니다. 바울은 천사에게 들은 하나님의 계시를 배 안의 사람들에게 전했습니다.

"내가 섬기는 하나님의 사자가 어제 밤에 내 곁에 서서 말하되 바울아 두려워하지 말라 네가 가이사 앞에 서야 하겠고 또 하나님께서 너와 함께 항해하는 자를 다 네게 주셨다 하였으니."

사도 바울에게는 로마에 가서 복음을 전해야 할 사명이 있기 때문에 배 안에 있는 사람들을 모두 안전하게 보호하실 것이라는 말씀이었습니다. 백부장과 군인들 외에 죄수들을 바울과 함께 배에 오르게 한 것은 바울이 전하는 그리스도가 천지를 다스리시는 하나님의 아들이신 것을 증명하기 위함이었습니다.

본문을 보면 바울도 두려워했습니다. 그러나 그 공포를 이기고 담대히 구원의 소망을 선포할 수 있었던 것은 그가 사명감에 사로잡혀 있었기 때문입니다. 그에게는 로마의 황제 가이사 앞에 가서 복음을 증거할 일이 있었습니다(행 23:11). 배에 승선한 276명의 생명에게도 복음을 증거해 구원해야 하는 사명이 있었습니다. 하나님 앞에서 할 일이 있는 사람은 하나님께서 데려가지 않습니다. 그리고 하나님의 거룩한 사명감을 가지고 사는 사람은 죽음의 권세도 이기지 못합니다. 그래서 사도 바울은 사도행전 20장 24절에서 "내가 달려갈 길과 주 예수께 받은 사명 곧 하나님의 은혜의 복음을 증언하는 일을 마치려 함에는 나의 생명조차 조금도 귀한 것으로 여기지 아니하노라"라고 했습니다. 절망 중에도 희망을 발견하려면 주님이 주시는 사명을 붙들어야 합니다. 희망은 사명감에서 오기 때문입니다.

● 죽음도 손든 사명감

프레드릭 니코니우스는 루터에게 오른팔과 같은 동역자였습니다. 그런데 종교개혁의 절정에서 니코니우스는 병이 깊어져 도저히 살아날 가망이 없었습니다. 마지막이 임박했음을 자각한 그는 루터에게 임종의 고별 편지를 써서 보냈습니다. 그 편지를 읽은 루터는 즉시 답장을 보냈습니다.

"나는 자네가 더 살 것을 하나님의 이름으로 명령하네. 교회를 개혁하는 데 자네가 필요하기 때문에 주님께서는 자네가 죽었다는 소식을 내가 듣게 내버려두지 않으실 것이네. 내가 하나님의 이름을 영화롭게 하기 위해 일하고 있기 때문에, 나의 기도를 들으시는 하나님께서 반드시 내 뜻을 이루어 주시리라 확신하네."

빈사 상태에 빠져서 사경을 헤매던 니코니우스는 병상 곁에 있던 사람이 큰 소리로 그 편지를 읽어 주자 놀랍게도 자리를 털고 일어났습니다. 그리고 주님을 위해 루터와 함께 6년 동안 더 일한 후에 세상을 떠났습니다. 이처럼 하나님이 주신 사명을 붙들려는 자에게는 기적이 일어납니다.

● 죽음이 두렵지 않은 사람들

그렇다면 죽음의 두려움을 없애려면 어떻게 해야 할까요? 세상 모든 것을 다 가지면 죽음이 두렵지 않을까요? 세상에서 가장 큰 부자도 죽습니다. 세상에서 가장 강한 사람이 되면 두렵지 않을까요? 그도 분명 죽을 것입니다. 죽음의 문제에서 벗어날 사람은 아무도 없습니다. 죽음은 벗어나려 할수록 더 두려워집니다. 죽음의 문제에서 벗어날 방법은 죽음뿐입니다. 죽지 않는 이상 죽음의 문제는 영원히 우리를 사로잡을 것입니다.

어떤 사람이 그림자를 무척 두려워하였습니다. 도시에 있으면 건물의 그림자가 있고, 숲으로 가니 나무의 그림자가 있었습니다. 사막으로 가니 자신의 그림자가 쫓아왔습니다. 자신의 그림자를 떨쳐 버리려 사막을 걷고 걷다 나무 한 그루를 발견했습니다. 그는 포기하듯 나무 그림자 속으로 들어갔습니다. 그러자 자신의 그림자가 사라졌습니다.

죽음의 공포를 이기는 방법은 죽음밖에 없습니다. 그러면 자살하라는 말입니까? 아닙니다. 사랑을 위해 죽어야 합니다. 사실 사랑하면 자연적으로 나의 생명은 아무것도 아닌 것이 됩니다. 사랑이란 죽어 가는 것을 위해 내 생명을 바치는 것이기 때문입니다.

2017년 5월 22일 영국 맨체스터 경기장에서 아리아나 그란데의 콘서트가 펼쳐지고 있었습니다. 이때 자살 폭탄 테러가 일어났습니다. 이 테러로 23명의 목숨이 희생되고 수백 명의 부상자가 발생했습니다.

경기장 인근에 있던 노숙자 스티브 존스는 폭죽놀이인 줄 알았던 굉음에 사람들이 뛰기 시작하자 예삿일이 아님을 직감하고 친구들과 함께 현장으로 달려갔습니다. 그곳은 수많은 사람과 아이들이 피를 흘리며 울부짖는 아비규환이었습니다. 존스와 친구들은 몸에 못이 박힌 채 울고 있는 부상자들을 부축하고 지혈을 도우며 보살폈습니다. 후에 존스의 위대한 선행에 대해 사람들이 칭송하자 그는 이렇게 말했습니다.

"우리 모두는 도움이 필요한 이들을 도우려는 본능이 있고, 그것이 우리로 행동하게 했습니다. 만약 그들을 버리고 도망쳤다면 나 자신을 견딜 수 없었을 것입니다."

스티브 존스는 하루하루 구걸하여 생명을 연장하는 사람이었습니다. 당장 내일의 생존을 걱정하며 사는 사람이었습니다. 그런데 재차 테러가 있을 수 있는 위험에도 부상자들을 떠나지 않고 도와주었습니다.

이런 예는 수없이 많습니다. 이상하게도 편안하고 살아갈 걱정이 없는 상황에서는 모두 죽음에 대해 두려워합니다. 그러다가도 막상 죽음의 공포를 만나면 다른 이들을 살리기 위해 자기 목숨을 아깝지 않게 여기는 사람들이 있습니다. 자신의 목숨보다 더 소중한 가치를 찾았기 때문입니다. 존스는 그것을 '본능' 곧 '양심'이라고 하였는데, 이것을 성경적으로 말하면 영혼 구원에 대한 사명감이라고 할 수 있을 것입니다. 하나님이 주신 사명을 놓치면 죽는 것이 그리도 겁이 나는 것입니다.

3. 하나님을 믿음(25절)

"그러므로 여러분이여 안심하라 나는 내게 말씀하신 그대로 되리라고 하나님을 믿노라."

● 나는 믿노라

구원의 여망이 다 사라진 절박한 상황에서는 선장의 항해술도 소망이 되지 못했습니다. 선주의 재력이나 백부장의 권력도 참으로 무력했습니다. 오직 하나님의 말씀에 사로잡혀 사는 바울이 소망을 주었으며 그들의 참 지도자였습니다.

절망과 죽음의 위기에 빠져 있을 때 하나님의 사자가 "바울아 두려워하지 말라 네가 가이사 앞에 서야 하겠고 또 하나님께서 너와 함께 항해하는 자를 다 네게 주셨다"라고 전했습니다(24절). 그때 바울은 "나는 내게 말씀하신 그대로 되리라고 하나님을 믿노라"라고 고백합니다. 실로 위대한 신앙입니다. 그리고 믿은 그대로 됐습니다. 단 한 명도 손상 없이 다 구원을 받았습니다. 죽음의 두려움을 이기는 비결은 믿음에 있습니다.

마가복음 4장에는 예수님의 제자들이 갈릴리 바다를 건너다 풍랑을 만난 사건이 기록되어 있습니다.

"예수께서는 고물에서 베개를 베고 주무시더니 제자들이 깨우며 이르되 선생님이여 우리가 죽게 된 것을 돌보지 아니하시나이까 하니…이에 제자들에게 이르시되 어찌하여 이렇게 무서워하느냐 너희가 어찌 믿음이 없느냐 하시니"(막 4:38, 40).

큰 풍랑이 일어나자 제자들은 처음에는 나름대로 바람과 싸우다가 능력의 한계에 부딪치자 두려움에 빠져 어찌할 줄을 모릅니다. 주님이 지금 그들과 함께 배 안에 계신데도 말입니다. 그래서 황급히 주무시는 주님을 깨우며 자신들이 죽게 되었으니 구원해 달라고 요청합니다. 결국 제자들은 예수님의 책망을 받고 맙니다. '어찌하여 무서워하느냐, 믿음이 작은 자들아! 내가 여기 있는데 왜 무서워하느냐? 왜 두려워하느냐? 지금까지 내가 한 일을 못 보았느냐? 왜 나를 믿지 못하느냐? 믿음이 없는 자들아!' 하면서 그들의 믿음 없음을 책망하셨습니다. 두려움을 이기는 길은 천지만물을 다스리시는 예수님의 능력을 믿는 것입니다.

● 예수님을 믿으라!

예수님이 사랑하는 나사로가 죽었다는 소식을 듣고 그의 집에 방문했습니다. 우는 사람들을 보면서 그 마음에 비통함을 느끼셨습니다. 그리고 장사 지낸 나사로의 무덤으로 가셨습니다. 무덤 입구는 돌로 막혀 있었습니다. 유대인들의 무덤은 동굴식이었기 때문입니다.

예수님은 무덤을 막은 돌을 옮겨 놓으라고 명하십니다. 하지만 죽음의 권세에 눌려 있던 마르다는 여전히 두려워하며 그 이상을 보지 못하였습니다. 그래서 39절에서 돌을 옮겨 놓으라는 예수님의 명령에 순종할 의사는 보이지 않고 죽음의 냄새가 난다며 죽은 지 나흘이 된 것만 말합니다. 그때 주님께서 말씀하십니다.

"예수께서 이르시되 내 말이 네가 믿으면 하나님의 영광을 보리라 하지 아니하였느냐 하시니"(요 11:40).

그렇습니다. 여기서 주님은 우리에게 믿음을 요구하십니다. 믿음은 신비로운 것입니다. 상식을 초월합니다. 예수님께서는 먼저 우리에게 말씀하십니다. 회당장 야이로에게 '두려워 말고 믿기만 하라'고 말씀하시고, 마르다에게 '내 말이 네가 믿으면 하나님의 영광을 보리라 하지 아니하였느냐'고 말씀하셨듯이, 오늘 우리에게도 말씀하십니다. 즉, 믿어야 죽음의 공포를 이길 수 있다는 것입니다. 왜일까요?

죽음이 두려운 것은, 그 길이 우리가 한 번도 가보지 않은 미지의 길이기 때문입니다. 그래서 길을 잃을까 봐, 종착지를 못 찾을까 봐 두려운 것입니다. 그러나 주님은 요한복음 14장 6절에서 "내가 곧 길이요 진리요 생명이니 나로 말미암지 않고는 아버지께로 올 자가 없느니라"라고 선언하십니다.

죽음의 길은 정글과도 같아서 인간은 그 길을 찾을 수가 없습니다. 죽음을 경험하고 정복한 주님만이 그 길을 알 수 있습니다. 그래서 예수님이 말씀하셨습니다.

"예수께서 이르시되 나는 부활이요 생명이니 나를 믿는 자는 죽어도 살겠고 무릇 살아서 나를 믿는 자는 영원히 죽지 아니하리니 이것을 네가 믿느냐"(요 11:25-26).

철학자들은 죽음을 숙명적인 것, 혹은 영원히 풀 수 없는 '원래적인 의문', 아무도 그 정의와 의미를 단언할 수 없는 것이라고 말했습니다(1990년도 한국종교학회 학술 발표 "종교별 사후세계", 〈조선일보〉, 1990년 5월 12일 자 10면). 그렇습니다. 인간의 이성으로는 죽음의 공포를 풀 수 없습니다. 하지만 하나님을 믿으면 풀 수 있습니다. 바울은 고린도전서 15장 55, 57절에서 죽음의 권세를 이기는 방법을 소개합니다.

"사망아 너의 승리가 어디 있느냐 사망아 네가 쏘는 것이 어디 있느냐 …우리 주 예수 그리스도로 말미암아 우리에게 승리를 주시는 하나님께 감사하노니."

예수 안에 있는 자는 평안을 얻습니다. 쉼을 얻습니다. 죽음 권세를 이기신 예수님 안에 거하시기 바랍니다. 예수님의 십자가와 부활은 그 자신을 위한 것이 아니라, 그를 믿는 사람들을 위한 것입니다. 고린도전서 15장 20절에 "그러나 이제 그리스도께서 죽은 자 가운데서 다시 살아나사 잠자는 자들의 첫 열매가 되셨도다"라고 기록되어 있습니다. 첫 열매란 많은 열매가 열릴 것을 보증하는 것입니다.

● **천국을 사모한 요셉**
요셉은 죽을 때 자기를 애굽 땅에 묻지 말고 가나안에 묻어 달라고 유언했습니다. 요셉은 애굽의 총리였습니다. 그가 지혜롭고 덕스럽게 통치를 잘해서 애굽 사람들은 7년의 대흉년에서 벗어날 수 있었습니다. 따라서 요셉은 죽을 때, "나의 무덤을 피라미드처럼 크게 만들고, 나의 공적을 기리는 큰 기념비를 내 무덤 앞에 세워라" 하고 명령할 수도 있었지만, 그렇게 하지 않았습니다. 이스라엘 자손들이 출애굽 할 때, 자기 해골을 메고서 하나님께서 약속하신 땅, 가나안을 향해서 올라가라고 명했습니다. 그는 부귀영화의 땅 애굽을 소망으로 삼지 않고, 약속의 땅을 소망으로 삼았습니다.

믿음의 사람이 보여 주는 삶의 특징은, 땅의 것을 사모하지 않고 위의 것을 바라보며 산다는 것입니다. 우리는 일시적인 땅의 것을 푯대로 삼지 않고, 위의 것을 푯대로 삼는 사람들입니다. 하나님께서 우리를 위하여 예비하신 찬란한 하나님의 도성이 우리를 기다리고 있습니다. 요셉은 믿음을 따라 변함없는 신앙을 가지고 살았고, 믿음을 따라 죽었습니다.

● 죽음을 대하는 자세

우리는 생을 마치는 순간까지 천국에 대한 소망을 확실히 갖고 살아야 합니다. 어느 심리학자가 임종자들의 모습을 몇 가지 유형별로 분류하였습니다. '안 죽어' 형은 평생 죽음을 생각하지 않고 살아온 사람들입니다. 죽음에 대한 마음의 준비가 전혀 되어 있지 않습니다. '왜 죽어' 형은 분노를 터뜨리면서 죽어 가는 유형입니다. 죽을 이유가 없는데 왜 죽느냐며 억울해하면서 죽는 사람입니다. 간청형은 죽음 앞에서 자신의 잘못을 뉘우치며 자신의 생명을 조금이라도 더 연장해 보고 애걸복걸하는 유형입니다. 절망형은 죽음 앞에서 충격을 너무 받아 정신을 잃어버린 사람들입니다. 이제 모든 것이 끝났다고 생각하며 죽는 사람들입니다. 그리고 승리형은 인생의 마지막 순간에 부활이요 길이요 진리이신 그리스도를 믿는 믿음으로 확신을 가지고 웃으며 아름답게 인생을 끝마치는 유형입니다.

여러분은 어느 유형입니까? 마지막 순간 붙들어야 할 소망이 없다면 얼마나 불쌍합니까? 그 끝이 얼마나 추하겠습니까? 1883년 3월 14일 칼 마르크스가 사망하던 날, 하녀가 다가와 "저에게 당신의 마지막 말을 남기시면 제가 기록해 두겠습니다"라고 말하자 마르크스는 "시끄러워, 나가!"라고 소리치며 죽어 갔다고 합니다. 나폴레옹은 "나는 불행했다. 프랑스, 군대, 조세핀"이라고 읊조리며 초라하게 숨졌고, 장개석은 "영웅이란 용감하게 실패하는 자다. 그러나 희망은…"이라며 대륙 수복의 한을 남기며 죽었다고 합니다. 그렇게도 자유를 부르짖던 사르트르도 1980년 3월 파리의 부르세 병원에서 죽음의 불안과 공포 때문에 병명도 묻지 않고 한 달 동안 발악을 하며 찾아온 사람들에게 소리를 지르다 죽어 갔습니다. 모두 소망이 없었던 사람들입니다.

그러나 우리에게는 소망이 있습니다. 죽음이란 "모든 눈물을 그 눈에서 닦아 주시니 다시는 사망이 없고 애통하는 것이나 곡하는 것이나 아픈 것이 다시 있지 아니하리니 처음 것들이 다 지나갔음이러라"(계 21:4)라는 말씀처럼 천국에 가는 것입니다.

● 열린 하늘 문

스데반은 하늘 문이 열린 것을 보았고, 요한도 천국이 열렸다고 했습니다. 초대교회 성도들은 죽은 이의 묘비에 다음과 같은 비문을 새겼습니다. '이 사람은 죽은 것이 아니라 이제야말로 새로운 생명에 들어간 것이다.' 종교개혁자 칼뱅은 임종 시에 "주님! 당신께서 저를 묻어 주시는군요. 이것이 당신의 섭리로 된 것이기에 저는 더할 수 없이 만족합니다"라고 말했습니다. 감리교 창시자인 존 웨슬리 목사는 임종을 앞두고 기력이 쇠한 가운데서도 미소와 함께 "모든 것 중에 가장 좋은 것은 하나님이 우리와 함께하시는 것을 아는 것이다"라고 말하며 하늘나라에 갔습니다. 유명한 19세기의 미국 부흥사 D. L. 무디는 자신의 임종을 슬퍼하는 주위 사람들에게 "사랑하는 친구 여러분! 내일 아침에 무디가 죽었다는 소식이 신문에 나거든 정말 내가 죽은 줄로 생각지 마시오. 나는 죽은 것이 아니라 좀더 높은 곳으로 옮겨 가는 것뿐입니다"라고 하였습니다.

죽음의 권세를 물리치는 길은 십자가와 부활을 통해 죽음을 이기신 예수님의 품 안에 거하는 것입니다.

영국 더럼(Durhum) 지방에서 석탄광이 무너져 164명의 광부들이 생매장을 당했습니다. 그때 사람들이 시체를 발굴하다가 글이 적힌 한 판자를 발견했습니다. 거기에는 이렇게 적혀 있었습니다.

"주님은 우리와 함께하셨습니다. 우리는 갈 준비가 되었습니다. 주여, 축복하소서! 우리는 대단히 유쾌한 기도회를 가졌습니다. 모든 사람은 영원한 영광을 위해 준비되었습니다. 화요일 오후 2시."

우리는 영원한 영광을 위한 준비가 되어 있습니까?

우리는 죽음이 왕 노릇 하는 세상에서 삽니다. 언제 어떻게 찾아올지 모르는 죽음 앞에 모두가 두려워하고 있습니다. 죽음은 정든 이와 헤어지게 하는 냉혹함과 준비 없는 사람들의 삶을 황폐하게 하는 잔혹함이 있기에 더욱 무섭습니다. 피해 갈 길이라도 있으면 좋으련만 누구에게도 그런 길은 없습니다.

 오늘 본문에서 예수님은 오직 믿음으로 죽음을 극복하는 길만이 있을 뿐임을 알려 주십니다. 그 길은 죽음을 이기고 생명의 길을 내신 예수님을 믿는 것입니다. 또한 오늘이 종말인 것처럼 깨어서 사는 것입니다. 그리고 믿는 자에게 허락한 천국을 바라보며 나아가는 것입니다. 예수님을 믿으십시오. 깨어 있으십시오. 그리고 바라보십시오. 마침내 들어갈 천국의 기쁨으로 죽음의 두려움을 물리치고 날마다 승리하는 삶을 사시기 바랍니다.

당신이 거룩의 경지에 이르길!
거룩의 평범성

●

빌립보서 3:12-16

● **악의 평범성**

히틀러 치하의 독일에서 학살된 유대인은 600만 명 이상입니다. 그런데 그 학살 대상에는 유대인뿐 아니라 장애인도 포함되었습니다. 2003년 9월에 밝혀진 극비 문서에 따르면, 나치 정권은 제2차 세계대전 개전 이듬해인 1940년 1월부터 1941년 8월까지 독일 각 병원에 수용되어 있던 지체장애인과 정신장애인 27만 5,000명을 학살한 것으로 밝혀졌습니다. 인간의 탈을 쓰고 어찌 그런 학살을 저지를 수 있었을까요?

이런 의문과 관련해 자주 논의되는 인물이 바로 아돌프 아이히만(Adolf Eichmann, 1906~1962)입니다. 독일 나치스 친위대 중령으로 제2차 세계대전 중 유대인을 학살한 혐의를 받은 전범이었던 그는 독일이 패망할 때 독일을 떠나 아르헨티나로 도망쳐 신분을 세탁하고 무려 15년간 숨어 지냈습니다. 하지만 이스라엘 모사드의 끈질긴 추격에 체포되어 이스라엘로 압송된 후 1961년 4월 11일부터 예루살렘 법정에서 역사적인 재판이 진행되었고, 그해 12월 사형 판결을 받고 1962년 5월 교수형에 처해졌습니다.

이때 미국 정치학자 한나 아렌트(Hannah Arendt, 1906~1975)는 〈더 뉴요커〉의 특파원 자격으로 이 재판 과정을 취재한 후 《예루살렘의 아이히만》(*Eichmann in Jerusalem: A Report on the Banality of Evil*)이라

는 책을 출간합니다. 이 책에서 그 유명한 '악의 평범성'(The banality of evil)이라는 개념을 제시합니다. 유대인 학살이라는 반인륜적 범죄를 저지른 아이히만은 평범한 가장이었으며 자신의 직무에 충실한 모범적 시민이었습니다. 그는 평소엔 매우 '착한' 사람이었으며, 개인적인 인간관계에서도 매우 '도덕적'인 사람이었습니다. 그 모습을 보고 한나 아렌트는 '악이란 뿔 달린 악마처럼 별스럽고 괴이한 존재가 아니며, 사랑과 마찬가지로 언제나 우리 가운데 있다'라는 '악의 평범성'을 주장한 것입니다. 아렌트가 송고한 기사는 엄청난 논쟁을 불러일으켰지만 누구든 악마가 될 수 있다는 사실을 사람들에게 깨우쳐 주었습니다.

악의 평범성이 있다면 거룩의 평범성도 있습니다. 역사에 길이 남은 성인은 특출난 별종 인간이라고 흔히 생각합니다. 하지만 성경이 증거하는 위대한 하나님의 사람들은 별종이 아니었습니다. 우리와 성정이 같은 사람들이었고, 오히려 평범에도 이르지 못하는 사람들이 많았습니다. 그럼에도 평범한 일상 속에서 거룩한 경지에 다다랐습니다. 과연 무엇이 그렇게 만들었을까요?

1. 마음: 자만 금지 (12절)

"내가 이미 얻었다 함도 아니요 온전히 이루었다 함도 아니라 오직 내가 그리스도 예수께 잡힌 바 된 그것을 잡으려고 달려가노라."

● **감옥 속의 바울**

빌립보서는 사도 바울이 로마의 감옥에서 빌립보 교회에 보낸 편지입니다. 그래서 에베소서, 골로새서, 빌레몬서와 함께 옥중서신이라고 부릅니다.

빌립보는 사도 바울이 소아시아를 거쳐서 유럽으로 들어간 첫 성이었으며, 유럽 지역에 복음을 전하기 위한 전초기지였습니다. 빌립보 교회는 사도 바울이 두 번째 전도여행 때, 드로아에서 환상 중에 마게도냐 사람의 초청을 받고 유럽에 건너가 최초로 세운 교회였습니다(행 16:6-40). 그곳에서 얼마의 제자를 얻었지만 박해로 감옥에 갇혔고, 찬송 중에 기적이 일어나 감옥에서 나오기도 했습니다(행 16:16-26). 그 와중에 간수의 온 집안에 복음을 전하여 믿게 하는 등 바울에게는 가장 인상 깊은 곳이었습니다. 그래서 세 번째 전도여행 때도 들렀고, 다른 교회의 물질적 원조는 받지 않았지만 빌립보 교회가 보낸 선물은 기꺼이 받았습니다(빌 4:15-18).

● 뒤의 것을 잊는 근거는 부활 신앙

이처럼 사도 바울과 빌립보 교회는 친밀한 교제를 하였고, 바울은 빌립보 교회에 대해 특별한 사랑을 가지고 있었습니다. 그래서 빌립보 교인들에게 성공적인 삶을 위한 조언을 아끼지 않았습니다. 그 비결은 빌립보서에 반복해서 나오는 단어를 보면 알 수 있습니다. 빌립보서에 '기뻐하다'는 단어가 무려 16회나 사용되었고, '주 안에서', '그리스도 안에서'라는 내용이 21회나 사용되었습니다. 이 둘은 바울 신앙의 핵심을 이룹니다.

특히 바울은 성공적인 삶을 위해서는 뒤의 것을 잊어버리라고 말합니다. 어떻게 해야 과거를 떨쳐 버릴 수 있습니까? 부활 신앙이 그 근거입니다. 사도 바울은 오직 부활하신 예수 그리스도만이 전부였으며, 그 믿음 때문에 어떤 환경에서도 주 안에서 기뻐하는 삶을 살 수 있었습니다.

"내가 그리스도와 그 부활의 권능과 그 고난에 참여함을 알고자 하여 그의 죽으심을 본받아 어떻게 해서든지 죽은 자 가운데서 부활에 이르려 하노니"(10-11절).

뒤의 것을 잊게 하는 부활 신앙이 구체적으로 무엇입니까? 고린도후서 5장 14-15절을 보십시오.

"그리스도의 사랑이 우리를 강권하시는도다 우리가 생각하건대 한 사람이 모든 사람을 대신하여 죽었은즉 모든 사람이 죽은 것이라 그가 모든 사람을 대신하여 죽으심은 살아 있는 자들로 하여금 다시는 그들 자신을 위하여 살지 않고 오직 그들을 대신하여 죽었다가 다시 살아나신 이를 위하여 살게 하려 함이라."

이 말씀에 부활 신앙으로 살아야 할 구체적인 이유가 있습니다. "한 사람이 모든 사람을 대신하여 죽었은즉 모든 사람이 죽은 것이라." 이 말씀은 부활 신앙의 근본입니다. 즉, 모든 사람이 죄에 대하여 죽었음을 말씀합니다. 그렇다면 '모든 사람을 대신하여 죽은 한 사람'은 누구입니까? 예수 그리스도이십니다. 이 말씀을 직접적으로 설명하면 '내가 십자가에서 너를 대신하여 죽었으니 너도 이제는 죽었다'입니다. 즉, 예수님이 나를 위해 죽으셨다고 믿는 사람은 예수님과 함께 그 자신도 죽었음을 선언하는 것입니다. 그래서 사도 바울도 본문 10절에서 "내가 그리스도와 그 부활의 권능과 그 고난에 참여함을 알고자 하여 그의 죽으심을 본받아"라고 고백합니다.

우리가 예수님을 구주로 믿고 영접하는 순간 예수님을 믿기 전의 옛 사람은 죽었습니다.

> "그리스도 예수의 사람들은 육체와 함께 그 정욕과 탐심을 십자가에 못 박았느니라"(갈 5:24).

세상을 따르던 옛 사람의 죽음을 선언하는 말씀입니다. 그러면 도대체 지금 살아 있는 나는 무엇이란 말입니까? 사도 바울이 갈라디아서 2장 20절에서 이 사실을 분명하게 고백합니다.

> "내가 그리스도와 함께 십자가에 못 박혔나니 그런즉 이제는 내가 사는 것이 아니요 오직 내 안에 그리스도께서 사시는 것이라 이제 내가 육체 가운데 사는 것은 나를 사랑하사 나를 위하여 자기 자신을 버리신 하나님의 아들을 믿는 믿음 안에서 사는 것이라."

이 고백처럼 지금 내 안에 사시는 분은 예수님이며, 지금 나는 나를 위하여 자신을 버리신 예수님을 믿는 믿음 안에서 살고 있음을 확실하게 믿는다는 말입니다. 이 말씀을 믿는 사람은 이런 고백을 하는 것과 같습니다. '옛 사람인 나는 나 대신에 십자가에서 죽으신 예수님과 함께 죽었고, 지금은 내 안에 예수 그리스도께서 사시며, 나는 예수님을 믿는 믿음 안에서 산다.' 그렇기에 뒤의 것은 주님의 십자가에 못 박고 앞을 향하여 나아간다고 고백하는 것입니다.

바울이 좌절하거나 낙망하지 않고 언제나 새롭게 도전할 수 있었던 힘과 용기는 바로 여기서 나왔습니다. 뒤의 것을 잊는 것입니다. 흘러간 시간은 쏜 화살과 같아서 다시 되돌릴 수 없습니다. 과거에 아무리 집착해 보아야 과거는 우리를 소망으로 이끌지 못합니다. 오히려 과거의 노예가 되어서는 새로운 도전을 하지 못하게 발목만 잡힐 뿐입니다.

● **우리의 발목을 잡는 과거**

그렇다면 우리를 붙드는 뒤의 것에는 어떤 것이 있을까요?

첫째, 성공의 자만입니다. 뒤돌아보면 내가 땀 흘려 일궈 놓은 많은 열매들이 있습니다. 그런데 우리가 아무리 많은 수고를 하였다 하여도 하나님의 도우심이 없었다면 열매를 맺을 수 있었겠습니까?

> "여호와께서 집을 세우지 아니하시면 세우는 자의 수고가 헛되며 여호와께서 성을 지키지 아니하시면 파수꾼의 깨어 있음이 헛되도다 너희가 일찍이 일어나고 늦게 누우며 수고의 떡을 먹음이 헛되도다 그러므로 여호와께서 그의 사랑하시는 자에게는 잠을 주시는도다"(시 127:1-2).

바울에게는 세상 사람들이 부러워하는 성공의 요건들이 많이 있었습니다(빌 3:4-6). 그러나 그는 그 모두가 하나님의 은혜라고 여겼습니다. 성공의 자만에 빠지지 않는 길은 그 모든 것을 은혜라 여기고 감사하며 하나님께 영광 돌리는 것입니다. 자신의 삶을 돌아보면서 이 시간 감사하십시오. 그러면 영적 성장을 이룰 수 있을 것입니다.

둘째, 실패의 쓰라림입니다. 뒤돌아보면 나의 실수나 죄악, 그리고 나를 아프게 한 실패와 좌절의 상처들이 많이 있습니다. 바울에게도 실수가 있었고 아픈 상처들이 많이 있었습니다. 그 많은 실수와 상처를 어떻게 극복했을까요? 그는 주님의 용서하시는 은혜를 믿음으로 극복했습니다(9절). 하나님은 우리의 죄악의 상처가 아무리 클지라도 그분께 나아가면 깨끗하게 씻어 주고 용서하십니다. 그래서 이사야는 이사야 1장 18절에서 이렇게 외쳤습니다.

"오라 우리가 서로 변론하자 너희의 죄가 주홍 같을지라도 눈과 같이 희어질 것이요 진홍같이 붉을지라도 양털같이 희게 되리라."

사람은 누구나 과거가 있습니다. 주님의 사랑과 용서의 은혜를 기억하십시오. 그 은혜가 과거를 떨치고 일어나게 합니다.

1980년 2월 어느 날 〈월스트리트 저널〉에 이런 공익광고가 실렸습니다.

"만약 당신이 좌절감에 사로잡혀 있다면 이 사람을 생각해 보십시오. 그는 초등학교를 중퇴했습니다. 그는 시골에서 잡화점을 경영하다 파산했습니다. 그는 빚을 갚는 데 15년이나 걸렸습니다. 그의 결혼 생활을 매우 불행했습니다. 그는 하원의원 선거에서 두 번이나 낙선했습니다. 그는 자기 이름을 'A. 링컨'이라고 서명했습니다."

승리자들은 모두 과거를 이긴 자들입니다.

● 거룩한 불만족

유명한 강해설교가인 워렌 W. 위어스비(Warren W. Wiersbe)가 이런 말을 했습니다. "거룩한 불만족은 영적 성숙을 위한 필수 요소이다."

현실에 안주하는 사람이 성장하거나 전진하는 것을 본 적이 있습니까? '이만하면 됐다' 하는 순간 그 사람은 더는 어떤 성장도, 어떤 진보도 없는 시간을 보내게 됩니다. 그런데 안타까운 것은, 어느 정도 일을 이루고 나면 누구나 다 그런 생각에 빠진다는 것입니다. '이 정도 했으면 됐지.' 하지만 바울은 그렇게 생각하지 않았습니다.

"내가 이미 얻었다 함도 아니요 온전히 이루었다 함도 아니라 오직 내가 그리스도 예수께 잡힌 바 된 그것을 잡으려고 달려가노라."

이게 이해가 되십니까? 다른 사람도 아닌 사도 바울 같은 사람이 아직 얻지도 못하고 온전히 이루지도 못했다니요? 생각해 보세요. 사도 바울, 그가 어떤 사람입니까? 다메섹 도상에서 주님을 만난 후, 주님이 주신 엄청난 계시와 환상을 보았고, 유일하게 삼층 천에 다녀왔습니다. 그리고 모든 사람이 닮고 싶어 한 인격의 소유자였습니다. 심지어 그를 통하여 신약성경 27권 중 13권이 기록되었습니다. 그런데 그런 그가 온전히 이루지 못했다고 스스로 말합니다. 그는 본문 13절에서 또 이렇게 고백합니다.

"형제들아 나는 아직 내가 잡은 줄로 여기지 아니하고 오직 한 일 즉 뒤에 있는 것은 잊어버리고 앞에 있는 것을 잡으려고."

이 짧은 본문 말씀에서 사도 바울이 계속해서 반복하여 말하고 있는 게 무엇입니까? '아직 이루지 못했다'라는 것입니다. 이는 곧 거룩한 불만족입니다. 그래서 그는 오늘도 달린다는 것입니다.

● **이루기 위해서는 자만하지 않는다**

신앙의 경주에서는 자만하면 실패합니다. "이쯤 하면 됐어!" 하는 안일함이나 "더 이상 뭐가 필요해!"라고 말하는 자만에 이르면 백발백중 넘어집니다. 다 이루었다고 생각하는 사람들의 특징이 있습니다. 더는 배우려고 하지 않습니다. 가르치고 훈계하는 데만 열심을 냅니다. 더는 은혜를 사모하지 않습니다. 이것이 바로 주님께 책망을 들었던 바리새인들의 특징입니다. 그래서 성경은 이렇게 말씀합니다.

"교만은 패망의 선봉이요 거만한 마음은 넘어짐의 앞잡이니라"(잠 16:18).

"그런즉 선 줄로 생각하는 자는 넘어질까 조심하라"(고전 10:12).

● 펠로폰네소스 전쟁

기원전 431년 그리스의 많은 도시국가 중 라이벌인 아테네와 스파르타가 전쟁을 하였습니다. 일명 펠로폰네소스 전쟁입니다. 그때 아테네의 왕은 이렇게 말했습니다.

"스파르타는 가난해서 이웃 나라와의 단기전 외에 장기전이나 해외 원정은 해보지 못한 나라이다. 아테네의 해군은 세계 최강인 데 반해 농업국인 스파르타의 해군이나 요새는 우스운 수준이다. 이 전쟁의 승리는 우리가 맡아 놓았다."

반면 스파르타의 왕 아르키다모스(Archidamos)는 달랐습니다.

"알다시피 우리가 싸워야 할 아테네는 개인과 국가의 부, 선박, 기병, 중무장병을 고루 보유했을 뿐 아니라 우리보다 훨씬 인구도 많고 탁월한 해군력도 가졌다. 이런 나라를 상대로 안이한 자세로 전쟁을 시작할 수는 없다. 우리는 결코 오만하지 말고 불운한 경우에도 후퇴하지 말아야 한다. 우리는 적의 작전이 치밀하다는 가정 아래 실천적으로 준비를 게을리하지 말자."

그렇게 시작된 전쟁에서 아테네는 무참히 패했습니다. 자만의 결과였습니다. 그래서 교만은 초대교회 때부터 교회 지도자들이 경고했던 일곱 가지 죄악 중에서 으뜸가는 죄였습니다. C. S. 루이스는 "교만한 자는 자기 밑을 보기에 급급해서 자기 위에 계시는 분을 보지 못하는 사람"이라고 했습니다.

● 네 종류의 사람

성경에는 2,930명의 인물이 소개됩니다. 그 많은 인물을 크게 네 종류로 구분할 수 있습니다. 첫째, 시작도 좋고 끝도 좋은 사람으로 모세와 같은 사람입니다. 둘째, 시작도 안 좋고 끝도 안 좋은 사람입니다. 헤롯 왕과 같은 사람입니다. 셋째, 시작은 좋은데 끝이 안 좋은 사람입니다. 가룟 유다 같은 사람입니다. 넷째, 시작은 별로인데 끝이 좋은 사람입니다. 바로 본문에 나오는 사도 바울 같은 사람입니다.

그는 본래 십자가의 원수였습니다. 그런 그가 부활하신 주님을 만나고 인생이 180도 바뀌어 죄인 중의 괴수에서 가장 위대한 사도가 됩니다. 그의 승리한 인생의 비결은 본문에서 찾을 수 있습니다. 바로 뒤의 것은 잊는 것입니다. 과거의 포로가 되지 않는 것입니다. 바울이 과거에 집착했다면 분명 그토록 위대한 사도가 되지 못했을 것입니다. 그의 성공 비결은 뒤의 것을 잊는 것이었습니다.

여러분, 아쉬운 과거의 시간을 주님께 맡기십시오. 행복했던 기억도 주님께 맡기십시오. 그러면 주님은 반드시 새로운 미래를 주실 것입니다.

2. 목표: 어제보다 나은 오늘(14절)

"푯대를 향하여 그리스도 예수 안에서 하나님이 위에서 부르신 부름의 상을 위하여 달려가노라."

● 푯대를 향하여

신앙생활이 성장하고 삶을 성공적으로 살기 위해서는 목표를 분명히 해야 합니다. 바울은 고린도전서 9장 26에서 "그러므로 나는 달음질하기를 향방 없는 것같이 아니하고 싸우기를 허공을 치는 것같이 아니하며"라고 말합니다. 목표가 없는 인생은 열매가 없고 방황하게 됩니다. 하지만 목표가 분명하면 낙망 중에도 다시 일어나 전진할 수 있습니다. 그래서 사도 바울은 본문에서도 푯대를 향한다고 고백하고 있습니다.

14절의 '푯대를 향하여'에 해당하는 헬라어 '카타 스코폰'은 문자적으로 '푯대를 똑바로 쳐다보고'라는 의미입니다. 이는 경주자가 자신의 경주에 주의를 집중하고 있음을 강조한 것으로, 바울 자신이 푯대이신 예수 그리스도(히 12:1-2)만 바라보고 경주할 뿐 아니라, 다른 모든 그리스도인도 삶의 여정에서 자신의 시선을 예수 그리스도에게 고정하고 그를 향하여 전진하여야 함을 말하는 것이기도 합니다.

영국의 극작가이자 비평가인 조지 버나드 쇼의 명언 중에 "뜻이 있는 곳에 길이 있다"라는 말이 있습니다. 사람에게는 하고자 하는 마음만 있다면 할 수 있는 길은 반드시 있다는 의미입니다. 사람은 자신이 소중하게 여기는 것에 마음을 두게 되고, 마음이 가는 곳으로 자신의 삶을 움직이게 됩니다. 미국의 국무부 장관을 지낸 헨리 키신저 박사는 "어디로 가는지 방향을 모르면 어떠한 도로도 당신을 목적지까지 데려다줄 수 없다"고 했습니다. 리더십의 권위자인 나폴레온 힐은 "현대 사회의 최대 비극은 99%의 사람이 분명한 목표를 갖지 못하고 있다는 데 있다"라고 했습니다.

미국 교회성장연구소의 에디 깁스 박사는 목표의 중요성과 필요성을 다음과 같이 말했습니다.

① 목표가 있어야 성장을 검증할 수 있다.
② 목표는 일의 우선순위를 결정하게 해준다.
③ 목표는 사람이든 단체든 그 주체를 인도하는 역할을 한다.
④ 목표는 그 일에 몰두하고 헌신하게 한다.

● **신앙의 푯대**

바울은 우리의 진정한 푯대는 오직 예수 그리스도라고 말합니다. 예수님께 맞춰진 삶의 좌표가 그로 하여금 감옥의 고통도 이기고 전도자로서 일관된 삶을 살게 했습니다.

"믿음의 주요 또 온전하게 하시는 이인 예수를 바라보자"(히 12:2).

잘못된 푯대를 바라보고 나아가면 그 삶도 잘못된 것으로 끝납니다. 예수님의 인격과 삶, 교훈과 가르침이 우리의 목표가 되어야 합니다. 그분을 닮으려는 것이 삶의 목표가 되어야 합니다. 우리도 바울처럼 날마다 자신의 삶의 목표를 위해 기도해야 합니다. 그것을 하나하나 정리하여 하나님께 아뢰십시오. 그리고 도움을 구하십시오.

● 차원 높은 목표

우리나라는 이미 초고령화 사회에 진입했습니다. 교회는 더욱 심합니다. 초고령화는 사회적으로나 교회적으로 굉장히 심각한 문제가 될 것입니다. 우리나라가 극복해야 할 가장 중요한 과제라고 세계 유수의 경제기관들은 한결같이 말합니다. 이미 교회는 직격탄을 맞고 있습니다. 유럽 교회에서나 나타나는 노령화 현상이 지금 나타나고 있습니다. 제일 먼저 드러난 현상은 헌금의 감소입니다.

그러나 저는 우리 사회 전반에 걸쳐 이 연령적인 초고령화보다 더 심각한 문제가 있다고 생각합니다. 그것은 바로 심리적 고령화, 곧 마음이 빨리 늙는 것입니다. 은퇴 시기가 앞당겨지면서 조기 은퇴하는 사람들이 자신은 이제 늙었다고 생각합니다. 교회에서도 무슨 일을 맡기면 80세도 안 되는, 아니 70세도 안 되는, 아니 불과 60세도 안 되는 성도들이 이런 말을 합니다. "이제 일은 젊은 사람들이 해야지."

이런 생각을 하는 사람들의 특징이 있습니다. 뛰지 않습니다. 더는 전진하지 않습니다. 성장과 성숙을 위한 일에 더는 도전하지 않습니다. 이것이 한국에 보편적으로 나타나고 있는 사회적 현상입니다. 《백년을 살아보니》의 저자 김형석 교수(104세)는 지금도 왕성한 활동을 하며 이렇게 말합니다.

"성장을 너무 일찍 포기하는 사람이 많습니다. 왜 그럴까요? 왜 사람들이, 심지어 젊은 사람들까지도 이런 심리적 고령화에 빠져 더는 전진하지 않는 삶을 사는 것일까요? 차원 높은 목표 설정에 실패했기 때문입니다."

요즘 세상 사람들의 목표가 무엇입니까? 자신과 자신의 가족이 잘 먹고 잘사는 것, 돈 많이 벌어 노년에도 돈 걱정 없이 사는 것입니다. 이런 사람들의 문제는 삶의 의미를 찾기가 힘들다는 것입니다. 이렇게 살다 가면 삶의 흔적이 없어지고, 다른 사람들은 물론 심지어 자신의 자녀들에게도 아무런 영향을 끼치지 못합니다.

● 어제보다 나은 내일

2023년 2월 21일, 봉천교회에서 서울남연회 감신동문회 자녀 장학금 수여식이 있었습니다. 중고등학생 20여 명, 대학생 10여 명에게 장학금을 전달하는 자리에서 격려사를 부탁받았습니다. 무슨 말을 해야 격려가 될까 고민하다가 아래와 같은 이야기를 했습니다.

> 파블로 카잘스(Pablo Casals, 1876~1973)는 20세기를 대표하는 스페인 출신의 세계적인 첼리스트로서 '첼로의 전설'로 불립니다. 현대의 첼로 주법을 확립했으며, 역사 속에 묻혀 있던 바흐의 무반주 첼로 모음곡을 발견하고 세상에 내놓은 장본인으로 유명합니다. 카잘스는 97세에 세상을 떠날 때까지 첼리스트, 작곡가, 지휘자로 명성을 날렸습니다.
>
> 그에게는 이런 일화가 있습니다. 그는 숨지기 2년 전인 95세에도 매일 6시간씩 첼로를 열심히 연습했습니다. 한 제자가 물었습니다. "선생님은 지금 95세이고 최고의 연주자로 명성을 얻었는데 왜 아직도 6시간씩 연습을 하십니까?" 그가 대답했습니다. "연습하면 아직도 조금씩 더 나아지고 있다고 생각하니까요."
>
> 인생의 목표가 최고가 되는 것이면 그렇게 되지 못할 때 낙심하거나 그 자리에 멈출 것입니다. 그러나 어제보다 나은 오늘을 목표로

삼으면 언제나 승리자로 살 수 있습니다.

지금 대한민국의 많은 젊은이들이 사회적인 환경 탓만 하는 것 같습니다. 흙수저, 금수저 논쟁이 그렇고, 지옥을 빗댄 '헬조선'이라는 말이 그렇습니다. 하지만 성경의 위대한 하나님의 사람들은 대부분 흙수저였습니다. 애굽에서 총리 자리에 오른 요셉은 형들에 의해 외국으로 팔려가 노예가 되었습니다. 이스라엘 건국의 아버지로 존경받는 다윗 왕은 아버지조차 무시했던 목동 출신이었으며, 거대한 바벨론 제국의 2인자로서 정치적인 영향력을 끼쳤던 다니엘은 전쟁 포로 출신입니다. 이들은 열악한 환경 중에도 하나님을 의지하고 꿈을 이루려는 노력으로 후대에 전설이 되었습니다.

여러분도 하나님의 도우심을 믿고 학업에 정진하면 하나님께서 아름답고 복된 길을 열어 주실 것입니다. 지혜의 왕 솔로몬은 잠언 1장 7절에서 "여호와를 경외하는 것이 지식의 근본이거늘 미련한 자는 지혜와 훈계를 멸시하느니라"라고 했습니다. 부디 하나님을 경외함으로 여러분의 꿈이 활짝 펼쳐지기를 축원합니다.

3. 자세: 항상성(16절)

"오직 우리가 어디까지 이르렀든지 그대로 행할 것이라."

● 달려가다

사도 바울은 온전한 삶을 살기 위해 푯대가 되신 예수님을 좇아간다고 했습니다. 바울은 부름의 상을 얻기 위해 달려갔습니다(14절). 상은 아무나 받는 것이 아닙니다. 푯대를 향하여 달음질한 사람, 부름의 상을 바라보면서 달려간 사람이 받습니다(딤후 4:7-8). 우리는 다 경주자입니다. 그러므로 예수님을 위해 뛰어야 합니다. 머물러 있어서는 안 됩니다.

사도 바울은 14절에서 '달려가다'에 해당하는 헬라어로 '디오코'를 사용했습니다. '디오코'는 사냥개가 토끼를 잡으려고 달려간다는 뜻입니다. 여러분! 사냥개가 토끼를 잡으려고 달려가면서 한눈팔 수 있을까요? 사냥개는 토끼를 모는 순간만큼은 주위에 무엇이 있는지 전혀 보지 못하고 오직 그 토끼한테만 100% 집중해서 쫓아갈 것입니다. 서 있는 사람과 달리는 사람 중에서 누가 남의 단점이나 잘못을 잘 볼까요? 서 있는 사람입니다. 달려가는 사람은 남을 잘 볼 수 없기 때문에 흉을 보거나 비판할 수 있는 여유도 없습니다.

중국에 아륙이라는 왕이 있었습니다. 하루는 어떤 신하가 큰 잘못을 해서 죽게 되었습니다. 신하는 "그저 목숨만 살려 주십시오!" 하고 간곡하게 애원했습니다. 왕이 말했습니다.

"그래? 네가 정말로 살고 싶단 말이지? 그렇다면 물이 가득 담긴 항아리를 이고, 온종일 거리를 돌고 오너라. 항아리에 있는 물을 한 방울도 흘리지 않으면 살려 줄 것이요, 단 한 방울이라도 땅에 흘리면 살아남지 못할 것이다!"

신하는 왕이 시키는 대로 물이 가득 담긴 항아리를 머리에 이고 온종일 거리를 돌아다니다가 왕궁으로 돌아왔습니다. 왕이 물었습니다.

"그래, 거리에는 어떤 집들이 있더냐? 사람들은 얼마나 있더냐?"

"거리에 어떤 집이 있었는지, 사람들이 얼마나 있었는지 전혀 기억할 수 없습니다."

"네 이놈! 네가 정말 내 명령대로 거리를 돌았다면, 그 모든 것을 보았겠지. 넌 거리를 돌지도 않았으면서 거짓말을 하고 있구나. 이놈을 당장 사형시키도록 하라!"

그러자 신하가 억울함을 호소했습니다.

"전하, 억울합니다! 항아리에 있는 물을 한 방울이라도 흘릴까 조심하고 집중하느라 주위에 무엇이 있는지 전혀 볼 수가 없었습니다! 전하, 저는 분명히 전하께서 시키신 대로 물이 가득 담긴 항아리를 이고 온 거리를 돌았습니다! 통촉하여 주옵소서!"

그러자 왕은 미소를 지은 뒤 그를 용서하고 오히려 그에게 후한 상을 내렸다고 합니다.

이 예화의 요지는, 자기 일에 최선을 다하고 집중하는 사람은 남의 허물이나 단점을 볼 여유가 없다는 것입니다. 마찬가지로 저와 여러분이 세상에 한눈팔면 예수님이 보일 리가 없습니다. 그래서 사도 바울은 주님께 사로잡혀 푯대를 향하여 부름의 상을 위하여 달려가는 삶이어야 한다고 말한 것입니다. 사냥개가 토끼를 잡으려고 쫓아갈 때처럼 주위에 무엇이 있는지 보지 못하고 오직 앞만 보고 주님을 잡으려 달려가는 삶을 살아야 합니다.

그런데 우리의 현실은 어떻습니까? 주님께 어느 정도의 관심과 목적과 목표를 두고 살아갑니까? 주님을 믿고 주님에게로 달려간다고 하면서도 실제로는 온갖 세상 것에 눈이 팔려 있지는 않습니까?

그러므로 바울이 말하는 푯대는, 우리가 이 땅을 살아갈 때 필요로 하는 것이나 세상의 성공 또는 나의 목표가 아닙니다. 전체 문맥에서 보면 내가 받은 구원을 완성하기 위해서 쫓아가는 것을 말합니다. 왜 사도 바울이 앞서 빌립보서 2장 12절에서 두렵고 떨림으로 구원을 이루라고 말했는지를 알 수 있습니다.

● **계속하라!**

15절에서도 사도 바울은 계속하여 우리를 권면합니다.

"그러므로 누구든지 우리 온전히 이룬 자들은 이렇게 생각할지니 만일 어떤 일에 너희가 달리 생각하면 하나님이 이것도 너희에게 나타내시리라"(15절).

더 쉬운 이해를 위해 현대인의 성경을 봅시다.

"그러므로 믿음이 성숙한 사람들은 모두 이와 같은 생각으로 살아야 합니다. 만일 여러분이 나와 다른 생각을 가지고 있다면 하나님은 그것도 분명하게 바로 가르쳐 주실 것입니다."

그리고 이어 마지막 16절에서 "오직 우리가 어디까지 이르렀든지 그대로 행할 것이라"라고 말합니다.

이와 같은 생각으로 살고 그대로 행하라는 것은 무엇을 말할까요? 바울이 말한 '그대로 행하라'는 것은 지금까지 하던 일을 중단하지 말고 계속하여 전진하라는 말입니다. 푯대를 향하여 전진하라는 것은 봄나들이 가듯 하라는 것이 아닙니다. 우리가 가는 길에는 유혹이 있고, 위협이 있으며, 생존을 위협하는 수많은 것이 존재합니다. 그럼에도 우리는 앞으로 전진해야 합니다.

배를 운항하다 북태평양에서 태풍을 만나면 피하거나 도망치지 말아야 합니다. 폭풍이 배보다 빠르고 강하기 때문입니다. 그럼 어떻게 폭풍을 이길 수 있을까요? 방법은 의외로 간단합니다. 우선 폭풍이 몰아치는 방향으로 선수를 향하게 하는 것입니다. 그렇게 해야 폭풍에도 배가 침몰되지 않습니다. 두 번째로 속도를 줄여야 합니다. 그러나 엔진을 끄면 안 됩니다. 속도를 낮추고 폭풍을 향해 전진해야 합니다. 마지막으로 계속 가야 합니다. 멈추는 순간 배는 침몰할 수 있습니다. 폭풍이 오면 피해야 할 것 같지만 사실은 폭풍을 향해 천천히 전진할 때 더 안전합니다.

그리스도인들도 그리스도를 향해 조금씩 전진해야 합니다. 그로 인해 역경을 만나고 어려움이 찾아온다고 해서 피한다면 오히려 더 위험해질 것입니다. 살아가는 한 계속 움직여야 합니다. 생명은 끊임없이 살아가야 하고 살아 내야 합니다. 정지는 곧 죽음을 의미합니다.

그러나 그리스도인들은 계속 움직일 뿐 아니라 어디로 가야 할지 정확한 목표가 있어야 합니다. 그것은 날마다 자신을 부인하고 그리스도를 닮아 가는 것입니다. 어리석은 자들은 자신이 이미 완전하다고 생각하기 때문에 성장하기를 멈춥니다. 자신 안에 숨겨진 죄와 탐욕을 부정합니다. 바울은 교만한 자들의 가르침을 버리고 날마다 자신을 죽이는 삶을 살면서 그리스도를 닮아 가야 한다고 말합니다.

● 달팽이의 노력

어느 추운 날 달팽이가 사과나무를 기어오르고 있었습니다. 달팽이가 느린 걸음으로 조금씩 나무를 기어오르고 있을 때 나무 틈에서 벌레 한 마리가 튀어나오더니 달팽이에게 말했습니다. "너는 쓸데없이 힘을 낭비하고 있구나. 저 위에는 사과가 하나도 없다구!" 그러자 달팽이가 계속 기어오르며 말했습니다. "내가 저 꼭대기에 도달할 때쯤이면 사과가 열릴 거야!" 본문의 사도 바울이 그랬습니다. 부르심의 상을 바라고 헌신했습니다.

● 포기하지 말고 끝까지

중남미 베네수엘라에 사는 라파엘 솔라노는 강바닥의 조약돌을 체로 일어 다이아몬드를 찾아내는 다이아몬드 채집꾼이었습니다. 라파엘과 그의 동료들은 몇 달째 강바닥을 열심히 훑었습니다. 그러나 변변한 것은 하나도 건져 내지 못하였습니다. 그의 동료들은 하나둘씩 떠났고 이제 라파엘만 남았습니다. 그는 지금까지 90여만 번의 체질을 하느라 눈도 침침해졌고 마음도 지칠 때도 지쳤습니다. 그러나 그는 포기하지 않고 100만 번은 채우기로 마음먹고 체질을 계속했습니다.

어느 날 체에 묵직한 돌덩이 하나가 걸렸습니다. 그냥 돌이라고 하기엔 좀 이상했습니다. 정성 들여 닦아 보니 거대한 다이아몬드 원석이었습니다. 그는 모든 사람이 절망을 붙들고 돌아설 때 희망을 붙들고 도전하였기에 세계에서 가장 크고 순도 높은 다이아몬드를 캘 수 있었던 것입니다.

바울은 모든 믿는 자들이 부러워할 만한 성공적인 삶을 산 사람입니다. 그 복된 삶을 이루게 된 데는 시간을 보는 그의 남다른 시각이 배경에 있었습니다. 바울은 자기에게 다가오는 모든 시간을 새로운 출발을 위한 기회로 여겼습니다. 우리에게 필요한 믿음이 바로 이것입니다. 지나간 시간을 아쉬워할 것이 아니라 지금을 시작을 위한 기회로 삼아야 합니다.

모든 성인에게는 과거가 있고, 모든 죄인에게는 미래가 있다는 말이 있습니다. 지난날들을 뒤돌아보면 성공과 승리도 있었지만 실패와 침체도 있었을 것입니다. 하지만 우리는 과거와 미래 사이에서 자만할 것도 낙망할 것도 없습니다. 다만 진지하게 기도하면서 계속해서 나아갈 뿐입니다. 그런 사람에게 희망적인 미래가 열릴 것입니다.

제가 좋아하는 말이 하나 있습니다. "오늘이 나의 남은 생애의 첫날이다"라는 말입니다. 다시 새로운 시작을 할 수 있다는 것이야말로 우리 그리스도인들에게 커다란 특권이자 축복입니다. 우리가 지금까지는 실패하는 삶을 살았을지라도 우리는 오늘 다시 시작할 수 있고, 다시 출발할 수 있습니다. 오늘은 우리의 남은 생애의 첫날이기 때문입니다.

당신이 계속하기를!
쉬면 안 되는 이유

●

디모데전서 4:1-8

● 젠장 효과

아주 오래된 넌센스 퀴즈입니다. "간장과 된장과 고추장을 섞으면 어떻게 될까요?" 초등학생은 이렇게 답한 것입니다. "엄마한테 혼나요!" 맞는 말이긴 하지만 이 넌센스 퀴즈의 정답은 아닙니다. 정답은 '이런 젠장!'입니다.

'젠장' 하면 생각나는 이른바 '젠장 이펙트'가 있습니다. 대니얼 코일이 쓴 《탤런트 코드》라는 책에는 '젠장 빌어먹을 효과'(Holy Shit Effect)에 대한 이야기가 나옵니다. 사람들은 어떤 분야에서 탁월성을 보이는 사람을 보면 일종의 비교의식이 생기면서 스스로에게 이렇게 말한다고 합니다. "저 사람은 어쩌면 저렇게 잘할 수 있어? 나는 왜 이 정도밖에 안 되지? 이런 젠장, 빌어먹을…."

이런 '젠장 효과'는 학습 혹은 습득 과정에서는 핵심적이고 일관적인 지각 패턴과 연관성이 있습니다. 완벽한 기술을 익히기 위해서는 의미 있는 체계로 묶음 처리 하는 능력이 요구되는데, 뛰어난 재능을 발휘하는 사람들은 남들과 다르게 매우 전략적으로 연습한다는 것입니다.

벤 호건은 US오픈 4승, 브리티시오픈 1승, 마스터스 2승, PGA선수권 2승 등 생애 통산 62승의 대기록을 수립한 '골프의 전설'로 불립니다. 1950년대에 전성기를 보낸 그는 연습벌레로도 유명합니다. 완벽에 가까운 그의 스윙은 골프에 입문하는 모든 사람에게 교과서가 되고 있습니다. 그가 남긴 유명한 명언이 있습니다. "하루 연습을 안 하면 내가 알고, 이틀을 쉬면 갤러리가 알며, 사흘을 쉬면 온 세상이 다 안다." 최고의 자리에는 그냥 오르는 게 아닙니다. 재능만 있다고 되는 것도 아닙니다. 세상일이나 하나님의 일이나 이치는 같습니다. 훈련 없이 허락된 최고의 자리가 있다면 그것은 분명 모래 위에 지은 집처럼 비참하게 무너지는 날이 올 것입니다.

그래서 오늘 본문은 신앙생활에도 훈련이 필요하다고 역설하고 있습니다. 우리는 경건 훈련을 하지 않거나 하다가 쉬는 일이 없어야 합니다. 그때 악한 마귀에게 미혹될 위험에 노출되기 때문입니다. 하나님의 은혜를 믿는다는 것은 성화를 위한 경건 훈련을 부인하는 말이 아닙니다. 진정으로 은혜를 체험한 사람이라면 경건 훈련이 얼마나 필요한지를 절실히 깨닫게 됩니다. 과연 그리스도인이 힘써야 할 훈련은 무엇일까요?

1. 말씀 훈련을 계속하라 (4-5절)

"하나님께서 지으신 모든 것이 선하매 감사함으로 받으면 버릴 것이 없나니 하나님의 말씀과 기도로 거룩하여짐이라"

● **거짓 경건**

사도 바울은 본문에서 위장된 경건으로 혼인을 금하고 음식을 피하게 하는 것을 들었습니다. 이것은 당시 로마 점령 지역에 널리 퍼진 이단인 영지주의의 한 일파의 교훈으로, 이들은 육신은 악한 것이니 경건한 자들은 육신을 즐겁게 해서는 안 된다고 생각했습니다. 그래서 악한 육신을 만들어 내는 혼인을 금지하고, 혼인한 사람들도 부부관계를 못 하게 했으며, 음식도 하루에 한 끼나 이틀에 한 끼를 먹게 했습니다. 이들은 극도의 절제로 육신이 고통을 겪게 함으로써 마치 자기들이야말로 경건한 삶을 온몸으로 실천하고 있는 것처럼 느끼고 있었습니다. 하지만 그 안에 하나님은 계시지 않습니다.

인도의 요가도 이와 같습니다. 사람들이 평소에 하던 습관을 반대로 하여 몸에 고통을 주면 깨달음을 얻고 해탈하게 된다는 것입니다. 그래서 물구나무서기도 하고, 뾰족한 돌조각 위에 가부좌를 하고 명상을 하기도 합니다. 그러나 그 안에 하나님은 계시지 않습니다. 그저 명상을 하는 것일 뿐, 하나님과 만나는 경건의 삶은 결코 아닙니다.

우리 주변에도 이런 유형의 것들이 있습니다. 절을 몇 번 하게 한다든지, 계단을 무릎으로 올라갔다 내려갔다를 반복하게 한다든지, 무엇을 못 먹게 하거나 반대로 무엇을 먹게 한다든지, 조용히 숨을 쉬며 명상하게 하는 일들이 사람의 마음을 진정시키거나 수행(修行)을 하는 데 도움을 주기는 할 것입니다. 그러나 성경은 이런 것들에 대해 경건을 위장한 거짓 경건이라고 말합니다. 절을 아무리 많이 해도 그것으로 하나님을 만날 수는 없습니다. 아무리 금식을 하고 고행을 해도 그것으로 하나님을 만날 수는 없습니다.

● 종교적 감정 놀음

세상이 아주 빠르게 변하고 있습니다. 모든 것이 빨라졌습니다.

그러다 보니 하나님과 만나는 경건한 삶도 빨리 체험했으면 좋겠다는 유혹이 있습니다. 회개도 하지 않고 죄의 습관을 벗기까지 겪어야 하는 갈등이나 마음의 아픔도 겪지 않았는데, 그저 들어가기만 해도 은혜를 받는 것 같은 느낌을 주는 교회를 사람들은 신령한 교회라고 여깁니다. 마치 가수들의 콘서트처럼 열린 예배라는 이름으로 한 시간 동안 깊은 감정의 늪에 빠지게 합니다. 사람들은 이를 통해 마음의 시원함을 느낍니다.

그러나 이것은 경건한 삶이 아니라 종교적 감정 놀음에 불과합니다. 하나님 그분께 주목한 것이 아니라 자기의 감정에 주목한 것이기 때문입니다. 자기는 그 일로 마음이 진정되었으니 은혜를 받은 것으로 착각합니다. 가령 어떤 가수의 콘서트에 참석하여 온몸에서 땀이 나도록 몇 시간을 뛰며 노래했더니 마음이 진정되었다고 합시다. 이것을 하나님과 만나는 경건이라고 말할 수 있겠습니까? 감정만 녹아들게 할 뿐 실제로 하나님을 만나게 하는 경건의 능력은 없는 것입니다. 이런 것들에 속아 경건한 삶을 사는 것처럼 착각한다면 나중에 하나님의 심판대 앞에서 엄청난 충격을 받게 될 것입니다.

● 악한 영의 속임수

악한 영은 사람들이 마음이 복잡하여 견디지 못하는 것에 주목합니다. 그래서 이런저런 마음의 안식처들을 찾게 합니다. 단지 마음을 정리하게 하는 것에 불과한 이런 것들이 마치 하나님을 만나는 경건을 이루는 것인 양 사람들을 미혹하여, 하나님을 만나지 못한 채 중간에 멈추도록 만듭니다. 이것이 바로 마귀의 속임수입니다.

미혹하는 영들이 위선자, 거짓말하는 자, 탐욕에 빠진 자들을 이용하여 사람들을 미혹합니다. 양심에 화인 맞은 사람들이 거짓된 교리를 사람들에게 전파하고 믿는 자들을 미혹합니다. 위선자들, 거짓말하는 자들, 탐욕에 빠진 자들이 죄를 회개하지도 않고 경건에 이른 것 같은 감정을 느끼도록 해주고, 사람들은 가진 모든 것을 그들에게 바치며 자기들이야말로 살아 있는 하나님의 백성이라고 말합니다. 그리고 이것이 바로 경건의 능력이라며 사람들을 미혹합니다.

모두가 다 위장된 경건입니다. 우리와 하나님 사이를 중보하시는 분은 오직 예수님뿐입니다. 악한 영들은 우리를 하나님에게서 멀어지게 하려고 예수님 이외의 다른 것들에서도 거룩함을 느끼게 하여, 그곳에서 마치 하나님과 만나는 경건을 이룰 수 있는 것처럼 유혹하는 것입니다. 마음은 진정되었으나 영적으로 이룬 것은 아무것도 없으니 종교적인 감정 놀음일 뿐입니다.

● 참된 경건에 이르는 길, 말씀

참된 경건은 하나님과 내가 실제로 만나고 교제하게 하는 것을 말합니다. 그 결과 내가 하나님을 더 사랑하며 섬기고 예배하고 찬양하게 됩니다. 이것이 참된 경건입니다.

이러한 참된 경건에 이르려면 어떻게 해야 할까요? 첫째로 말씀으로 참된 경건에 이를 수 있습니다. 말씀을 통해 내가 하나님 앞에서 저지른 죄를 깨닫고, 그 죄를 회개하는 기도를 합니다. 그 순간 주님의 십자가의 피의 공로로 죄를 용서받고 깨끗한 영을 가진 자가 됩니다. 우리는 계속해서 말씀을 통하여 하나님의 사랑과 은혜를 알게 됩니다. 그 사랑과 은혜에 감사하여 찬양하며 예배합니다. 말씀을 통해 하나님께서 이루고자 하시는 구원의 계획을 알게 됩니다.

그 구원의 역사에 함께 참여하며 봉사합니다. 이것이 경건입니다.

참된 경건은 말씀과 기도로 이루어지므로, 우리는 먼저 말씀을 배우는 것으로부터 경건한 삶을 시작할 수 있습니다. 그리고 내가 말씀을 배워 남을 가르칠 만큼 되었다면, 다른 사람들을 가르침으로 경건한 삶을 이어 가야 합니다. 말씀을 배우고 가르치는 가운데 가르치는 자와 배우는 자가 함께 양육을 받습니다. 가르치고 배우는 가운데 성령의 도우심으로 함께 하나님의 거룩한 백성이 되어 갑니다.

● 생명의 양식

마태복음 4장 4절은 "예수께서 대답하여 이르시되 기록되었으되 사람이 떡으로만 살 것이 아니요"라고 기록합니다. 예수님은 40일을 금식하신 후에 사탄의 유혹을 받았습니다. 그때 예수님이 대처하신 방법을 보면 놀랍습니다. 주님의 입에서 말씀이 나왔습니다. 사람은 떡만이 아니라 하나님의 말씀으로 살아야 한다고 말씀하셨습니다.

오늘도 사탄은 육적인 문제와 정신적인 허영심을 심어 주고 영적인 문제를 가지고 교묘하게 파고듭니다. 웬만하면 다 넘어가는 수법입니다. 그러나 중요한 것은 예수님이 보이신 모범입니다. 우리 주님은 언제나 하나님의 말씀으로 사탄의 유혹을 이기시고 물리치셨습니다. 세상을 이기는 능력은 오직 하나님의 말씀뿐임을 친히 가르쳐 주신 것입니다. 따라서 말씀의 능력을 믿고 따르기 위해 우리는 오늘도 성경을 읽고 공부하면서 묵상해야 합니다.

● 두 건축자의 비유

마태복음 7장 24-27절에는 두 건축자의 비유가 나옵니다. 모래 위에 집을 지은 자와 반석 위에 집을 지은 자의 이야기입니다. 왜 예수님은 산상수훈의 결론으로 이 비유를 말씀하셨을까요? "구슬이 서 말이라도 꿰어야 보배"라는 속담이 있듯이, 예수님은 산상수훈을 마치면서 지금까지 가르치신 황금 같은 말씀들도 실제로 행하고 실천할 때 그 보배로운 가치를 깨달을 수 있다고 말씀하고 있는 것입니다. 그 이치를 설명하기 위해 예수님은 두 건축자의 비유를 드셨습니다. 예수님은 창수가 나도 흔들리지 않는 집을 지은 지혜로운 건축자와 같이 되기 위해서 다음 두 가지를 하라고 명하십니다.

먼저, 들으라고 하셨습니다. 마태복음 7장 24절에서 "이 말을 듣고"라고 하며 들음의 중요성을 강조하셨습니다.

우리는 자기 소리는 힘껏 높여도 남의 소리에는 귀 기울이지 않는 시대에 살고 있습니다. 성경의 사사 시대가 그랬습니다. 그 시대상을 성경이 한마디로 증언하길 "자기의 소견에 옳은 대로 행하였더라"라고 말하고 있습니다. 주님이 인정하시는 믿음의 큰 집을 건축하려면 듣는 귀가 있어야 합니다. 요한계시록에서 계속해서 반복되는 말씀 중 하나는 "들을 귀 있는 자는 들을지어다"입니다.

그렇다면 어떻게 해야 듣는 귀가 열릴까요? 선입관을 세탁해야 합니다. 나의 영혼과 마음이 순백이 되도록 세탁하는 일이 필요합니다. 어중간한 선입관은 색안경을 쓴 것과 같아서 모든 것을 자기 색깔로 편집하여 듣게 됩니다. 20세기의 가장 탁월한 철학적인 신학자라고 불리는 폴 틸리히는 신학교에 입학한 학생들에게 이렇게 말했습니다. "지금까지 여러분이 어중간하게 알고 있는 하나님을 잊으십시오. 하나님이라는 낱말까지도…."

여러분! 투명 유리가 되십시오. 카메라의 생명이 무엇인지 아십니까? 렌즈입니다. 좋은 카메라일수록 렌즈의 성능이 좋습니다. 렌즈의 좋고 나쁨을 구분하는 기준은 자연의 빛의 상태를 얼마나 재현해 내느냐입니다. 여러분의 마음의 창은 부디 세계적인 명품이 되시길 바랍니다.

그다음에 행하라고 하셨습니다. 예수님의 말씀은 실천할 때 역사가 일어납니다(신 28:1-2; 약 2:26). 왜 오늘날은 허드슨 테일러, 조지 뮬러, 무디 같은 영적 거인이 없을까요? 다양한 의견이 있겠지만, 결국은 말씀에 순종하는 사람이 없기 때문이 아닌가 싶습니다.

주전 8세기의 예언자인 아모스는 그 시대에 '하나님의 말씀이 없는 기갈'(암 8:11)을 예언했습니다. 하지만 우리 시대는 말씀이 홍수처럼 넘쳐납니다. 시공간의 제약 없이 언제나 접할 수 있는 방송매체를 통한 설교들, 더는 성스럽게 여겨지지 않아 아무 곳에나 방치되어 있는 성경, 수많은 설교집…. 그렇다면 아모스의 말씀을 이렇게 바꾸어야 이 시대를 정확하게 표현하는 것이 될 것 같습니다.

"양식이 없어 주림이 아니며 말씀이 없어 갈함이 아니요 여호와의 말씀에 순종하지 못한 기갈이라."

● 성 프란체스코의 제자 선발

유명한 성 프란체스코(San Francesco d'Assisi, 1182~1226)의 일화입니다. 성 프란체스코가 수도원을 설립하고 세계적으로 이름이 알려졌을 때 두 젊은이가 수도사가 되기 위해 그를 찾아왔습니다. "우리도 이 수도원에서 제자가 되게 해주십시오." 마침 그때 프란체스코가 밭에서 채소를 심고 있었습니다. "너희도 채소를 심되 뿌리를 하늘로 향하게 하고 잎을 땅을 향하게 하여라. 내가 저녁에 와서 볼 것이다." 이렇게 말하고는 손을 털고 갔습니다.

그중 한 젊은이는 '선생님이 우리를 시험하나 보다. 세상에 채소 뿌리를 하늘로 향하게 하면 분명 말라 죽을 것이니 사리에 맞게 뿌리를 땅으로 향하게 해야겠다. 그게 상식이 아닌가!'라고 생각하고 다른 식물들처럼 잎을 위로, 뿌리를 아래로 심었습니다. 다른 젊은이는 '선생님이 명령하셨으니 이해가 되지 않아도 내 생각대로 하지 말고 선생님 뜻대로 하자'라고 생각하고 전부 뿌리가 하늘을 향하게 심었습니다. 즉, 한 사람은 정상적이고 상식적으로 뿌리를 땅에 심어 놓았고, 다른 사람은 뿌리가 하늘로 향하도록 거꾸로 심어 놓았습니다.

성 프란체스코가 저녁 늦게 찾아와 둘러본 뒤 두 사람 중 뿌리를 땅에 심은 사람에게 말했습니다. "너는 참 지혜롭고 총명하구나. 상식적으로 채소는 뿌리를 땅에 심어야 자라지 하늘로 향하게 하면 죽는 것이 맞다. 너는 지혜가 있고 상식적인 사람이니 내 밑에 있을 필요가 없다." 그리고 뿌리를 하늘로 향하게 심은 사람에게는 이렇게 말했습니다. "너는 우직스럽고 바보같이 보이더라도 순종하는 사람이다. 너는 내 제자가 되어라." 말씀에 대한 순종이 능력입니다.

2. 기도 훈련을 쉬지 말라(5절)

"하나님의 말씀과 기도로 거룩하여짐이라."

● **거룩함의 길**

본문 5절에서 사도 바울은 거룩함의 길이 무엇인가를 가르칩니다. 1-5절의 내용에서 그 사실을 논합니다. 결혼을 안 한다든지 어떤 음식을 금한다든지 하는 외적인 금욕에 의해 인간이 거룩해진다고 주장하던 당시의 이단들에게, 사도 바울은 경건에 이르는 진정한 길에 대하여 결론을 맺습니다.

"하나님의 말씀과 기도로 거룩하여짐이라."

세속적인 차원과 영적인 차원이 별도로 존재하는 것이 아닙니다. 문제는 동기와 목적에 있습니다. 이것은 매우 중요합니다. 예를 들자면, 어떤 음식을 먹는 사람은 세속적인 사람이고, 그것을 안 먹는 사람은 거룩한 사람이라고 할 수 없습니다. 어떤 음식을 먹느냐 안 먹느냐에 따라서가 아니라 그것을 왜, 어떤 태도로, 무엇을 위해 먹는지 그 동기와 목적에 따라서 그 사람이 세속적인가, 영적인가를 구별해야 합니다. 어떤 일을 하는 동기와 목적이 그 사람의 세속성과 영성을 결정한다는 이야기는 결혼 문제에도 동일하게 적용됩니다.

바울 사도의 경건에 대한 가르침을 깊이 생각해 보십시오. "하나님의 말씀과 기도로 거룩하여짐이라." 하나님의 말씀과 기도가 거룩함에 이르는 길이라고 말하고 있습니다. 당시 초대교회 교인들은 무엇을 먹기 전에 항상 기도하고 말씀을 묵상했습니다. 이런 습관을 우리의 삶에 적용해 보면 어떨까요? 하나님의 말씀을 통해 받는 축복, 기도로 누리게 되는 하나님과의 교통이 우리의 삶을 경건하고 거룩하게 만듭니다.

● **가장 우선하는 하나님의 일**

사역 곧 하나님의 일이라고 하면 설교, 기도, 봉사, 구제 등을 가리킵니다. 그러나 디모데전서에서 가장 먼저 권하는 하나님의 일은 무엇입니까?

"그러므로 내가 첫째로 권하노니 모든 사람을 위하여 간구와 기도와 도고와 감사를 하되"(딤전 2:1).

기도가 가장 먼저 해야 할 하나님의 일이요, 경건 훈련의 시작입니다. 먼저 기도하는 싸움에서 이겨야 합니다. 모세의 아말렉 전투를 보십시오. 세상에서의 승리는 기도에 달려 있습니다.

● 아폴로 13호의 귀환

1969년 아폴로 11호가 인류 최초로 달 착륙에 성공했습니다. 1년 뒤 아폴로 13호가 발사됩니다. 과학자들은 모든 것이 완벽하다고 장담했습니다. 그런데 모의 비행 때부터 불길한 조짐을 보이던 아폴로 13호는 지구로부터 2만 마일 떨어진 곳에서 사고가 났습니다. 산소통이 깨져 유실되고 자동유도장치마저 꺼지는 절체절명의 위기를 맞았고, 더는 비행할 수가 없게 되었습니다.

우주 비행사들은 본부인 휴스턴에 연락해 어떻게 하면 좋겠냐고 물었습니다. 지휘 본부에서는 북극성을 바라보면서 방향을 잡아 돌아오라고 했습니다. 인간의 힘으로는 도저히 어떻게 할 수가 없는 상황이었습니다. 그때 전 미국 국민이 고장 난 캡슐을 몰고 오는 우주인들을 위해서 오전 9시를 기해 함께 기도했습니다. 우주 비행사들도 우주선 안에서 함께 기도했습니다. 인간 최고의 과학기술의 산물이 고장 났을 때 전 미국 국민이 한 일이 기도입니다. 참으로 아이러니한 이야기입니다.

얼마 후에 고장 난 아폴로 13호는 태평양에 떨어지며 무사히 귀환했습니다. 우주 비행사들은 대기하고 있던 미 해군 군함에 의해 구조되었습니다. 이때 그들이 가장 먼저 취한 행동은 해군 군목의 손을 잡고 "하나님, 감사합니다. 주님을 찬양합니다!" 하고 하나님 앞에 감사의 기도를 드린 것입니다. 그 주간의 〈타임〉지 표지에 그들의 기도하는 사진이 실렸습니다. 인간은 이성의 한계에 부딪칠 때 하나님께 도움을 구할 수밖에 없습니다. 이것이 신앙의 첫 단계입니다. 인간은 누구나 생존을 위해, 삶의 필요를 위해, 안전을 위해, 그리고 자기 자신을 발견하기 위해 하나님을 의지하고 소망을 갖는 믿음의 생활을 해야 합니다.

● **왜 기도해야 하는가?**

그럼 구체적으로 우리는 왜 기도해야 합니까? 먼저는 기도가 영적 능력의 차이를 불러오기 때문입니다(막 9:29). 항상 깨어 기도하는 사람은 하나님의 능력을 힘입어 주의 일을 할 수 있습니다. 사무엘, 바울, 베드로, 요한 등 믿음의 사람들은 기도를 중요시해 항상 기도하였습니다. 자신의 힘으로는 하나님의 일을 잘 할 수 없기 때문입니다.

그리고 마귀의 시험을 이기기 위해 기도해야 합니다. 예수님이 40일 금식 후 겪은 시험을 생각해 보십시오. 십자가의 시험을 생각해 보십시오. 기도해야 시험을 이길 수 있습니다. 그렇게 할 때 방패 기도자가 됩니다.

예수님은 제자들에게 '시험에 들지 않게 깨어 기도하라'고 말씀하셨습니다. 그러므로 우리도 깨어 기도해야 합니다. 교회에서나 가정에서나 그 어디에서나 깨어 기도해야 합니다. 깨어 기도하지 않으면 시험에 듭니다. 그러므로 시험에 들지 않게 해달라고 기도해야 합니다. 기도해야 응답이 있기 때문입니다.

엘리야는 갈멜산에서 하나님이 이스라엘 중에 하나님이 되심을 백성으로 알게 해달라고 기도하였습니다. 그는 '여호와여 내게 응답하소서. 내게 응답하소서'라고 기도하였습니다. 이같이 기도한 그에게 하나님은 불로 응답하셨습니다(왕상 18:36-38).

또 기도하면 하나님이 승리하게 하시기 때문에 기도해야 합니다. 아말렉과의 전투에서도 모세가 손을 들면 이스라엘이 이겼습니다. 기도를 들으신 하나님이 승리하게 하신 것입니다.

항상 기도합시다. 깨어 기도합시다. 그래서 시험을 이기고 하나님의 능력을 힘입어 충성하며 승리하는 삶을 살아가는 우리가 되기를 바랍니다.

● 잘못된 기도 훈련

UPI 통신의 종교부 기자인 루이스 카셀은 "잘못된 기도 교육이 자녀를 무신론자로 만든다"라는 내용의 칼럼을 쓴 적이 있습니다. 어려서부터 자녀에게 기도만 하면 무엇이든 이루어진다고 교육하던 부모가 있었습니다. 아이는 그 말을 진짜로 믿고 매일 밤 자전거를 달라고 기도했습니다. 아이의 기도를 엿들은 부모는 자전거를 사 주었고, 아이는 이후로 신이 나서 원하는 것이 생길 때마다 기도했습니다. 그러나 기도 제목은 금세 부모가 들어줄 수 없는 것으로 바뀌었고, 자신의 기도가 응답받지 않는다고 생각한 아이는 더는 하나님이 계시지 않다고 느끼게 되었습니다. 이 부모가 자녀를 위해 사용한 방법은, 마치 아이가 산타클로스에게 선물을 달라고 매년 요구하다가 어느 순간 산타가 진짜가 아니라는 것을 알게 되는 것과 같은 결과를 낳았을 뿐입니다. 실제로 이와 비슷한 사례를 통해 자녀들이 무신론자가 되는 경우가 상당히 많다고 합니다.

모든 경건 생활은 바른 말씀을 통해 견고히 세워져야 합니다. 기도는 하나님과의 대화입니다. 우리의 기도에 대한 응답은 하나님이 가장 좋은 때에 가장 좋은 방법을 통해서 주시는 것이지, 우리가 요구할 때마다 마법처럼 항상 이루어지는 것이 아닙니다. 나의 욕심으로 드리는 기도가 아니라 하나님의 뜻에 나를 맞추는 바른 기도 생활을 하고 있는지 스스로 점검해 보십시오.

● **옥한흠 목사의 경건론**

우리가 생각해야 할 것은 '누가 경건한 자인가' 하는 것입니다. 경건한 자는 기도하는 사람입니다. 다윗은 죄를 용서받은 기쁨과 감격이 충만하여 자연히 기도하게 되었다고 말했습니다. 포사이드는 "신자에게 가장 악한 죄는 기도하지 않는 것이다"라고 했습니다. 성경에 기도하라는 명령이 그렇게 많이 나오는데 기도하지 않는 것은 하나님의 명령에 불복종하는 것이므로 최악의 죄라고 할 수 있습니다. 그리고 기도하지 않는 배후에는 기도를 원하지 않는 무서운 죄가 있습니다. 이 죄가 그 사람을 기도의 불능자로 만들고 영적인 실어증 환자로 만들어 버립니다.

기도의 중요한 목적은 우리가 하나님 앞으로 가까이 나아가는 것입니다. 기도를 통해, 하나님을 막연하게 생각과 분위기로만 이해하는 것이 아니라 가까이 다가가 하나님의 실재를 확신하고 하나님을 이해하는 존재로 서게 됩니다. 기도하는 사람만이 하나님을 만납니다. 기도하는 사람은 하나님과 항상 대면하기 때문에 교만하지 않습니다. 기도를 통하여 하나님을 만나고 은혜를 받을 때 비로소 자기 자신을 발견하고, 완전히 자신을 드리는 사람으로 바뀝니다. 그러므로 기도는 사람이 마땅히 서야 할 자리에 서게 해줍니다. 그뿐 아니라 기도는 하나님의 능력을 자신의 능력으로 바꾸게 합니다. 기도하는 사람만이 영적인 싸움에서 승리하여 자유를 누립니다. 그리고 좀더 나은 경지로 올라가게 됩니다.

3. 주님을 닮아 가는 훈련을 계속하라(7-8절)

"망령되고 허탄한 신화를 버리고 경건에 이르도록 네 자신을 연단하라 육체의 연단은 약간의 유익이 있으나 경건은 범사에 유익하니 금생과 내생에 약속이 있느니라."

● 경건의 의미

경건이라고 하면 우리는 흔히 술 마시지 않고, 담배 피지 않고, 거짓말하지 않고, 도둑질하지 않는 등 무엇을 하지 않는 것이라고 생각합니다. 물론 그것도 경건의 일부입니다. 그러나 참된 경건은 소극적으로 무엇을 하지 않는 것 이상을 의미합니다. 영어 성경에서 '경건'이라고 번역한 단어는 'godliness'인데 분석해 보면 'God+ly+ness'입니다. 한마디로 경건이란 적극적인 의미를 지닌 말로 '하나님의 품성과 인격을 닮는 삶'을 가리킵니다.

창세기를 보면, 하나님은 인간을 자신의 형상대로 지으셨습니다. 이 '하나님의 형상'은 외적인 모양이 아니라 인격이며 도덕적 측면을 가리킵니다. 하나님이 거룩하고 사랑이신 것처럼 인간도 거룩한 존재, 사랑의 존재로 지으셨다는 것입니다.

그러나 그 거룩한 형상은 인간이 범죄 하면서 깨어졌습니다. 깨어진 형상을 회복시키기 위해 예수님께서 십자가를 지셨습니다. 그러므로 누구든지 예수 그리스도를 영접하는 순간 하나님의 형상이 회복되기 시작합니다. 그리고 구원받은 날부터 주님을 닮아 가는 작업을 하는 것이 신앙생활입니다. 그러므로 오늘 본문에서 경건에 이르기를 연습(연단)한다는 것은 주님을 닮아 가는 훈련을 한다는 뜻입니다.

● **경건의 연습**

여기서 '연단'(연습)이라는 단어는 당시 운동선수들이 사용하던 용어였습니다. 바울은 경건 훈련의 모습을 고린도전서 9장 24-25절에서 이렇게 기록하였습니다.

> "운동장에서 달음질하는 자들이 다 달릴지라도 오직 상을 받는 사람은 한 사람인 줄을 너희가 알지 못하느냐 너희도 상을 받도록 이와 같이 달음질하라 이기기를 다투는 자마다 모든 일에 절제하나니 그들은 썩을 승리자의 관을 얻고자 하되 우리는 썩지 아니할 것을 얻고자 하노라."

특별히 경건 훈련에서 절제를 강조하고 있습니다. 그래서 고린도전서 9장 27절에서는 "내가 내 몸을 쳐 복종하게 함은 내가 남에게 전파한 후에 자신이 도리어 버림을 당할까 두려워함이로다"라고 고백합니다. 운동선수들이 승리를 위해 가혹한 훈련도 견디듯 그러한 열정을 가지고 주님을 닮으려고 노력한다는 고백입니다.

세계적인 스포츠 스타들은 모두 고통스러운 훈련의 과정을 통해 정상에 섰습니다. 경건 훈련도 결코 쉽지는 않습니다. 그만두려는 유혹을 끊임없이 받습니다. 그래서 바울 사도는 본문 8절에서 "육체의 연단은 약간의 유익이 있으나 경건은 범사에 유익하니 금생과 내생에 약속이 있느니라"라고 하면서 훈련이 힘들 때마다 경건의 유익을 기억하라고 말하고 있습니다.

● **로렌스 형제**(Brother Lawrence, 1614~1691)

프랑스 로렌 지방 에리메닐에서 니콜라 에르망(Nicolas Herman)이란 아이가 태어났습니다. 아이는 자라면서 충분히 배우지 못했고 어른이 되어서는 전쟁 중에 다리를 심하게 다쳤습니다. 수도사가 되는 것이 소원이었으나 번번이 수도원으로부터 거절당했습니다. 그러다 파리의 카르멜 수도원에 평신도 수사로 겨우 들어가면서 로렌스 형제로 불렸습니다.

그는 수도원에 들어갔으나 이내 실망했습니다. 수도원에서 그에게 맡겨진 일은 주방에서 설거지를 하는 것이었습니다. 그러나 그는 그 일을 하면서 하찮은 일상 가운데도 함께하시는 하나님을 깨닫게 되었습니다. 그때부터 겸손함으로 낮아진 로렌스는 하나님과 대화하기 시작했으며, 대화의 내용을 수도원장과 편지로 주고받았습니다. 그 내용을 훗날 로렌스가 죽고 나서 그의 평생의 벗이었던 조제프 드 보포르가 《하나님 임재 연습》(The Practice of the Presence of God)이라는 책으로 엮은 덕분에 우리는 지금 그가 남긴 믿음의 본을 따를 수 있게 되었습니다. 그는 여러 가지 아픔을 겪는 동안 놀랍도록 주님을 닮아 갔습니다. 로렌스를 만나는 사람들은 누구나 다 변했고 하나님의 임재를 느꼈습니다. 그가 식당에서 그릇을 닦고 있는 모습을 본 사람이 기록한 그의 일상입니다.

"로렌스는 경건함과 엄숙함으로 정성을 다하여 그릇을 하나하나 닦고 있었다. 주어진 임무를 마치고 부엌에서 무릎을 꿇고 있는 로렌스의 모습에서 하나님의 임재를 볼 수 있었다."

훗날 그는 처음에 자기를 거절한 수도원의 원장이 되어 하나님을 섬기며 살아가게 되었습니다. 이것이 경건의 내용이고 힘입니다.

● 무엇이 경건인가?

어느 목사님의 설교 중에서 들은 경험담입니다. 그 목사님이 시무했던 교회의 한 장로님은 1년 365일 동안 하루도 새벽기도회를 빠지는 법이 없었습니다. 그런데 한 가지 이상한 특징이 있었습니다. 새벽기도회에 나오는 길에 만나는 사람과는 누구에게도 인사를 하지 않고 받지도 않았습니다. 인사를 안 하는 이유가 퍽 재미있습니다. 하루를 시작하면서 거룩한 성전에 나아가 하나님께 먼저 인사를 드리기 전에 어떻게 길거리에서 만난 사람들과 인사를 나눌 수 있겠느냐는 것입니다.

또 어느 해 갑자기 쏟아지는 폭우로 교회 인근의 상가가 모두 물에 잠겼을 때의 일입니다. 동네 사람들이 교회에 양수기를 좀 빌려 달라고 했을 때 이 장로님이 거절했습니다. 하나님의 집에서 사용하는 거룩한 기물을 어떻게 교회 밖에서 사용할 수 있겠느냐는 것이었습니다. 그러나 성경이 말하는 경건의 모습은 결코 이런 것이 아닙니다.

우리가 본받고 배워야 할 것은 주님의 마음과 인격입니다. 바울은 빌립보서 2장 5-11절에서 그리스도 예수의 마음을 품으라고 권면하고 있습니다. 토마스 아 켐피스(Thomas a Kempis, 1380~1471)도 이 말씀에 붙잡혀 불후의 명작 《그리스도를 본받아》(The Imitation of Christ)라는 책을 썼습니다. 여러분, 우리가 본받아야 할 궁극적인 대상은 예수 그리스도입니다! 예수님을 본받는 훈련을 하면 놀라운 일이 일어납니다.

● '최후의 만찬'의 모델 이야기

12명의 제자들과 최후의 만찬을 가진 예수님의 모습을 묘사한 〈최후의 만찬〉이란 그림은 르네상스 시대의 대가인 레오나르도 다빈치(Leonardo Da Vinci, 1452~1519)가 그렸습니다. 1491년부터 1498년까지 무려 7년 동안 그린 이 그림은 현재 이탈리아 밀라노 지방의 한 수도원에 있습니다. 레오나르도 다빈치의 세계 제일의 걸작인 〈최후의 만찬〉에는 다음과 같은 일화가 숨겨져 있습니다.

1491년 교황은 새로 지어진 수도원의 벽화를 그릴 유명한 화가를 찾던 중, 당시 이탈리아에서 명성이 가장 높은 화가였던 레오나르도 다빈치를 불러 성경에 있는 예수님과 제자들과의 마지막 만찬 광경을 벽화로 그려 줄 것을 부탁했습니다. 다빈치는 그때부터 그림의 모델로 쓸 사람들을 찾아다녔으며, 오랜 탐색 끝에 1492년 예수의 모델이 될 만한 청순하고 선하게 생긴 19세의 젊은이를 찾아 본격적인 작업에 착수하였습니다. 그 후 6년 동안 예수의 제자 11명을 완성한 다빈치는 마지막으로 예수를 배반한 가룟 유다의 모델을 찾아다니게 되었는데, 다빈치가 가룟 유다의 모델을 찾는다는 소식을 들은 로마의 시장은 로마의 지하 감옥에서 사형을 기다리고 있는 수백 명의 죄수 중에서 모델을 찾아보라고 제안했습니다. 이에 다빈치는 로마에서 가장 잔인하고 악랄한 살인을 저지른 사형수들이 갇힌 감옥을 방문한 뒤, 그곳에서 사형을 기다리고 있던 한 죄수를 선택하였습니다. 그러고는 1,500년 전 유대 대제사장과 바리새인들에게 은 30을 받고 예수를 팔아넘긴 가롯 유다의 모델로 삼았습니다. 몇 달에 걸친 작업을 통해 가롯 유다의 모습까지 다 그린 뒤 드디어 〈최후의 만찬〉 그림이 완성되었습니다.

그런데 가롯 유다의 모델이었던 죄수가 그림 완성 후 감옥으로 돌아가면서 다빈치에게 다가와 자신을 모르겠냐고 물었습니다. 다빈치가 그 죄수를 알 리가 없었습니다. 모르겠다고 하자 젊은이는 다빈치가 완성한 〈최후의 만찬〉의 예수님을 가리키며 말했습니다. "저기 저 그림 속에 그려진, 6년 전 예수의 모델이 바로 나였소." 예수의 모델이 될 만큼 아름답고 고상한 모습이었던 청년이 무절제와 타락의 길을 걸어 비열한 배신자의 모습으로 변하는 데는 불과 6년 남짓밖에 걸리지 않았던 것입니다.

● 쉬면 안 되는 이유

언젠가 오전에 허리 수술을 앞둔 성도의 가정을 심방하였습니다. 오랫동안 허리통증으로 고생한 걸 알기에 이번 수술이 잘되기를 간절히 기도하였습니다.

그런데 심방 예배를 마치면 대개 간단한 다과를 대접합니다. 그리고 성도들은 목회자가 자신들이 차려 놓은 음식을 많이 먹는 것을 원합니다. 그 성도도 저에게 많이 먹으라고 권했습니다. 저는 습관적으로 과체중 때문에 많이 먹으면 안 된다고 사양하였습니다. 그러자 같이 간 권사님이 이렇게 말했습니다.

"맞아요. 목사님 요즘 너무 찌셨어요. 좀 빼셔야 해요."

빼야 하는 줄은 알고 있었지만 그 말씀을 듣자 정신이 번쩍 났습니다. 주일이 지나고 월요일을 맞았습니다. 새벽기도 후에 작심을 하고 배낭을 꾸렸습니다. 얄미운 지방을 불태우기로 작정한 것입니다. 결연한 의지로 무의도에 있는 호룡곡산을 단숨에 올랐습니다. 아침 이른 시간이라 제가 1등으로 올랐습니다. 하산해 보니 살이 빠진 것 같지 않았습니다.

이어서 자전거로 지방을 태우기로 마음먹었습니다. 차에 싣고 간 자전거를 꺼내 달리기 시작했습니다. 15km 지점에서 반환하여 돌아오려는데 다리가 아팠습니다. 18km 지점에 이르러 결국 문제가 생겼습니다. 다리에 쥐가 나서 넘어진 것입니다. 한참을 주물러도 별로 달라지지 않았습니다. 차를 주차한 곳까지는 12km를 더 가야 하는데 정말 암담했습니다. 그 후의 고생은 안 봐도 비디오일 것입니다. 눈물 없이는 볼 수 없는 장면들이었습니다. 왜 쉬면 안 되는지를 냉큼 알아 버렸습니다. 건강을 위해 1년 정도 자전거를 타고 연습하며 연마하여 작년 11월경에는 평균 시속 25km로 45km를 쉬지 않고 달렸습니다. 그러나 추운 겨울 두 달 쉬었더니 완전 몸이 초기화되어 있었습니다.

여러분, 오른팔이 더 강할까요, 왼팔이 더 강할까요? 정답은 많이 쓰는 팔입니다. 오른쪽이든 왼쪽이든 많이 쓰는 팔이 강합니다. 그것은 쉬지 않고 계속해서 사용했기 때문입니다. 쉬지 말고 경건 훈련을 계속하십시오. 마침내 그리스도의 장성한 분량에 이를 것입니다.

당신에게 생기가 들어가기를!
호흡하세요

●

에스겔 37:1-14

⋮

● 호흡하세요 그리고 미소 지으세요

타라 브랙의 《호흡하세요 그리고 미소 지으세요》는 우리 주변에서 누구나 겪는 삶의 고난을 이야기하고 있습니다. 임종을 앞둔 남편을 간병하는 아내, 갈등하는 부부, 육아로 지친 엄마, 암 투병의 외로움과 고통, 사랑받지 못한 어린 시절의 상처로 괴로워하는 사람들, 알코올 중독, 성적 무능에 대한 공포, 직장에서 겪는 스트레스, 서로 불평하고 비난하는 가족, 끊임없는 자기혐오, 통제되지 않고 폭발하는 분노, 사랑하는 사람을 잃은 슬픔, 소통하지 못하는 수다, 이상과 현실의 괴리, 직업과 외모로 인한 차별과 열등감 등 누구도 피할 수 없는 삶의 고난과 역경의 이야기들을 다루고 있습니다.

많은 사람들이 이런 고난 앞에서 두려움에 사로잡히거나, 분노하거나, 자기 비난에 빠지거나, 술이나 음식에 의존하며 괴로움에서 도망치려고 합니다. 하지만 이런 행동들은 그릇된 귀의처로 잠깐의 위안이 될 뿐, 결국 더 큰 괴로움을 불러옵니다.

저자 타라 브랙은 '삶이 고통스럽다는 것은 사실이지만 그것이 진실은 아니다'라고 말합니다. 고통만 바라보고 고통에 빠져 매몰되지 말고, 내면의 참된 자신을 믿으며 자신이 살고 있는 이 순간의 삶 그 자체에 깨어 있으라고 권면합니다.

이 책에서 타라 브랙은 불치의 유전병으로 투병하고 있는 자신의 이야기뿐 아니라 그녀의 내담자, 수련생, 지인들이 실제로 겪은 다양한 이야기를 통해서 그것으로부터 벗어나는 여러 가지 명상법과 성찰법을 소개하고 있습니다. 그중 하나가 'RAIN' 명상법입니다. '지금 일어나고 있는 것을 인식하고(Recognize), 삶을 있는 그대로 허락하고(Allow), 내면의 경험을 다정하게 조사하고(Investigate), 동일시하지 말라(Non-identification)'는 것입니다. 실제로 수많은 내담자들이 이 방법을 통해 삶을 있는 그대로 인식하며 고통에서 벗어났다고 말합니다.

타라 브랙이 이런 명상법을 영혼이 호흡하는 방법이라고 소개 하는 이유는 그녀가 불교 수행자이기 때문입니다. 서양의 심리상담가들 중에 불교 수행자로 수십 년 동안 수행하며 서양인들에게 심리치료를 가르치는 사람들이 있습니다. 타라 브랙을 비롯해 조셉 골드스타인(Joseph Goldstein), 잭 콘필드(Jack Kornfield), 카루나 케이턴(Karuna Cayton) 등이 바로 그들입니다. 이들은 모두 심리치료사이면서 불교의 가르침과 명상을 심리치료의 근간으로 삼고 있습니다. 이런 가르침은 하나님의 말씀에 비추어 볼 때 감정적인 위약 효과는 있을지언정 생명의 호흡은 일어나지 않습니다.

그렇다면 성경적인 호흡법은 무엇일까요? 오늘 본문에서 에스겔 선지자가 그 비결을 가르쳐 줍니다.

1. 여호와의 말씀을 들으라 (4-5절)

"또 내게 이르시되 너는 이 모든 뼈에게 대언하여 이르기를 너희 마른 뼈들아 여호와의 말씀을 들을지어다 주 여호와께서 이 뼈들에게 이같이 말씀하시기를 내가 생기를 너희에게 들어가게 하리니 너희가 살아나리라."

● **민족적인 절망**

하나님의 말씀을 바로 이해하기 위해서는 그 배경을 알아야 합니다. 본문의 배경은 남왕국 유다의 멸망입니다. 이 시대적인 비극을 이해하지 않고 에스겔을 문자적으로 읽으면 엉뚱한 해석을 하게 됩니다. 주전 605년, 느부갓네살이 바벨론의 왕위에 오른 후 근동의 대부분을 지배하였습니다. 대제국을 건설한 느부갓네살은 주전 597년, 오랜 포위 끝에 마침내 예루살렘을 점령하고, 왕과 많은 귀족을 포로로 잡아갔습니다. 제사장 가문이었던 에스겔도 바벨론으로 끌려간 사람들 가운데 하나였습니다.

그때 하나님의 말씀을 전하도록 선지자로 부르심을 받은 에스겔은 비관적인 예언을 합니다. 지금의 침략은 끝이 아니며 아직 유다에 살고 있는 나머지 사람들도 곧 사로잡히고 말 것이라고 예언했습니다. 그리고 그 예언대로 기원전 586년 남왕국 유다는 바벨론에 완전히 망하고 쓸 만한 인재들과 귀족들은 모조리 포로로 잡혀갔습니다. 바벨론에서의 70년 포로 생활이 시작된 것입니다. 도저히 대적할 수 없는 대제국에 짓밟힌 이스라엘 백성들의 심정은 어떠했을까요? 그것은 한마디로 해골, 마른 뼈의 상태가 아니었겠습니까? 그들은 죽음보다 더 깊은 절망에 빠져 있었습니다. 이때의 심정이 시편에 기록되어 있습니다.

"우리가 바벨론의 여러 강변 거기에 앉아서 시온을 기억하며 울었도다
그중의 버드나무에 우리가 우리의 수금을 걸었나니 이는 우리를 사로

잡은 자가 거기서 우리에게 노래를 청하며 우리를 황폐하게 한 자가 기쁨을 청하고 자기들을 위하여 시온의 노래 중 하나를 노래하라 함이로다"(시 137:1-3).

● **희망을 가지라!**

하나님께서 에스겔 선지자에게 이 환상을 보여 주신 이유를 본문 11-13절에서 말씀하십니다.

"또 내게 이르시되 인자야 이 뼈들은 이스라엘 온 족속이라 그들이 이르기를 우리의 뼈들이 말랐고 우리의 소망이 없어졌으니 우리는 다 멸절되었다 하느니라 그러므로 너는 대언하여 그들에게 이르기를 주 여호와께서 이같이 말씀하시기를 내 백성들아 내가 너희 무덤을 열고 너희로 거기에서 나오게 하고 이스라엘 땅으로 들어가게 하리라 내 백성들아 내가 너희 무덤을 열고 너희로 거기에서 나오게 한즉 너희는 내가 여호와인 줄을 알리라."

11절을 보면 이 뼈들은 현재 완전히 절망에 빠진 이스라엘 백성을 의미한다고 말씀합니다. 그렇기에 이 뼈들이 살아날 수 있겠느냐고 물으신 것은 나라의 멸망으로 인한 절망을 치유하시려는 메시지인 것입니다. 절망을 걷어 내고 하나님이 주시는 희망으로 살게 하시려는 계획입니다.

그들이 희망을 가져야 하는 다른 이유는 없습니다. 그들에게는 회복할 만한 능력이 없습니다. 정치적인 역학 관계를 풀 수 있는 능력도 없습니다. 경제적인 방법이나 여타 방법이 있어서 희망을 가지라는 게 아닙니다. 그들이 희망을 가져야 하는 이유는 단 한 가지입니다. 여호와가 그들의 하나님이기 때문입니다. 그래서 본문 13절에서 선포합니다.

"내 백성들아 내가 너희 무덤을 열고 너희로 거기에서 나오게 한즉 너희는 내가 여호와인 줄을 알리라."

여호와가 함께하면 죽은 뼈도 살아날 수 있기에 희망을 가지라는 것입니다. 여기에 분명한 메시지가 있습니다. 모든 그리스도인은 희망을 지니고 살아야 합니다. 하나님은 살리시는 하나님이시기 때문입니다. 우리의 희망의 근거는 오직 하나님입니다.

● 말씀의 능력, 살리는 힘

하나님은 마른 뼈들을 보여 주고 이것들이 살겠느냐고 질문하신 후에 에스겔 선지자에게 명령하십니다. "대언하라!" 죽은 뼈들에게 하나님의 말씀을 전하라는 것입니다. 하나님의 말씀이 그 뼈들에게 들어가면 뼈들이 살아날 것이라고 약속합니다.

다양한 설교 대상이 있겠지만 이렇게 해골과 뼈들을 놓고 설교한다면 참 막막할 것 같습니다. 그래도 에스겔은 하나님의 명령대로 대언합니다. 그러자 뼈들이 움직이는 소리가 나더니 서로 인체조직으로 연결되고 살이 붙고 다시 살아났습니다.

여기에 중요한 하나님의 메시지가 있습니다. 절망 중에 있는 개인을 살리고, 가정을 살리고, 교회를 살리고, 나라를 살리는 것은 어떤 정치적인 수단이 아니라는 것입니다. 오직 하나님의 말씀이 그렇게 할 수 있다는 사실을 알려 주십니다. 우리 믿는 그리스도인은 하나님의 말씀의 능력을 믿어야 합니다. 말씀으로 돌아가야 합니다. 살리는 능력이 말씀에 있다는 것은 교회 역사를 통해서 여러 나라와 민족들과 성도들에게서 증명되었습니다. 마른 뼈가 살아나기 위해서는 하나님의 말씀을 들어야 합니다.

진실로 하나님의 말씀은 살리는 힘이 있습니다. 예수님은 "죽은 자들이 하나님의 아들의 음성을 들을 때가 오나니 곧 이때라 듣는 자는 살아나리라"(요 5:25)라고 하셨습니다. 예수님은 공생애 사역 중에 세 번 죽은 사람을 살리셨습니다. 나사로는 죽은 지 4일이나 지났으며 심지어 부패하여 심한 냄새가 났지만 예수님의 '나사로야 나오너라' 하시는 말씀을 듣고 무덤에서 다시 살아났습니다.

● **성경을 깨닫게 하신 예수님**

예수님은 부활하신 후에 제자들에게 오셔서 먼저 성경을 풀어 주셨습니다. 엠마오로 가는 제자들에게도 나타나셔서 먼저 성경을 풀어 주셨습니다.

> "그들이 서로 말하되 길에서 우리에게 말씀하시고 우리에게 성경을 풀어 주실 때에 우리 속에서 마음이 뜨겁지 아니하더냐 하고"(눅 24:32).
> "또 이르시되 내가 너희와 함께 있을 때에 너희에게 말한바 곧 모세의 율법과 선지자의 글과 시편에 나를 가리켜 기록된 모든 것이 이루어져야 하리라 한 말이 이것이라 하시고 이에 그들의 마음을 열어 성경을 깨닫게 하시고"(눅 24:44-45).

예수님은 그 감동의 순간에 왜 하나님의 말씀을 풀어 주는 일을 먼저 하신 것일까요? 여기에 중요한 뜻이 있습니다. 죽음 권세를 깨뜨리고 무덤에서 나오신 예수님은 다시 사는 능력이 어디에서 나오는지를 상징적으로 보여 주신 것입니다. 하나님의 말씀이 들어가야 살아납니다.

● 아버지 말에 순종한 펠레

인류 역사상 최고의 축구 선수는 브라질의 펠레입니다. 펠레는 천재적인 선수로 열일곱 살 때 스웨덴 월드컵에 출전하여 조국에 우승컵을 안겨 주었고, 이후에도 여러 번 월드컵에서 우승을 차지했습니다.

펠레의 아버지는 병원 화장실 청소부였고 집이 매우 가난하였습니다. 축구를 좋아한 아버지는 아들이 축구에 자질이 있다는 것을 알고 축구를 하게 했습니다. 하루는 펠레가 담배를 피우다 아버지에게 들켰습니다. 제대로 먹이지도 못하면서 아들에게 축구를 시키는데, 그 아들이 담배를 피우니 아버지의 마음이 어떠했겠습니까? 그러나 아버지는 화를 내는 대신 낡은 지갑에서 돈을 꺼내어 그에게 주며 말했습니다.

"아들아, 이것은 담배 한 갑 값이다. 아버지의 말을 잘 들어라. 네가 담배를 피우고 술을 마시며 축구를 하면 절대로 세계적인 선수가 될 수 없다. 축구를 하려면 90분간 피곤을 모르고 뛸 수 있는 체력이 있어야 한다. 그러려면 술이나 담배를 하면 안 된다. 술, 담배를 하면 몸이 망가져서 그렇게 뛸 수가 없다. 너 이 돈으로 담배를 즐기면서 무명한 사람이 되고 싶니, 아니면 담배와 술을 끊고 세계적인 선수가 되고 싶니?"

펠레는 아버지에게 돈을 돌려주며 말했습니다. "이제 담배 안 피울게요. 술도 안 마실게요." 그때부터 술과 담배를 끊고 체력을 연마하고 연습하여 그는 열일곱 살에 세계 최고의 선수가 되었습니다.

● **순종의 능력**

여러분, 육신의 아버지의 조언을 받아들여도 그렇게 되는데, 하물며 하늘 아버지의 말씀에 순종하면 어떻게 되겠습니까? 말씀대로 순종하면 안 될 일이 없습니다. 무슨 일을 하든지 하나님의 말씀을 듣고, 그대로 받아 그대로 하면 안 될 일이 없습니다.

사랑하는 여러분! 하나님의 말씀은 살아 있고 운동력이 있습니다. 사람을 변화시킵니다. 그러므로 하나님의 말씀을 사모하시기 바랍니다. 말씀을 듣고 그 말씀에 자신을 맡길 때 우리 영혼이 살아나는 기적이 일어납니다.

> "죽은 자들이 하나님의 아들의 음성을 들을 때가 오나니 곧 이때라 듣는 자는 살아나리라"(요 5:25).

하나님의 말씀을 들을 때 우리 영혼이 살아납니다. 말씀이 역사하는 곳에는 반드시 변화가 일어납니다. 하나님은 말씀으로 천지를 창조하셨고, 예수님께서도 말씀으로 풍랑을 잔잔케 하시고 병든 자들을 고치셨습니다. 말씀은 변화를 일으키는 능력입니다.

우리의 문제는 말씀을 읽지 않는 데 있는 것이 아니라 말씀이 내 안에서 역사하지 않는 데 있습니다. 하나님의 말씀이 내 안에서 믿어지지 않아 말씀의 감동과 은혜가 없습니다. 말씀대로 살아가려는 의지가 약한 것이 문제입니다. 하나님의 말씀을 받아들여야 합니다. 하나님의 말씀이 내 안에서 역사할 때 나의 생각과 말과 가치관과 행동이 변화됩니다. 말씀이 교회 안에서 역사할 때 교회는 하나님의 영광을 드러내는 교회가 됩니다. 말씀이 가정 안에서 역사할 때 행복한 가정으로 변합니다. 말씀이 사회 속에서 역사할 때 죄인들이 하나님께 돌아오는 역사가 일어납니다.

이제 더는 마른 뼈로 남아 있어서는 안 됩니다. 하나님의 말씀을 들어야 합니다. 믿음과 뜨거운 가슴으로 하나님의 말씀을 받아들여야 합니다. 그리할 때 마른 뼈에 힘줄과 살이 돋아나고 가죽이 덮이는 변화가 일어납니다. 하나님의 말씀은 마른 뼈와 같은 존재를 하나님의 강력한 군대로 만드는 능력이 있음을 믿으시기 바랍니다.

2. 생기가 들어가게 하라(9-10절)

"또 내게 이르시되 인자야 너는 생기를 향하여 대언하라 생기에게 대언하여 이르기를 주 여호와께서 이같이 말씀하시기를 생기야 사방에서부터 와서 이 죽음을 당한 자에게 불어서 살아나게 하라 하셨다 하라 이에 내가 그 명령대로 대언하였더니 생기가 그들에게 들어가매 그들이 곧 살아나서 일어나 서는데 극히 큰 군대더라."

● 생기를 향하여 대언하라는 명령

하나님께서는 에스겔에게 하나님이 주신 말씀을 선포하라고 하셨습니다. 에스겔이 말씀을 선포하자 마른 뼈들이 살아났는데 그 속에 생기는 없었습니다. 하나님은 다시 선포하라고 하십니다.

"내게 이르시되 인자야 너는 생기를 향하여 대언하라 생기에게 대언하여 이르기를 주 여호와께서 이같이 말씀하시기를 생기야 사방에서부터 와서 이 죽음을 당한 자에게 불어서 살아나게 하라"(9절). 다시 선포하는 순간 무슨 일이 일어납니까?

"이에 내가 그 명령대로 대언하였더니 생기가 그들에게 들어가매 그들이 곧 살아나서 일어나 서는데 극히 큰 군대더라"(10절) 하나님은 마른 뼈가 살아나 큰 군대를 이루는 일의 마지막에 그들에게 생기가 들어가게 하십니다. 생기가 들어가야 진정한 이스라엘의 회복이 이루어지는 것입니다. 생기가 들어가야 진정한 개인의 회복이 이루어지는 것입니다. 그렇다면 육체가 진정한 살아 있는 군대가 되게 하는 이 생기란 무엇일까요?

● 생기는 성령이다

에스겔 37장 5절에 "주 여호와께서 이 뼈들에게 이같이 말씀하시기를 내가 생기를 너희에게 들어가게 하리니 너희가 살아나리라"라고 했습니다. 여기서 '생기'는 히브리말로 '루아흐'인데 '영'(sprit)이라는 뜻의 단어입니다. 창세기 2장 7절에서 '하나님이 아담을 흙으로 빚으시고 그 코에 생기를 불어넣으시니 생령이 되었다'라고 할 때 사용된 단어가 '루아흐'입니다. 이 단어는 신약에서 '성령'(프뉴마)으로 번역되었습니다. 곧 하나님의 영입니다. 하나님의 성령이 역사할 때 우리의 죽은 영혼이 살아납니다.

주님은 우리가 살아나도록 생기를 불어넣어 주시는 분입니다. 요한복음 20장의 부활 기사를 보면, 부활하신 예수님은 제자들에게 나타나셔서 손의 못 자국과 옆구리의 창 자국을 보여 주시며 부활의 사실을 확인시켜 주십니다. 그러자 제자들도 마침내 두려움을 벗고 함께 기뻐합니다. 예수님은 여기서 한 가지 행동을 더 하십니다.

"예수께서 또 이르시되 너희에게 평강이 있을지어다 아버지께서 나를 보내신 것같이 나도 너희를 보내노라 이 말씀을 하시고 그들을 향하사 숨을 내쉬며 이르시되 성령을 받으라"(요 20:21-22).

예수님은 죽음의 공포에 사로잡혀 있던 제자들에게 성령을 불어넣어 주십니다. 부활의 실체는 성령입니다. 성령이 들어가면 죽은 자도 살아납니다. 그것은 제자들의 사역을 통해서 증명되었습니다. 주님께서 승천하신 후 오순절이 이르자 제자들이 주님이 약속하신 성령을 체험했습니다. 그리고 놀라운 일이 벌어졌습니다. 제자들이 살아난 것입니다. 제자들이 예수님이 하시던 일을 하게 되었습니다. 마른 뼈는 다시 살아날 수 있습니다. 성령이 들어가면 살아납니다.

짐 그레이엄 목사는 안수를 받고 12년 동안 목회를 하였습니다. 어느 날 우연히 젊은 목사를 만났는데 그에게서 말로 표현할 수 없는 어떤 능력을 느꼈습니다. 생명에서 솟아 나는 자신감도 보았습니다. 짐 그레이엄 목사는 자기에게는 없는 것이 그에게 있는 것을 보았습니다. '왜 내게는 없을까' 고민하기 시작하였습니다. 어느 날 설교 준비를 하던 중 갑자기 눈물이 터져 나왔습니다. 짐 그레이엄 목사는 그때 자신이 하나님의 생기를 받았노라고 고백합니다. 하늘의 능력과 기쁨이 자신 안에 들어오는 것을 느꼈습니다. 그때부터 그의 교회는 부흥하기 시작하였습니다.

● 생명의 영

성령은 메말라 있는 심령들에게 생명을 주십니다. 하나님의 영은 살리는 영입니다. 마른 뼈들에게 생기가 들어가자 살아 일어났습니다. 스스로 삶을 영위할 수 있는 역사가 일어났습니다. 더는 마른 뼈들이 아니었습니다. 새로운 생명체로서 살아가게 되었습니다. 성령의 역사를 통한 결과입니다.

성령이 역사하는 곳에는 반드시 생명의 역사가 나타납니다. 성령은 생명을 낳는 부흥의 역사를 가져옵니다. 마른 뼈들은 아무리 많이 있어도 무익하고 무능할 수밖에 없습니다. 그러나 성령을 통하여 생명을 받을 때 마른 뼈들도 일어나 큰 군대를 이룰 수 있습니다.

하나님은 우리를 결코 포기하지 않으십니다. 도리어 실패한 우리를 회복시키기를 원하십니다. 그러므로 인생에서 중요한 것은 얼마나 성공하는지가 아니라, 성령이 내 안에서 얼마나 크게 역사하시는가 하는 것입니다.

성령 없이 신앙생활하는 것은 휘발유 없는 차를 운전하는 것과 같습니다. 내가 차를 밀고 끌면서 간다면 얼마나 힘이 들겠습니까? 그러면 신앙생활은 무거운 짐이 됩니다. 교회 다니는 것이 큰 부담입니다. 성령 없이 신앙생활을 하면 아주 괴롭고 그 삶은 죽은 것과 같습니다.

우리는 기도할 때 성령의 능력을 받습니다. 성령으로 우리 죽었던 영혼이 다시 살아납니다. 그러므로 우리는 성령을 받고 살아야 합니다. 성령의 음성을 들어야 합니다. 성령의 능력을 받아야 합니다. 성령의 능력을 받고 성령의 인도를 따라 살려면 기도해야 합니다. 기도하지 않고는 성령을 받을 수 없습니다. 기도를 통하여, 말씀을 통하여 성령의 능력을 힘입으시기 바랍니다.

● 마른 뼈를 쓰시는 하나님

아브라함은 '나는 늙어서 자녀를 낳을 수 없다'라고 생각했습니다. 그것이 아브라함의 현실이었습니다. 그러나 하나님은 "내가 너로 큰 민족을 이루게 하겠다"라고 말씀하십니다. 마침내 아브라함은 많은 민족의 조상이 되었습니다. 모세는 하나님께 '나는 말을 잘 못해서 지도자가 될 수 없다'라고 말했습니다. 그것이 모세의 현실이었습니다. 그러나 하나님은 "내가 할 말을 가르쳐 주겠다"라고 하십니다. 모세는 마침내 이스라엘의 지도자가 되었습니다. 기드온은 하나님께 '나는 별 볼 일 없는 집안에다 소심한 사람이어서 안 된다'라고 했습니다. 그것이 기드온의 현실이었습니다. 그러나 하나님은 "내가 너로 큰 용사가 되게 하겠다"라고 하십니다. 마침내 기드온은 300명의 용사로 13만 5천 명을 이겼습니다. 그리고 용사가 되었습니다.

우리 자신을 보면 안 될 이유가 100가지는 됩니다. 그러나 하나님이 보시면 그런 우리에게도 될 이유가 더 많습니다. 하나님은 우리를 그렇게 사용하시려고 이 땅에 보내셨기 때문입니다. 그래서 하나님은 우리의 소망입니다. 우리가 '나 같은 것이 무엇을 하겠습니까? 이대로 살다가 말겠지요' 하면서 절망하고 슬퍼할 때도 하나님은 "아니다. 나는 너를 귀하게 세울 것이다. 내가 너를 축복하고 사용할 것이다"라고 말씀하십니다. 그러기 위해서는 우리의 삶 속에서 들려주시는 하나님의 음성을 듣고 그분과 함께 일어서는 존귀한 성도들이 되어야 합니다.

오늘 우리 중에도 마른 뼈 같은 성도가 있을지 모릅니다. 육체의 질병으로 소망을 잃어버린 분, 경제적으로 오랜 어려움을 겪고 있는 분, 그러면서 마음이 힘들어 삭막한 사막같이 되어 버린 분도 있을 것입니다. 부부지간에 사랑이 말라 버리고 마음에는 가시나무만 무성하게 자라서 그 가시로 서로를 찌릅니다. 자식을 바라보면 속이 타는 사람도 있습니다. 모두 마른 뼈가 되어 버린 것입니다. 소망을 보고 웃고 싶은데 절망에 압도되고 말았습니다. 우리 인생을 언제까지 이렇게 살겠습니까? 하나님께서도 '네 인생도 마른 뼈다귀같이 다 틀렸다' 그러실까요?

자신을 바라보면 절망뿐입니다. 길이 보이지 않습니다. 그러나 하나님을 바라보면 답이 나옵니다. 소망이 보입니다. '나는 길을 모르겠으나 하나님은 내 길을 알고 계신다. 하나님이 나를 단련하신 후에 순금같이 되게 하실 것이다. 그렇다면 낙심할 이유가 전혀 없다. 소망이 보인다. 가자!' 이것이 믿음입니다. 내 하나님을 믿는 믿음입니다. 하나님은 오늘 말씀을 통해서 '너는 살 것이다'라고 선언하십니다. 여러분도 그분을 바라보시기 바랍니다.

● 펄 벅 어머니의 신앙

노벨 문학상을 받은 펄 벅(Pearl S. Buck) 여사는 〈어머니의 초상〉(*The Exile*)이라는 작품에서 자신의 어머니에 대해 이렇게 회고하였습니다.

> "내 어머니는 22세에 결혼하여 영문도 모른 채 중국에 선교사로 가는 남편을 따라나섰습니다. 날마다 직면하는 굶주림과 생명의 위협 속에서도 일곱 명의 아이를 낳으셨는데, 그중 네 명이 병들어

어머니 앞에서 죽어갔습니다. 그녀는 가난과 질병, 고독과 박해와 싸우면서 눈물의 골짜기를 헤쳐 나가야만 하였습니다.

그러나 나와 형제들은 어머니의 그 눈물 어린 고통을 미처 깨닫지 못했습니다. 왜냐하면 어머니의 얼굴 그 어느 곳에서도 고난의 어두운 그림자를 찾아볼 수 없었기 때문입니다. 어머니는 우리를 조금이라도 즐겁게 해주시려고 언제나 쾌활하게 노래를 불러 주셨고, 잡지 같은 데서 재미있는 그림을 찾으면 오려 두었다가 우리의 방을 예쁘게 꾸며 주셨습니다. 그리고 낡은 옷이었지만 그 옷에 꽃무늬 하나라도 손수 달아 주시고, 옷을 갈아입을 때면 마치 새 옷을 입는 것처럼 아주 깨끗하게 세탁해 놓으심으로 우리가 항상 즐거운 마음을 가질 수 있도록 세심하게 보살펴 주셨습니다."

펄 벅 여사의 어머니 같은 모습이 이 땅에서 살아가는 그리스도인의 모습이어야 합니다. 우리의 모습 속에서 절망스러운 얼굴을 거두어야 합니다. 우리의 입술에서 우울한 노래, 슬픈 노래를 멈추어야 합니다. 어두운 그림들을 다 치워야 합니다. 자녀들에게 절망의 이야기, 근심의 이야기를 멈추고 희망의 이야기를 들려주어야 합니다.

"베드로가 이르되 너희가 회개하여 각각 예수 그리스도의 이름으로 세례를 받고 죄 사함을 받으라 그리하면 성령의 선물을 받으리니 이 약속은 너희와 너희 자녀와 모든 먼 데 사람 곧 주 우리 하나님이 얼마든지 부르시는 자들에게 하신 것이라"(행 2:38-39).

3. 군대의 사명을 감당하라 (11-12절)

"또 내게 이르시되 인자야 이 뼈들은 이스라엘 온 족속이라 그들이 이르기를 우리의 뼈들이 말랐고 우리의 소망이 없어졌으니 우리는 다 멸절되었다 하느니라 그러므로 너는 대언하여 그들에게 이르기를 주 여호와께서 이같이 말씀하시기를 내 백성들아 내가 너희 무덤을 열고 너희로 거기에서 나오게 하고 이스라엘 땅으로 들어가게 하리라."

● **하나님의 질문**

본문 1-3절에서 여호와께서 에스겔에게 골짜기의 마른 뼈에 대한 환상을 보여 주십니다. 그 골짜기에는 마른 뼈가 가득하였습니다. 그리고 에스겔 선지자에게 엉뚱한 질문을 하십니다. '이 뼈들이 능히 살 수 있겠느냐?'(3절) 하나님께서 에스겔 선지자에게 이렇게 물으신 데는 좀더 구체적인 의도가 있습니다.

● **희망의 선포자가 되라**

첫째로, 희망의 선포자로 살라는 것입니다. 본문 1-2절의 말씀을 보십시오. 하나님의 손이 에스겔을 붙잡고 어느 골짜기로 데리고 가셨습니다. 그 골짜기에는 뼈들이 매장되지 못한 채 살은 이미 썩어 없어졌고, 서로 탈골되어 오랜 세월 동안 비바람에 삭아서 바짝 말라 널부러져 있었습니다. 에스겔이 간 그 골짜기는 킬링필드(Killing field), 즉 죽음의 땅이었습니다. 그곳은 죽음만이 지배하고 침묵마저도 지쳐 버린, 죽음의 그림자가 짙게 드리워진 곳으로서 시커먼 까마귀가 한 점의 썩은 고기조차 얻지 못하는 곳이었습니다.

하나님께서는 그곳으로 에스겔을 이끌고 가셔서 그 골짜기 가운데 세우시더니, 이윽고 그 뼈 사방으로 지나게 하셨습니다. 원문에는 '사방으로'를 뜻하는 '사비브'(סביב)가 두 번이나 반복해서 나옵니다. 즉, 하나님은 에스겔로 하여금 그 골짜기에 가득한 뼈들을 이쪽 끝에서 저쪽 끝까지, 또 저쪽 끝에서 이쪽 끝까지 하나도 남김없이 샅샅이 살피도록 하셨다는 의미입니다.

왜 그랬을까요? 가까이에 있는 뼈들만 보아도 저 멀리 있는 뼈들이 사람의 뼈라는 것을 금방 알 수 있는데 왜 일부러 뼈 사이사이를 지나게 하셨을까요? 그 뼈들을 다 보려면 상당히 많은 시간이 소요될 텐데 하나님께서는 왜 그 긴 시간을 기다리면서 에스겔로 하여금 일일이 뼈들을 살피게 하셨을까요? 그것은 에스겔이 완전한 죽음을 직접 눈으로 확인하기를 원하셨기 때문입니다.

여러분, 우리가 지금 있는 곳은 어디입니까? 하나님께서 우리를 세워 두신 곳은 어디입니까? 또한 우리 눈앞에 펼쳐져 있는, 하나님께서 우리에게 보여 주시는 것은 어떤 장면입니까? 혹시 이 자리에 있는 우리 가운데 죽어 있는 형제와 동족의 모습이 보이지 않는 분이 있지는 않습니까? 하나님께서는 우리를 부르실 때 새카맣게 썩어 버린 그 생명을 되찾기 위해 우리를 택하셨고 또한 우리의 삶의 자리에 보내셨습니다. 우리는 우리에게 맡겨 주신 생명들을 두루 살펴야 합니다. 혹시 세상일로 상한 심령은 없는지, 교회 일에는 열심이지만 진정 예수 그리스도를 인격적으로 만나지 못한 성도는 없는지, 겉은 생생하게 살아 있는 듯하지만 실상은 숨 쉬지 않는 영혼이 없는지 우리는 샅샅이 살펴야 합니다.

여러분이 몸담고 있는 교회에서도 마찬가지입니다. 하나님께서는 우리가 우리 삶의 자리 구석구석을 살피기를 원하십니다. 목말라 허덕이고 있는 심령들의 갈급함을 우리가 직접 느끼기를 원하십니다.

● **믿고 의지하라**

둘째로, 하나님만을 전적으로 믿고 의지하라는 것입니다. 본문 3절에서 "인자야 이 뼈들이 능히 살 수 있겠느냐"라고 물으십니다. 하나님은 왜 에스겔 선지자에게 이런 질문을 하셨을까요? 그에게서 믿음의 고백을 듣고자 하셨기 때문입니다.

우리가 하나님의 말씀을 대할 때 무엇이 필요합니까? 하나님에 대한 전적인 믿음입니다. 하나님께서는 에스겔 선지자처럼 우리도 하나님을 철저하게 믿고 따르기를 원하십니다. 예수님께서는 부활하신 후 디베랴 바닷가에서 사랑하는 제자들을 찾으셨을 때 베드로에게서 사랑의 고백을 듣기 원하셨습니다. "요한의 아들 시몬아 네가 나를 사랑하느냐?" 베드로가 고백합니다. "주님, 그러하나이다. 내가 주님을 사랑하는 줄 주님께서 아시나이다." 놀랍게도 예수님께서는 "내 양을 먹이라"라고 말씀하십니다. 이 말은 예수님과 베드로의 사랑의 관계가 회복되었기에 주님께서 베드로를 초대교회의 영적인 지도자로서 사용하시겠다는 뜻입니다. 하나님을 전적으로 의지하는 신앙 위에 든든히 서야 생명을 살리는 사역을 감당할 수 있습니다.

● **주관하시는 하나님**

셋째로, 생명을 주관하는 분은 오직 여호와 하나님이심을 깨달아 알리는 것입니다. 본문 6절에서 하나님은 "너희 위에 힘줄을 두고 살을 입히고 가죽으로 덮고 너희 속에 생기를 넣으리니 너희가 살아나리라 또 내가 여호와인 줄 너희가 알리라 하셨다 하라"라고 말씀하시고 본문 13절과 14절에서 이를 다시 반복합니다.

"내 백성들아 내가 너희 무덤을 열고 너희로 거기에서 나오게 한즉 너희는 내가 여호와인 줄을 알리라"(13절).
"내가 또 내 영을 너희 속에 두어 너희가 살아나게 하고 내가 또 너희를 너희 고국 땅에 두리니 나 여호와가 이 일을 말하고 이룬 줄을 너희가 알리라 여호와의 말씀이니라"(14절).

에스겔서에서 '내가 여호와인 줄 너희가 알리라'라는 말씀은 60회 이상 반복하여 선포되면서 에스겔서의 중심을 이룹니다. 여기서 '알다'(야다)는 그저 지식에서만 그치는 앎이 아니라 체험적인 앎을 뜻합니다.

● 전적으로 신뢰하라

우리는 누구나 다 하나님을 믿고 신뢰한다고 말합니다. 그러나 실제 우리의 모습을 살펴보면 그렇지 못합니다. 교회에 예배드리러 나오면서도 그날 주실 하나님의 은혜를 사모하지 않습니다. 그날 하루를 하나님께 맡기는 기도를 하면서도 실제로는 나의 힘으로 살려고 발버둥 칩니다. '하나님, 오늘 받은 은혜에 감사드립니다. 하나님의 말씀대로 살겠습니다'라고 다짐하면서 교회 문을 나서지만 잘나가는 집사님을 보면 여전히 배가 아프지 않습니까? 하나님께서는 '내가 여호와인 줄 너희가 알리라'라고 강력히 말씀하십니다.

하나님께서 낙담한 에스겔 선지자에게 골짜기에 널부러져 있던 메마른 뼈들이 다시 살아나는 환상을 보여 주신 이유는 하나님을 전적으로 의지하고 신뢰하라는 의미입니다.

● 큰 군대의 사명

본문 10절을 보면 에스겔 선지자는 하나님의 명령대로 마른 뼈들에게 하나님의 말씀을 대언합니다. 그러자 여호와의 생기가 그들에게 들어가고 그들이 살아 일어나 큰 군대가 되었습니다. 마치 공상 과학 영화를 보는 듯한 일이 벌어졌습니다.

여기서 에스겔은 이들을 '군대'라고 표현합니다. 그것도 '극히 큰' 군대입니다. 일반 병사로 군 생활을 힘들게 한 분들은 군대를 싫어합니다. 전역하면 부대 쪽으로는 소변도 안 보겠다고 다짐하기도 합니다. 군 전역 후 최대 악몽은 군대에 다시 들어가는 꿈입니다. 저는 전역 후 한동안은 내무반인 줄 알고 기겁을 하고 벌떡 일어났다가 집이라는 사실을 깨닫고 안심하기도 했습니다. 그런 의미에서 본문에서 다시 살아난 무리를 군대라고 표현하니 썩 기분은 좋지 않습니다. 디모데후서 2장 3절에서도 성도를 '그리스도 예수의 좋은 병사'로 표현합니다.

군대는 적들을 물리치기 위한 조직입니다. 동호회가 아니라는 뜻입니다. 어벤저스 부러워하지 마십시오. 우리 성도들이 바로 우주방위군입니다. 우리는 하늘의 싸움에 동원된 군대입니다. 자부심과 사명감을 가져야 한다는 뜻입니다.

그리고 11-14절에 이스라엘 민족이 그들의 고국으로 다시 돌아가게 되는 정치적 회복에 대한 메시지가 기록되어 있습니다. 하나님께서 에스겔 선지자에게 보여 주신 마른 뼈가 살아나는 환상의 결론이 여기에 있습니다. 마른 뼈와 같은 이스라엘이 다시 살아나 약속의 땅으로 들어가 다시 회복될 것임을 말씀합니다. 이스라엘 백성들은 큰 군대의 사명을 감당해야 하기 때문입니다. 영혼의 막힌 숨이 트이고 영적으로 호흡하게 된다는 것도 사명을 감당하는 삶을 살아야 한다는 것입니다.

● 새로워진 사람들

미국의 변호사 찰스 피니는 회의적인 사람이었습니다. 그는 교회에 다녔지만 목사와 논쟁을 벌이곤 했고, 누군가가 기도해 주겠다고 하면 기도가 응답되는 것을 한 번도 보지 못했다고 비꼬기도 했습니다. 이러한 피니가 심령의 곤고함을 느끼고 하나님의 은혜를 갈망하다가 어느 날 숲속에서 하나님의 임재를 경험했습니다. 이후 피니는 변호사를 그만두고 설교자가 되었습니다. 한번은 피니가 어느 공장 지역에서 전도를 하는데 하나님의 임재가 너무 강해서 그가 입을 열기도 전에 직공들이 무릎을 꿇고 회개하기 시작했습니다. 피니를 통해 나타난 하나님의 능력으로 인해 수많은 사람이 가슴을 치며 회개하는 부흥운동이 일어났습니다.

무디는 청소년 시절에 소망이 전혀 없어 보이는 구둣방 직공이었습니다. 주일학교 교사 킴볼이 이러한 무디를 불쌍히 여겨 무디의 구둣방으로 찾아왔습니다. 무디는 신앙에 대한 권면을 듣고 킴볼과 함께 무릎을 꿇고 기도했습니다. 그리고 성령의 충만함을 받았습니다. 이후 무디는 복음 전도의 열정이 불같이 타올라 아이들을 전도하여 미국 최대의 교회학교를 만들었고, 영국과 미국에서 200만여 명을 주께로 인도하는 전도자로 쓰임을 받았습니다.

피니와 무디의 예는 특별한 경우이긴 하지만, 일반적으로 하나님의 생기가 들어오면 영혼이 살아나면서 새 마음을 얻고 새 사람으로 변화되어 새 생활을 하게 됩니다.

● **불가능의 가능성**

난생처음 백화점에 가본 시골 할아버지가 엘리베이터 앞에서 신기한 듯 이것저것 구경을 하는데, 마침 엘리베이터 문이 열리고 할머니 한 분이 엘리베이터 안으로 쏙 들어갔습니다. 그리고 잠시 후, 그 문이 다시 열리더니 예쁜 아가씨가 내렸습니다. 이 할아버지는 깜짝 놀라 옆에 있던 손자의 손을 잡고 뛰기 시작했습니다. "할아버지, 왜 그러세요?" 손자가 묻자 할아버지가 대답합니다. "니네 할머니도 저 기계 속에 넣었다가 끄집어내야겠다." 그 할아버지는 엘리베이터가 할머니를 예쁜 아가씨로 바꿔 준 줄로 알았던 것입니다.

사람이 변화되는 것, 새로워지는 것, 죽었던 이가 살아나는 것, 마른 뼈가 다시 살아나는 것, 단단하고 굳은 돌 같은 마음이 부드러운 마음이 되는 것, 교만한 마음이 겸손한 마음이 되는 것, 움켜쥘 줄만 아는 사람이 손을 펴게 되는 것, 하나님 없는 사람이 하나님을 만나는 것, 자기밖에 모르는 사람이 다른 사람을 배려할 줄 알게 되는 것, 이 모두가 참으로 힘들고 어려운 일들입니다. 엘리베이터 안에 들어갔다 나오기만 하면 할아버지가 청년이 되고, 할머니가 예쁜 아가씨가 된다면 얼마나 좋겠습니까?

그런데 그것이 정말 불가능할까요? 텔레비전이나 영화를 보면 불가능한 일이 아닙니다. 오늘 말씀을 보면, 불가능한 일이 일어났습니다. 도저히 상상할 수 없었던 일이 일어날 것을 보여 주셨습니다.

그렇습니다. 내 심령과 내 가정과 이 나라에 신령한 바람, 성령의 바람이 일어나야 합니다. 하나님의 영이신 성령이 우리의 심령과 가정과 교회와 이 민족에 오셔서 힘을 주셔야 합니다. 하나님은 우리에게 물으십니다. "이 뼈들이 능히 살 수 있겠느냐?" "절망 가운데 있는 너희가 소망을 갖게 되겠느냐?" "몇 사람 모이지 않는 이 작은 교회가 큰 교회가 되겠느냐?" "사람도 없고, 일꾼도 없고, 이것도 없고, 저것도 없는 이 교회가 과연 주의 일을 하겠느냐?" "물질적으로 어려운 너희가 풍족해지겠느냐?"

우리의 생각으로는 도저히 가망이 없습니다. 소망이 없습니다. 절망과 죽음뿐입니다. 그러나 마른 뼈들에게 하나님의 말씀이 들어갔습니다. 성령님이 역사하셨습니다. 그러자 마른 뼈가 살아났습니다. 절망의 골짜기, 사망의 골짜기가 소망의 골짜기, 부활의 골짜기가 되었습니다. 우리의 생각으로는 불가능에 가깝지만, 하나님은 하실 수 있습니다.

'호흡하세요!' 얼마나 절실한 말입니까? 삶이 숨이 찰 때 호흡해야 살아납니다. 음악에서도 노래를 하거나 관악기를 연주할 때 숨을 가다듬으라는 의미로 쓰이는 쉼표가 있지 않습니까? 숨은 생명입니다. 하나님은 흙으로 사람을 만드셨습니다. 그리고 그 코에 생기(숨)를 불어넣어 생령이 되게 하셨습니다. 그래서 숨을 불어넣는다는 말이 힘을 북돋아 주고 생기가 돌게 하고 되살린다는 의미로 사용됩니다.

숨을 쉰다는 것은 살아 있다는 증거입니다. '목숨'이라는 단어도 '목에 숨이 있다'는 뜻입니다. 죽음을 '숨 넘어 간다', '숨지다', '숨을 거둔다'라고 말합니다. 숨을 쉬지 않는 것이 죽음이기 때문입니다.

숨은 생명이요 살아 있음입니다. 삶의 여정은 무척이나 숨이 차고 숨 가쁜 순간의 연속입니다. 급격히 변하는 세상의 속도에 적응하기가 벅차기 때문입니다. 그래서 때로는 숨죽여 가며, 숨을 참아가며 힘들게 살아가는 것입니다.

  호흡이 중요합니다. 영혼의 호흡을 하십시오. 말씀에 거하십시오. 성령으로 호흡하십시오. 그로 말미암아 다시 소생하고 회복되는 삶을 사시기 바랍니다. 그래서 죽은 뼈가 살아나는 기적이 우리의 삶에도 일어나기를 바랍니다.

당신이 행복하기를!
행복의 조건

●

신명기 33:26-29

⋮

● 행복하지 않은 한국인

저는 목사가 되어 감사하게도 해외여행할 기회가 종종 있었습니다. 물론 대부분 선교여행이나 성지순례였습니다. 그때마다 아내에게 다 남편 잘 만난 덕인 줄 알라고 신소리를 합니다. 물론 아내는 무슨 쓸데없는 소리냐는 반응입니다. 괜히 말 꺼냈다가 본전도 못 찾습니다.

지금 세계를 움직이는 도시는 워싱턴과 뉴욕이라고 할 수 있을 것입니다. 미국이 예전 같지 않다지만 그래도 세계 정치의 중심은 미국의 수도인 워싱턴, 경제의 중심은 뉴욕 아니겠습니까? 얼마 전에 워싱턴에 가봤습니다. 왠지 작다고 느꼈습니다. 뉴욕에도 가봤습니다. 뭔가 지저분하고 불안하고 불편하다고 느꼈습니다. 세계를 움직이는 도시들인데도 말입니다. 왜일까요? 서울이 그만큼 커졌고, 외국 여느 도시에 뒤지지 않는 첨단 도시로 발전했기 때문입니다.

서울처럼 밤늦게까지 마음대로 돌아다닐 수 있는 도시가 어디 있고, 원하는 시간까지 먹거리나 놀거리가 풍성한 도시가 어디 있습니까? 어디서나 초고속 인터넷이 시원하게 터지고, 20~30분 거리에 마음대로 오를 수 있는 명산이 몇 개씩 있는 도시가 어디 있습니까? 우리나라처럼 깨끗한 화장실과 완벽한 편의시설을 갖춘 고속도로 휴게소가 있는 나라가 어디 있습니까? 해외에 나가 보면 나가 볼수록 대한민국이 대단한 나라라는 자부심이 생깁니다.

그런데도 한국에 사는 사람들은 행복하지가 않습니다. 2023년 3월 15일 자 〈KBS 통합뉴스룸 ET〉 보도에 따르면, 한국인의 행복 수준은 OECD 32개국 중 꼴찌라고 합니다. 같은 날 여론조사기관 입소스가 발표한 '세계 행복(GLOBAL HAPPINESS) 2023' 보고서에 따르면 한국의 행복 수준은 57%로 32개국 중 31위에 그쳤습니다. 한국인의 57%만 행복하다고 답했다는 것입니다. 조사 대상 국가 중 헝가리(50%)를 빼면 한국인의 행복도가 제일 낮았습니다. 전 세계 공통으로 가장 만족감이 적은 부분은 국가 경제 상황과 사회·정치 상황으로, 각각 평균 40%에 그쳤습니다. 한국의 국가 경제 상황 만족도는 21%, 사회·정치 상황 만족도는 23%로 평균을 크게 밑돌았습니다. 또 한국은 '인생의 의미를 느낌'(34%), '물질적 부'(39%) 측면에서 유독 만족도가 낮게 측정됐습니다.

반면 입소스는 한국보다 정치·경제·사회적 상황이 훨씬 열악한 브라질(63%→83%), 콜롬비아(54%→80%), 칠레(53%→79%), 아르헨티나(48%→74%) 등 남미 국가들의 행복도는 1년 전과 비교해 크게 상승했다고 보고했습니다. 더욱 놀라운 것은 이 조사에서 1위를 기록한 국가는 중국이었는데, 중국인들은 91%가 행복하다고 답하여 행복 수준이 가장 높은 나라로 조사됐습니다. 제로 코로나 정책을 펼치며 가혹하게 인권을 유린했는데도 말입니다.

그렇다면 행복이란 정치·경제·사회적인 외적인 조건에 의해서 좌우되기보다는 받아들이는 사람의 마음에 달린 것이라고 생각됩니다.

그렇기에 행복하려면 우선 그릇된 행복의 기준부터 바꿔야 합니다. 바로 본문에서 모세가 그 비결을 알려 줍니다. 모세는 가나안 땅을 앞둔 이스라엘 백성을 향하여 "너는 행복한 사람이로다"라고 말하며 행복의 새로운 기준을 제시합니다. 과연 우리는 어떻게 해야 행복할 수 있으며, 진정한 행복의 조건은 무엇일까요?

1. 여호와의 구원하심 때문에(29절)

"이스라엘이여 너는 행복한 사람이로다 여호와의 구원을 너같이 얻은 백성이 누구냐."

● 백악관에서 느끼는 외로움

백악관의 주인이 되면 행복할까요? 그렇지 않다는 증거가 있습니다. 듀크의과대학교의 교수 조나단 데이비드슨 박사의 논문에 실린 '대통령들의 정신질환'을 〈뉴욕타임스〉가 요약하여 보도한 바가 있습니다. 역대 미국 대통령들의 절반가량이 정신질환 병력을 가졌다는 것입니다. 대부분은 우울증인데 고독이 그 원인이었습니다. 지도자들은 대개 고독 증세를 가지고 있다고 합니다. 우울증과 불면증은 기본이고, 심하면 판단력이 흐려지는 상태에까지 이른다는 것입니다.

백악관 안주인들의 백악관 생활에 대한 소감을 모은 기사에서는, 트루먼 전 대통령 부인은 백악관을 '호화로운 감옥'이라고 했고, 포드 전 대통령 부인은 '금붕어 항아리'라고 했습니다. 존슨 전 대통령 부인은 '숨을 곳이 없는 성'이라고 했고, 레이건 전 대통령 부인은 '외로운 장터'라고 불렀습니다. 모든 표현이 백악관 생활의 고독함을 나타내고 있습니다. 이것이 과연 행복입니까?

백악관의 주인은 세계인의 주목을 받고 있는 선망의 대상입니다. 미국 대통령은 곧 세계의 대통령이라는 말도 있습니다. 전 세계를 움직이는 최고의 권력과 명성을 지닌 사람입니다. 그러나 그들이 결코 행복하지는 않았다는 것입니다.

그 누구도 이 세상의 것만으로는 진정한 행복을 찾을 수 없습니다. 부와 권세와 지혜와 명성을 한 몸에 지녔던 솔로몬 왕은 전도서 1장 2절에서 말하기를 "헛되고 헛되며 헛되고 헛되니 모든 것이 헛되도다"라고 했습니다. 짧은 한 구절에 헛되다는 말이 다섯 번이나 반복 되고 있습니다. 그런데 본문에서는 "너는 행복한 사람이로다"라고 하였습니다.

● 구원이 행복이다

본문은 "이스라엘이여 너는 행복한 사람이로다 여호와의 구원을 너같이 얻은 백성이 누구냐"라고 말씀합니다. 구원받은 사람이 행복한 사람이라는 것입니다. 세상은 구원의 참 가치를 모르기에 이를 행복이라고 여기지 않습니다. 구원을 행복의 조건으로 여기지 않고 엉뚱한 행복의 조건을 찾아 헤맵니다. 선지자 이사야가 이 문제에 관해 갈파했습니다.

> "너희가 어찌하여 양식이 아닌 것을 위하여 은을 달아 주며 배부르게 하지 못할 것을 위하여 수고하느냐 내게 듣고 들을지어다 그리하면 너희가 좋은 것을 먹을 것이며 너희 자신들이 기름진 것으로 즐거움을 얻으리라"(사 55:2).

● 영혼 구원의 행복

왜 구원이 행복의 조건일까요? 인생의 결론은 영혼 구원이기 때문입니다. 성경이 이 사실을 말해 줍니다.

"사람이 만일 온 천하를 얻고도 제 목숨을 잃으면 무엇이 유익하리요 사람이 무엇을 주고 제 목숨과 바꾸겠느냐"(마 16:26; 참조 막 8:36; 눅 9:25).

"예수를 너희가 보지 못하였으나 사랑하는도다 이제도 보지 못하나 믿고 말할 수 없는 영광스러운 즐거움으로 기뻐하니 믿음의 결국 곧 영혼의 구원을 받음이라"(벧전 1:8-9).

특히 거지 나사로와 부자의 이야기가 이 교훈을 잘 보여 주고 있습니다. 누가복음 16장 22-26절을 보십시오.

"이에 그 거지가 죽어 천사들에게 받들려 아브라함의 품에 들어가고 부자도 죽어 장사되매 그가 음부에서 고통 중에 눈을 들어 멀리 아브라함과 그의 품에 있는 나사로를 보고 불러 이르되 아버지 아브라함이여 나를 긍휼히 여기사 나사로를 보내어 그 손가락 끝에 물을 찍어 내 혀를 서늘하게 하소서 내가 이 불꽃 가운데서 괴로워하나이다 아브라함이 이르되 얘 너는 살았을 때에 좋은 것을 받았고 나사로는 고난을 받았으니 이것을 기억하라 이제 그는 여기서 위로를 받고 너는 괴로움을 받느니라 그뿐 아니라 너희와 우리 사이에 큰 구렁텅이가 놓여 있어 여기서 너희에게 건너가고자 하되 갈 수 없고 거기서 우리에게 건너올 수도 없게 하였느니라."

세상의 부귀영화를 다 누렸다 하여도 삶의 끝이 구원에 이르지 못한다면 행복할 수 없습니다. 그래서 구원은 행복의 절대 조건입니다.

● **자녀가 되는 행복**

하나님의 자녀가 되는 것이기에 행복합니다. 자녀에게는 자녀로서 마땅히 누릴 수 있는 권리가 있습니다. 도움, 보호, 상속을 아버지께 요구할 수 있습니다.

요한복음 1장 12절에 "영접하는 자 곧 그 이름을 믿는 자들에게는 하나님의 자녀가 되는 권세를 주셨으니"라고 말씀합니다. 구원이란, 죄악으로 말미암아 지옥의 영원한 형벌 아래 놓인 사람이 하나님의 은혜로 하나님의 자녀가 되는 것을 가리킵니다.

우리는 너무도 자연스럽게 하나님을 '아버지'라고 부릅니다. 그 이름을 부르며 찬양하고 기도합니다. 이 역시 아무나 하는 것이 아닙니다. 하나님이 주신 양자의 영을 받은 사람만이 그렇게 할 수 있습니다. 이에 대해 로마서 8장 15절에 "너희는 다시 무서워하는 종의 영을 받지 아니하고 양자의 영을 받았으므로 우리가 아빠 아버지라고 부르짖느니라"라고 밝히고 있습니다. 구원받아 하나님의 자녀가 된 우리는 하나님께 이끌림을 받은 사람입니다. 구원받아 하나님의 자녀가 된 우리가 예수님을 '주님'이라 부르는 것은 하나님의 영이신 성령님이 우리 안에 계시기 때문입니다. 구원받아 하나님을 아버지라 부르는 사람은 하나님이 주신 양자의 영을 받은 사람입니다. 그러므로 이 사람은 행복한 사람인 것입니다.

● 값없는 은혜

19세기 미국의 위대한 부흥사 무디가 어느 주일 교회 입구에서 실랑이가 벌어진 것을 보았습니다. 한 거지 소년이 교회에 들어가겠다고 떼를 쓰는데 안내를 맡은 직분자들이 들어가지 못하도록 가로막고 있었습니다. 무디가 그 소년에게 다가서자 직분자들이 만류하며 말했습니다. "목사님, 이 아이는 안 됩니다. 예배 분위기가 훼손됩니다. 들여보낼 수 없어요." 그러나 무디는 그 거지 소년의 어깨를 감싸안고 교회 안으로 들어갔습니다. 의아해하는 성도들을 바라보며 무디는 설교단 위에까지 그 소년을 데리고 올라갔습니다. 그리고 설교 시간에 그 소년을 가리키며 말했습니다.

"이 소년은 입장 불가였습니다. 그러나 저와 함께 오니 성전 안만이 아니라 이 설교단 위에까지 올 수 있었습니다. 죄인인 모든 인간은 천국에 들어갈 수 없는 남루한 존재입니다. 그러나 예수님께서 이런 우리를 안고 하나님의 보좌 앞까지 가셨습니다. 이 소년이 입은 은혜는 예수 그리스도로 말미암아 하나님의 자녀 된 우리의 모습을 보여 주는 것입니다."

그날 성도들은 평생 잊을 수 없는 구원에 대한 감동과 감격을 경험했습니다.

이것이 곧 값없이, 이유 없이 하나님의 은혜로 받은 구원입니다. 이러한 사람을 가리켜 본문은 "이스라엘이여 너는 행복한 사람이로다 여호와의 구원을 너같이 얻은 백성이 누구냐"라고 하였습니다.

● 중요한 것은 신분이다

암행어사를 아십니까? "그들은 왕으로부터 봉해진 명령서를 받는

데 도성 밖에 나갈 때까지 뜯어 보아서는 안 된다. 자택에도 들르지 못하고 즉시 목적지를 향해 떠난다. 완벽하게 변장하고 비밀히 여행하면서 민심과 관리의 소행을 살핀다." 1882년 윌리엄 그리피스가 《은자의 나라, 조선》에서 묘사한 '그들'이 바로 암행어사입니다. 암행어사는 조선만의 독특한 감찰제도였습니다. 암행어사들은 마패와 함께 '유척'이라는 자를 가지고 다녔습니다. 죄인을 치는 곤장이나 쌀을 계량하는 됫박의 크기 등을 재기 위해서였습니다. 형벌과 세금 징수가 공평한지 꼼꼼히 살핀 것입니다(이성무, 《조선은 어떻게 부정부패를 막았을까》).

추사 김정희도 '명어사'였습니다. 충남 대산엔 그가 어사 시절 백성들의 세금을 덜어 준 일을 기린 '영세불망비'가 있습니다. 추사는 전·현직 수령 10여 명의 비리도 파헤쳤습니다. 당시 막강한 권세를 자랑하던 안동 김씨 집안 사람까지 잡아넣었습니다. 출세 길이 막힐 것을 각오한 것입니다. 퇴계 이황, 정암 조광조, 다산 정약용, 서포 김만중도 암행어사로 활약했습니다. 유명한 어사로는 박문수도 있습니다(임병준, 《조선의 암행어사》).

드라마나 만화에서 암행어사는 허름한 거지의 옷을 입고 잠행을 하는 경우가 많습니다. 그러나 그들은 옷을 그렇게 입었다고 해서 두려워하거나 스스로 불행하다고 생각하지 않습니다. 그것은 그들의 감춰진 진짜 신분 때문입니다. 그러고 보면 행복은 정체성의 인식에서 오는 것입니다. 우리의 정체성은 하나님의 자녀입니다.

2. 하나님의 도우심을 받고 살기 때문에(26절)

"여수룬이여 하나님 같은 이가 없도다 그가 너를 도우시려고 하늘을 타고 궁창에서 위엄을 나타내시는도다."

본문 29절에서도 모세는 "그는 너를 돕는 방패시요 네 영광의 칼이시로다"라고 이스라엘 백성이 행복한 이유를 설명합니다.

신명기 33장은 이스라엘 민족의 위대한 지도자였던 모세가 죽기 전에 12지파에 대해 축복한 마지막 말씀을 기록하고 있습니다. 모세는 40년간 광야 생활을 했던 이스라엘 민족을 젖과 꿀이 흐르는 가나안으로 인도한 민족의 지도자였으며 일생을 하나님께 헌신한 종이었습니다. 그러나 그는 가나안 땅을 눈앞에 두고 그 땅을 밟지 못하고 세상을 떠나야 했습니다. 모세는 그가 묻힐 비스가산에 오르기 전에 성령에 감동되어 이스라엘 백성들을 축복했습니다. 그런 의미에서 본문의 말씀은 모세의 고백이자 바람이며 유언이라고 할 수 있습니다.

'여수룬'은 이스라엘 백성들을 부를 때 사용하는 별명 또는 애칭이었습니다. '여수룬'의 의미는 '옳은 자' '의로운 자' '사랑받는 자'입니다. 이스라엘 백성들은 애굽 땅에서 애굽 사람들의 노예로 살았습니다. 애굽 사람들의 문화와 삶을 본받은 삶은 죄의 삶이었고 불행한 삶이었습니다. 그래서 그들은 힘든 삶으로 신음하고 있었습니다(출 2:23-24). 이에 하나님께서 그들을 노예의 삶에서 불러내셔서 하나님의 백성으로 삼으셨습니다. '여수룬'의 의미처럼, 애굽의 법 곧 노예의 법에서 해방되어 이제는 하나님의 법을 따라 의로운 삶을 살아가는 사람, 애굽인들에게 미움받는 삶이 아니라 하나님께 사랑받는 사람으로 살게 하셨습니다.

하나님께 부르심을 받은 우리도 마찬가지입니다. 이전에는 죄의 법 아래 죄의 노예가 되어 살았지만 이제는 예수님을 믿음으로 하나님의 법을 따르는 하나님의 백성이 되었습니다(롬 8:2). 즉, 택함 받은 백성인 우리를 도우시려고 하나님께서 하늘에서 나타나시며 아래에서는 영원하신 팔로 받쳐 주시고 우리 앞에서 대적을 쫓으셔서 길을 열어 주시기 때문에 하나님의 백성인 우리는 행복한 자라는 것입니다.

● 도우시는 하나님

본문 29절에 "그는 너를 돕는 방패시요"라고 했습니다. 우리가 섬기는 하나님은 어떠한 하나님이십니까?

"여호와는 죽이기도 하시고 살리기도 하시며 스올에 내리게도 하시고 거기에서 올리기도 하시는도다 여호와는 가난하게도 하시고 부하게도 하시며 낮추기도 하시고 높이기도 하시는도다 가난한 자를 진토에서 일으키시며 빈궁한 자를 거름더미에서 올리사 귀족들과 함께 앉게 하시며 영광의 자리를 차지하게 하시는도다"(삼상 2:6-8).

우리가 섬기는 하나님은 만물을 만드신 창조자이실 뿐 아니라 인간의 생사화복을 주관하시는 분입니다. 이러한 하나님께서 돕는 사람이라면 얼마나 행복하겠습니까? 하나님께서 도우시는 사람이라면 누가 그를 해하겠습니까? 하나님이 도우시는 사람은 세상이 감당치 못합니다. 하나님이 도우시는 사람은 반드시 승리하게 됩니다.

"여호와는 내 편이시라 내가 두려워하지 아니하리니 사람이 내게 어찌 할까 여호와께서 내 편이 되사 나를 돕는 자들 중에 계시니 그러므로 나를 미워하는 자들에게 보응하시는 것을 내가 보리로다"(시 118:6-7).

그러므로 하나님이 도우시는 사람은 행복한 사람입니다.

● 예수님 앞으로 나아가라

좀더 구체적으로 하나님은 어떤 사람을 도우실까요? 첫째, 주님 앞에 열심히 나아가는 사람이 주님의 도우심을 힘입을 수 있습니다. 신약성경에는 예수님의 도우심으로 병 고침을 받은 사람이 많이 있습니다. 그런데 그들에게는 모두 한 가지 특징이 있습니다. 모두가 예수님 앞에 나아간 사람들이라는 것입니다. 맹인은 앞이 보이지 않아 더듬거리면서도 예수님 앞에 나아갔습니다. 어떤 중풍병자는 네 사람이 맨 들것에 실려 예수님 앞에 나아갔습니다. 혈루병으로 고통하던 한 여인은 정해진 관례를 어기면서까지 예수님 앞에 나아갔습니다. 당시 혈루병자는 부정한 사람으로 다른 사람에게 가까이 갈 수 없도록 정해져 있었습니다. 그러나 이 여인은 수많은 사람들의 틈을 비집고 예수님 뒤로 와서 예수님의 옷자락을 만졌습니다. 이 정성을 보신 예수님은 여인의 혈루병을 고쳐 주셨습니다. 그래서 로마서 12장 11절에 "부지런하여 게으르지 말고 열심을 품고 주를 섬기라"라고 말씀합니다.

● 기도하라

둘째, 기도하는 사람이 주님의 도우심을 힘입습니다. 하나님의 모든 능력은 기도를 통해 우리에게 내려오게 됩니다.

"너희가 얻지 못함은 구하지 아니하기 때문이요"(약 4:2).
"아무것도 염려하지 말고 다만 모든 일에 기도와 간구로, 너희 구할 것을 감사함으로 하나님께 아뢰라 그리하면 모든 지각에 뛰어난 하나님의 평강이 그리스도 예수 안에서 너희 마음과 생각을 지키시리라"(빌 4:6-7).
"구하라 그리하면 너희에게 주실 것이요 찾으라 그리하면 찾아낼 것이요 문을 두드리라 그리하면 너희에게 열릴 것이니 구하는 이마다 받을 것이요 찾는 이는 찾아낼 것이요 두드리는 이에게는 열릴 것이니라"(마 7:7-8).

그러므로 하나님을 아버지로 섬기며 살아가는 구원받은 성도들은 어떤 경우에도 낙심하지 않습니다. 언제나 소망의 삶을 살아가는 것입니다. 고린도후서 4장 8-9절에 성도의 삶에 대해 말하기를 "우리가 사방으로 욱여쌈을 당하여도 싸이지 아니하며 답답한 일을 당하여도 낙심하지 아니하며 박해를 받아도 버린 바 되지 아니하며 거꾸러뜨림을 당하여도 망하지 아니하고"라고 했습니다.

석유 왕으로 불린 세계적인 부호였던 록펠러에게는 삶의 큰 위기가 여러 번 있었습니다. 그는 친구의 권유로 광산업을 시작했습니다. 그러나 사기를 당해 원금까지 모두 날렸으며, 광부들은 밀린 임금을 요구하며 폭도로 변했습니다. 빚 독촉에 시달리던 록펠러는 너무 괴로워 자살까지 생각할 지경이 되었습니다. 기업을 시작할 때부터 철저히 신앙생활을 해온 록펠러는 황량한 폐광에 엎드려 하나님께 기도했습니다.

"하나님의 말씀인 성경은 일점일획도 틀림이 없음을 믿습니다. 저는 지금까지 정성을 다해 하나님을 섬기며 살아왔습니다. 그런데 이처럼 큰 어려움에 처해 도저히 혼자의 힘으로는 헤쳐 나갈 수가 없습니다. 저에게 하나님의 살아 계심을 보여 주십시오."

록펠러는 통곡하며 간절히 기도를 드렸습니다. 그때 마음속에서 들려오는 음성이 있습니다. "너무 염려하지 말고 낙심치 말아라. 내가 너를 지켜보고 있다. 때가 되면 열매를 거두리라. 포기하지 말고 땅을 더 깊이 파라." 록펠러는 하나님이 주신 깨달음을 가지고 폐광을 더 깊이 파 들어갔습니다. 사람들은 록펠러가 제정신이 아니라며 수군거렸습니다. 그러던 어느 날 갑자기 땅속에서 검은 물이 분수처럼 공중으로 솟구쳐 올랐습니다. 그것은 다름 아닌 석유였습니다. 이렇게 하여 록펠러는 실패를 딛고 일약 세계적인 부호가 되었습니다.

인간의 노력만으로는 한계가 있습니다. 시편에서 그 사실을 잘 보여 주고 있습니다.

"여호와께서 집을 세우지 아니하시면 세우는 자의 수고가 헛되며 여호와께서 성을 지키지 아니하시면 파수꾼의 깨어 있음이 헛되도다 너희가 일찍이 일어나고 늦게 누우며 수고의 떡을 먹음이 헛되도다"(시 127:1-2).

"여호와는 나의 힘과 나의 방패이시니 내 마음이 그를 의지하여 도움을 얻었도다 그러므로 내 마음이 크게 기뻐하며 내 노래로 그를 찬송하리로다"(시 28:7).

"여호와여 주는 나를 돕고 위로하시는 이시니이다"(시 86:17).

"하나님은 우리의 피난처시요 힘이시니 환난 중에 만날 큰 도움이시라"(시 46:1).

● 후견인(배경)의 힘

제가 목사님들을 만나면서 경험한 일입니다. 클레어몬트신학대학원에서 공부할 때입니다. 수업을 마치고 저녁거리를 사기 위해 마트에 갔습니다. 당시 학교 기숙사에서 지냈기 때문에 식사는 각자 알아서 해결해야 했습니다.

필요한 식재료를 다 구입하고 돌아오는 길에 동행했던 후배 목사가 나온 김에 구경 좀 하자며 여기저기 기웃거렸습니다. 근처에 벤츠 자동차 대리점이 있었습니다. 그 목사가 그곳에 불쑥 들어가더니 직원을 불러 이것저것 살 것처럼 물어 봤습니다. 저는 사지도 않을 거면서 왜 들어가나 싶어 불안했습니다. 그런데 그 목사는 어떻게 말을 했는지 시운전을 하겠다고 키를 받아 왔습니다. 그리고는 우리더러 차에 타라고 했습니다. 할 수 없이 차에 오르기는 하였지만 여간 불안한 게 아니었습니다. 그 목사는 힘차게 차를 몰아 주변 도로를 달려 돌아오더니만 이런저런 핑계를 대고는 다시 오겠다고 말하며 매장을 당당히 걸어 나왔습니다.

숙소에 돌아와 많은 생각을 했습니다. 그 후배 목사나 저나 차를 안 사기는 마찬가지인데, 누구는 신나게 구경하다 자기 차 운전하듯 시승까지 하고 당당히 나오고, 누구는 마치 죄를 짓는 듯 벌벌 떨면서 좌불안석한 이유가 뭘까요? 그것은 단순히 배짱의 차이라고 할 수 없었습니다. 저도 배짱을 부릴 때는 부리기 때문입니다. 따지고 보니 삶의 배경이 달랐습니다. 한 사람은 든든한 부모 밑에서 두려움 없이 살았고, 한 사람은 아무 배경 없이 아둥바둥 살았습니다.

그 일을 돌아보면서 믿음에 대해서도 생각했습니다. 하나님이 우리 아버지가 되신다는 사실을 믿는다면 그렇게 당당히 살아야 하지 않을까요? 우리가 행복을 누려야 하는 이유도 여기에 있습니다. 나의 능력이나 자질이 우수하다고 행복할 수 있는 것이 아닙니다. 어차피 모두 벌거벗고 왔으니 다 같은 조건인데, 모두 하나님의 은혜로 사는 것은 같은데, 그 사실을 믿지 못하는 행복을 누리지 못하는 것입니다. 하나님은 우리의 아버지가 되십니다. 믿음의 영웅들이 당당하고 행복할 수 있었던 것은 바로 그 믿음 때문이었습니다.

오늘 본문에서 모세는 그 사실을 다시 한번 상기시킵니다. 하나님은 우리를 돕는 자시니 우리는 행복한 자라는 것입니다. 본문 27절에 "영원하신 하나님이 네 처소가 되시니 그의 영원하신 팔이 네 아래 있도다 그가 네 앞에서 대적을 쫓으시며 멸하라 하시도다"라고 하였습니다. 즉, 전능자의 그늘 아래 피하는 자들을 극진히 보호해 주신다는 말씀입니다. 하나님의 그 영원하신 능력의 팔이 함께하시면 얼마나 좋겠습니까? 본문은 하나님이 우리 신자들과 함께한다고 말씀합니다. '그 영원하신 팔'이라고 하였습니다. 히브리서 13장 5-6절에서도 "그가 친히 말씀하시기를 내가 결코 너희를 버리지 아니하고 너희를 떠나지 아니하리라 하셨느니라 그러므로 우리가 담대히 말하되 주는 나를 돕는 이시니 내가 무서워하지 아니하겠노라 사람이 내게 어찌하리요"라고 하였습니다.

3. 하나님께서 영광스럽게 하시기 때문에(29절)

"네 대적이 네게 복종하리니 네가 그들의 높은 곳을 밟으리로다."

● 높이시는 하나님

여기서 '높은 곳을 밟는다'는 말은 '싸움에서 승리한다'는 뜻입니다(32:13, 주석 참조). 이 말은 싸움에서 고지(高地)를 점령하는 것이 승리의 관건이 된 데서 연유된 것입니다. 그런 맥락에서 70인역(LXX)은 본 절을 '네가 그들의 목을 밟을 것이다'라고 의역하였습니다.

신명기 32장 13절에서는 "여호와께서 그가 땅의 높은 곳을 타고 다니게 하시며"라고 말합니다. 여기서 '땅의 높은 곳'이란 가나안 땅을 가리킵니다. 이는 가나안 땅을 높은 곳으로 여기고 있는 히브리인들의 관념에 근거한 것입니다. 그리고 '타고 다니게 하다'라는 말은 이스라엘이 가나안 땅을 정복하여 자신의 소유로 삼을 것을 의미합니다. 결국 하나님의 축복 속에 가나안 땅이 이스라엘의 소유가 된 것은 하나님께서 이스라엘을 영광스럽게 높이신 축복이라는 것입니다.

여호와께서 영광스럽게 하시는 사람이 행복한 사람입니다. 하나님께서 나로 나의 대적을 이기게 하시므로 승리자가 되게 하신다고 하셨습니다. 승리자에게는 언제나 영광이 따릅니다. 하나님께서 구원받은 하나님의 자녀들에게 이렇게 하신다는 것입니다.

하나님께서 영광스럽게 하시는 사람은 특별한 사람이 아닙니다. 하나님의 관심은 언제나 약한 자, 외로운 자, 병든 자에게 있습니다. 사람들은 이들을 멸시하고 천대하며 멀리하지만 하나님의 관심은 이러한 사람들에게 있습니다.

> "형제들아 너희를 부르심을 보라 육체를 따라 지혜로운 자가 많지 아니하며 능한 자가 많지 아니하며 문벌 좋은 자가 많지 아니하도다 그러나 하나님께서 세상의 미련한 것들을 택하사 지혜 있는 자들을 부끄럽게 하려 하시고 세상의 약한 것들을 택하사 강한 것들을 부끄럽게 하려 하시며 하나님께서 세상의 천한 것들과 멸시받는 것들과 없는 것들을 택하사 있는 것들을 폐하려 하시나니 이는 아무 육체라도 하나님 앞에서 자랑하지 못하게 하려 하심이라"(고전 1:26-29).

하나님의 마음을 가장 많이 닮은 것이 부모의 마음이라고 합니다. 가정을 이룬 자식이 생활고에 허덕인다면 부모의 마음에 걱정과 근심이 떠날 날이 없을 것입니다. 어떤 노부부에게 세 아들이 있었습니다. 이 부부는 세 아들 가운데 늘 둘째 아들 집에 와 있었습니다. 그렇다고 둘째가 넉넉하게 사는 것도 아니었습니다. 첫째와 셋째 아들에 비해 생활이 형편없습니다. 둘째가 남달리 부모님께 잘해 드리기 때문에 그런 것도 아니었습니다. 모두가 착한 효자들이었습니다. 그런데도 둘째 아들 집에 머무는 까닭은 따로 있었습니다. 넉넉하게 살고 있는 첫째와 셋째가 자주 부모를 찾아오면서 그때마다 빈손으로 오지 않고 용돈과 먹을 것을 많이 들고 옵니다. 이렇게 첫째와 셋째가 가져온 것을 둘째네 가족과 함께 먹고 쓰기 위함이었습니다.

이것이 부모의 마음입니다. 하나님의 심정도 이와 같습니다. 하나님은 약한 자, 소외된 자, 가난한 자를 남달리 사랑하셔서 그들의 필요를 채우고, 그들을 높이기를 원하십니다. 이것이 하나님의 사랑입니다. 그래서 하나님의 말씀이 복음이라는 것입니다. 구원받은 우리를 영광스럽게 하시고자 예수님은 마태복음 11장 28-30절에 이렇게 말씀하셨습니다.

"수고하고 무거운 짐 진 자들아 다 내게로 오라 내가 너희를 쉬게 하리라 나는 마음이 온유하고 겸손하니 나의 멍에를 메고 내게 배우라 그리하면 너희 마음이 쉼을 얻으리니 이는 내 멍에는 쉽고 내 짐은 가벼움이라 하시니라."

● 행복의 선택

옛날에 어느 성문 곁에 현자 노인이 앉아 있었습니다. 한 젊은이가 노인에게 와서 물었습니다. "할아버지, 제가 이 성에 살려고 하는데 이곳은 좋은 곳인가요?" 그러자 할아버지는 "자네가 살던 곳은 살기 괜찮았는가?"라고 되물었습니다. "네, 참 괜찮았습니다"라고 하자 노인은 "이곳도 살기 참 괜찮은 곳이네"라고 말해 주었습니다.

얼마 후 다른 젊은이가 와서 똑같은 질문을 하였습니다. 할아버지는 똑같은 질문을 하였습니다. 그러자 젊은이가 대답했습니다. "그곳은 지옥 같은 곳이었습니다." 노인이 대답했습니다. "이곳도 지옥 같은 곳이네."

이 두 젊은이가 살던 도시는 같은 곳이었습니다. 그러나 한 젊은이는 늘 감사하는 사람이었고, 또 한 젊은이는 마지못해 사는 사람이었습니다. 마지못해 사는 젊은이는 새로운 도시가 아무리 환경이 좋아도 행복할 수가 없습니다. 현재에 대한 감사가 없기 때문입니다.

1950년대에 미국 위스콘신대학에서 우수한 문학 지망생들이 모임을 만들었습니다. 그들은 정기적으로 모여 각자가 쓴 소설이며 시의 결점들을 가차 없이 서로 비평했습니다. 그것은 그들의 창작에 도움이 되는 듯 보였습니다. 한편 여학생들이 중심이 된 또 다른 모임이 있었습니다. 그 모임에서는 혹평은 일절 피하고 좋은 부분만 칭찬했습니다. 10년 후, 그 여학생들 중 대부분이 훌륭한 작가가 되었습니다. 그러나 그토록 장래가 유망하던 남학생들 중에서는 뛰어난 작가가 단 한 명도 나오지 못했습니다.

사람은 보통 95%의 좋은 점과 5%의 좋지 않은 점을 갖고 있습니다. 100% 좋은 사람은 아무도 없습니다. 그런데 다른 사람에 대해 95%의 좋은 점을 보면서 사는 사람이 있고, 5%의 좋지 않은 점을 보면서 사는 사람이 있습니다. 자기 자신에 대해서도 마찬가지입니다. 95%의 좋은 점을 보고 사는 사람은 자신감 있게 삽니다. 완전한 사람은 존재하지 않습니다. 그렇게 될 수도 없습니다. 그러므로 상대방의 부족한 5%쯤은 내가 갖고 있는 것으로 채워 주면서 살아야 합니다. 그러면 행복하게 됩니다. 조엘 오스틴 목사의 《행복의 힘》이란 책에 보면, "행복은 선택이다"라는 말이 있습니다. 행복하기로 결정하는 것, 그것이 행복 아닐까요?

● 행복을 찾은 사람

한국교육방송공사 경영본부장을 지낸 이덕선 장로가 평사원에서 이사가 되기까지의 과정을 간증한 글을 보았습니다. 그는 가난 속에서 자랐습니다. 중학교 1학년 때 아버지, 어머니가 모두 세상을 떠났습니다. 7남매의 가장으로서 그는 동생들을 돌보아야 했습니다. 막노동, 학교 급사 등 안 해본 일이 없었다고 합니다. 그러나 그는 어려운 환경 속에서도 새벽기도를 하며 하나님의 도움을 구했습니다. 방송통신학교를 거쳐 석사 과정, 박사 과정을 모두 마쳤을 때 나이가 55세였습니다. 참으로 고단한 길을 살아왔지만 그는 하나님이 자신의 도움이었다고 고백합니다.

"나에게는 도움을 줄 만한 사람이 없었습니다. 부모님은 일찍 세상을 떠났지요. 동생들은 줄줄이 있지요. 친척도 친지도 아무도 나를 도와줄 사람이 없었습니다. 나는 도움 받을 사람이 아무도 없고 의지할 것이 없었기 때문에 하나님만 의지했습니다. 하나님 앞에 기도할 수밖에 없었고 하나님만 믿었습니다. 그래서 나는 새벽마다 하나님 앞에 가서 기도를 했습니다. 여행을 가서도 새벽기도는 늘 빼먹지 않았습니다. 하나님께서는 나에게 믿음을 주시고, 용기를 주시고, 희망을 주셨습니다."

그는 하나님이 자신의 도움이었고 하나님의 은혜로 인생에서 승리했다고 고백합니다. 부모가 없어도, 재산이 없어도, 도와주는 사람이 없어도 하나님은 우리를 도와주시는 분입니다. 그러므로 우리는 행복한 사람입니다.

'당신은 행복합니까?' 이렇게 물으면 선뜻 행복하다고 대답할 수 있는 사람은 사실 많지 않을 것입니다. 실제로 일상에서 행복을 느끼는 사람은 그리 많지 않은 듯합니다. 여러 가지 이유가 있겠지만 놀랍게도 대부분은 남들과의 비교의식 때문입니다. 그렇기에 행복하려면 우선 그릇된 행복의 기준, 의미부터 바꿔야 합니다.

그리스도인이 행복한 이유는 분명히 있습니다. 하나님이 우리를 구원해 주셨습니다. 하나님이 우리의 방패가 되셔서 우리를 보호하십니다. 하나님이 우리의 영광의 칼이 되셔서 우리를 승리하게 하십니다. 행복의 기준을 다시 붙드십시오. 그래서 우리도 하나님이 주시는 위대한 행복을 누릴 수 있기를 바랍니다.

당신이 사랑을 알기를!
아프니까 사랑이다

●

고린도후서 5:13-21

- '너는 내 운명'

지금까지 눈물을 흘리며 본 영화가 몇 편 있습니다. 그중 하나가 2005년 9월 개봉한 전도연, 황정민 주연의 〈너는 내 운명〉입니다. 적어도 인생을 따뜻하게 살기를 원하시는 분은 한번 꼭 보셨으면 좋겠습니다. 이 영화는 2002년 6월 8일 당시 신문에 '에이즈에 감염된 매춘 여성을 향한 순애보'란 제목으로 크게 기사화되었던 실화를 영화한 것입니다.

줄거리는 이렇습니다. 사랑하는 사람이 나타나기만을 손꼽아 기다리던 36세의 농촌 총각 석중에게 드디어 사랑이 찾아왔습니다. 서울에서 갓 내려온 다방 아가씨 은하였습니다. 그녀가 스쿠터를 타고 차 배달도 나가고 다른 남자들과 술도 마신다고 동네 사람들이 수군거렸습니다. 그러나 은하에게 한눈에 반해 버린 석중은 틈만 나면 그녀를 보러 다방에 갔습니다. 매일 장미꽃과 갓 짠 우유를 선물했고, 그녀와 함께 있고 싶어 난생처음 다방티켓을 끊기도 했습니다. 그러나 그녀는 촌스러운 그를 잘 받아 주지 않았습니다. 사랑 따위는 필요 없다며 단호했습니다.

그러던 어느 날, 석중은 그녀의 눈물을 보았습니다. 사실은 그녀도 사랑받으며 행복하게 살고 싶어 한다는 것을 알게 되었습니다. 석중은 용기를 내 그녀의 눈물을 닦아 주고 세상에서 제일 행복하게 해주겠노라고 고백합니다. 마침내 그녀가 석중의 진심을 받아 주어 둘은 결혼을 합니다. 석중은 그녀와 함께 있으면 세상 모든 걸 가진 것 같았습니다.

행복한 순간이 영원할 줄로 믿었던 것도 잠시, 그녀에게 잊지 못할 과거가 찾아왔습니다. 이전 포주가 찾아와 빚 독촉을 하였습니다. 혼자 힘들어하는 그녀를 위해 석중은 전 재산인 젖소 목장과 통장 5개를 처분했습니다. 이제 그들의 사랑에 더는 장애가 없을 거라고 믿었습니다. 그러던 어느 날 그녀가 편지 한 통만 남긴 채 갑자기 그의 곁을 떠났습니다. 편지에는 행복하게 살라고, 미안하다고만 써 있었습니다.

며칠 후, 석중은 그녀가 에이즈에 감염되었다는 청천벽력 같은 이야기를 들었습니다. 사랑의 몸살을 앓는 그에게 가족도, 친구도, 이웃도 모두 그녀를 찾지 말라고 하였습니다. 하지만 석중은 그녀가 없으면 한시도 살 수가 없었습니다. 석중은 죽을 때까지, 아니 죽어서도 그녀를 지키기로 결심합니다. 그녀가 자신의 운명이라고 믿었기 때문입니다.

실화를 바탕으로 한 영화 〈너는 내 운명〉은 사랑이 힘든 사람들에게 이 세상 어딘가 진짜 사랑이 존재한다는 확신과 용기를 심어 주기에 충분했습니다. 그리고 사랑하는 사람이 에이즈라는 천형까지도 자신의 운명으로 받아들이고, 사회적인 질타와 비난, 혐오까지도 온몸으로 받아 내며 사랑으로 이겨 내려 한 주인공의 순정은 감동으로 밀려왔습니다.

오늘 본문에는 그리스도의 사랑을 체험하고 그 사랑에 미쳐 버린 사람이 등장합니다. 사도 바울이라는 사람입니다. 그는 그리스도의 사랑이 얼마나 위대한지, 그 사랑을 체험할 때 얼마나 놀라운 기적이 일어나는지를 힘써서 외치고 있습니다. 왜 사도 바울은 그리스도의 사랑에 미친 것일까요?

1. 나를 위해 죽으신 그리스도(14절)

"그리스도의 사랑이 우리를 강권하시는도다 우리가 생각하건대 한 사람이 모든 사람을 대신하여 죽었은즉 모든 사람이 죽은 것이라."

● **그리스도의 사랑에 사로잡히기**

바울 사도는 본문이 시작되는 13절에서 고린도 교인들에게 "우리가 만일 미쳤어도 하나님을 위한 것이요"라고 고백하고 있습니다. 바울은 정말 미쳐서 산 사람이었습니다. 도대체 바울은 무엇에 왜 미쳤을까요? 14절에서 바울은 그리스도의 사랑이 우리를 강권한다고 말합니다. 여기서 '강권'은 꼼짝달싹 못 하도록 붙잡은 모습을 의미하는 말입니다. 헬라어 '수네코'로서 '무언가에 강력하게 사로잡히다'란 뜻입니다. '수네코'라는 단어가 쓰인 두 구절을 살펴보면 뜻이 분명해집니다.

"예수께서 일어나 회당에서 나가사 시몬의 집에 들어가시니 시몬의 장모가 중한 열병을 앓고 있는지라"(눅 4:38).

여기서 '수네코'는 열병에 사로잡혀 있는 상태를 말합니다. '사로잡힘'의 능력은 대단합니다. 핸드폰에 사로잡혀 있는 아이에게는 부모의 어떤 말도 들리지 않습니다.

"실라와 디모데가 마게도냐로부터 내려오매 바울이 하나님의 말씀에 붙잡혀 유대인들에게 예수는 그리스도라 밝히 증언하니"(행 18:5).

여기서 '하나님의 말씀에 붙잡혀'라고 할 때 '붙잡혀'에 해당하는 단어가 '수네코'입니다. '예수 그리스도'라는 말은 당시 유대인들이 제일 듣기 싫어하는 말이었습니다. 사도 바울이 신상에 위협을 느끼면서도 하나님의 말씀을 선포할 수 있었던 것은 그리스도의 사랑에 사로잡혔기 때문입니다. 그러고 보면 우리의 신앙생활도 직분이나 신앙의 연수가 아닌 그리스도의 말씀과 사랑에 붙잡혀 있는가가 중요합니다.

바울은 자신이 그리스도의 사랑에 붙잡혀 거기서 헤어나지 못하고 있다고 고백했습니다. 그는 지금 사랑의 열병에 걸렸습니다. 바울 사도는 그리스도를 사랑하는 일에 미쳐 있었을 뿐 아니라, 그리스도의 사랑을 전하는 일에도 미쳐 있었습니다. 사도행전 26장 24절을 보면, 바울이 전도하다가 죄수로 잡혀 왔으면서도 여전히 자기를 심문하는 로마의 유대 총독 베스도에게 전도를 하자 그가 바울에게 "바울아 네가 미쳤도다 네 많은 학문이 너를 미치게 한다"라고 말하는 장면이 나옵니다. 바울은 정말 그리스도의 사랑을 전하는 일에 미쳐 있었습니다. 왜 바울이 그렇게 미쳐 있었을까요?

● 우리를 위해 죽으신 그리스도

첫째는 예수 그리스도께서 우리를 위해 죽으셨기 때문입니다. 이 세상에서 우리가 경험하는 사랑은 대부분 이기적인 동기에 기초하고 있습니다. 그래서 부부라도 서로를 위해 죽는 것이 쉽지 않습니다. 부모와 자식 간이라도 부모를 위해 죽는 자식은 드물고, 자식을 위해 죽는 부모도 찾는 것이 결코 쉽지만은 않습니다. 그런데 부모도 자식도 아닌, 나와 같은 민족도 아닌 그리스도가 나를 위해 돌아가시다니, 이것이 사실이라면 이것은 정말 사건 중의 사건이 아니겠습니까? 이것이 사실이라면 나를 위해 목숨을 던지신 그분과의 사랑에 빠지는 것은 이해할 만한 일이 아니겠습니까!

바울은 로마서 5장 7절 이하에서, 이 세상에서 의인이나 선인을 위해 죽는 일도 쉽지 않은데 그리스도는 죄인인 자신을 위해 죽으셨다면서 이것이 무슨 일인지 모르겠다고 고백합니다. 그리고 이어서 8절에서 '우리가 아직 죄인 되었을 때에 그리스도께서 우리를 위하여 죽으심으로 하나님께서 우리에 대한 자기의 사랑을 확증하셨다'라고 말합니다.

남동생의 뒷바라지를 위해 시집도 가지 않고 평생을 희생한 어느 간호사의 이야기를 들은 적이 있습니다. 동생 자신도 그렇게 하지 말라고 했고 주변 사람들도 좀 지나친 것이 아니냐고 했지만 막무가내였습니다. 그녀는 오직 동생을 위해서만 살았습니다. 그녀는 세상을 떠나기 전 그 이유를 이렇게 고백했습니다. 사춘기 시절 그녀에게 수혈할 일이 있었는데 특이한 혈액형이어서 피를 구하기가 어려웠습니다. 마침 어린 남동생이 같은 혈액형이어서 자원했습니다. 수혈이 끝난 후 남동생이 입원실에서 의사 선생님에게 뜻밖에 이렇게 물었습니다. "선생님, 저는 언제 죽게 되나요?" 이 소년은 수혈의 의미를 제대로 모른 채 죽기를 각오하고 누나를 위한 수혈에 임했던 것입니다.

이 이야기를 후에 전해 들었을 때 이 누이는 하나님께 기도했습니다. "하나님, 저는 평생을 제 동생을 위해 살겠습니다." 그리고는 그 결심을 실천했던 것입니다. 자기를 위해 죽을 결심을 하고 수혈한 동생에 대해 한 여인이 그에게 빚진 마음으로 그를 사랑하고 평생 헌신했다면, 우리가 우리를 위해 실제로 십자가에서 죽어 주신 그분과의 사랑에 빠져 살아가는 것이 지나친 삶이라고 할 수 있을까요!

● **폴리캅의 순교**

교회 2천 년 역사 속에서 수많은 믿음의 선배들이 있었지만 서머나 교회의 감독이었던 폴리캅만큼 주님을 섬긴다는 것이 무엇인가를 감동적으로 전해 주는 이도 드물다고 여겨 그의 순교에 관한 짧은 일화를 소개합니다.

주후 155년경 서머나에 순교의 태풍이 불어닥치기 시작했습니다. 서머나 교회의 한 무리의 그리스도인들은 고문과 죽음 앞에서도 그들의 신앙을 버리지 않았습니다. 그들 중의 게르마니쿠스라는 한 연로한 성도는 나이를 생각해 기독교 신앙을 버릴 것을 회유 받자 자신은 불의한 세상에서 더는 살고 싶지 않으니 맹수들을 불러 자신을 죽이라고 말했습니다.

그런데 그것이 군중의 분노를 일으켰고, 군중은 그들을 죽이고, 교회 감독인 폴리캅을 끌어내라고 외쳤습니다. 폴리캅은 처음에는 성도들의 충고대로 숨어 지냈지만, 결국 체포되는 것이 주님의 뜻인 줄 알고 더는 도피하지 않고 순순히 체포당하였습니다.

폴리캅을 재판하던 재판관은 이제라도 황제를 숭배하면 자유롭게 될 수 있다고 회유했습니다. 그러자 폴리캅이 매우 감동적인 말을 남깁니다.

"86년 동안 내가 주님을 섬겼고 그동안 그분이 나에게 해롭게 한 적이 없는데 내가 어떻게 나를 구원하신 왕을 저주할 수 있겠는가?"

이번엔 재판관이 그를 산 채로 불에 태워 죽이겠다고 위협하자 이렇게 대답했습니다.

"재판관이 붙인 불은 한순간만 타겠지만 영원한 지옥불은 결코 꺼지지 않을 것이오."

결국 그는 장작더미 위에 결박되었습니다. 그때 그는 눈을 들어 하늘을 보면서 기도했습니다.

"주권자이신 하나님, 제가 이 순교의 순간을 가질 수 있을 만큼 당신께서 저를 가치 있는 사람으로 보셔서 당신의 순교자들과 함께 그리스도의 고난의 잔을 함께 나눌 수 있게 하신 것을 감사합니다."

진정 예수님을 믿고 그분의 길을 따라간다는 것이 무슨 의미인지를 되새기게 하는 이야기입니다.

● 우리 삶의 의미가 되시는 예수님

둘째는 예수님이 우리의 삶의 이유가 되셨기 때문입니다. 본문 15절을 보십시오.

"그가 모든 사람을 대신하여 죽으심은 살아 있는 자들로 하여금 다시는 그들 자신을 위하여 살지 않고 오직 그들을 대신하여 죽었다가 다시 살아나신 이를 위하여 살게 하려 함이라."

바울 사도는 그리스도가 우리를 위해 죽으셨을 뿐 아니라, 우리를 위해 다시 사셨다고 증언합니다. 그리고 그가 다시 사신 이유는 우리로 하여금 다시 사신 그분을 위해 살아가도록 하기 위해서라고 말합니다. 다시 사신 그리스도, 그는 이제 우리 그리스도인의 존재의 이유요, 삶의 목적이 되셨습니다. 그리스도인이라는 호칭도 안디옥 교회의 성도들이 늘 그리스도를 이야기하고 그리스도처럼 살고 그리스도를 칭송하고 그리스도를 전하기에 믿지 않는 사람들이 그들을 그리스도인이라고 부른 데서 기인한 것입니다.

이 세상에 얼마나 많은 사람이 목적 없이 살아가고 있습니까? 우리 삶의 무기력과 무감동은 대부분 목적의식의 결여 때문이라고 할 수 있습니다. 그런데 이제 우리에게는 분명히 바라보고 살아갈 대상이 생겼습니다. 그분이 그리스도이십니다. 그분은 이렇게 말씀하십니다. "나는 너를 위해 죽었고, 너를 위해 다시 살았다. 그리고 나는 너를 위해 살고 있다. 그러니 너도 나를 위해 살지 않겠니?" 이 음성을 들은 그날부터 바울은 그를 사랑하는 일에 미쳤던 것입니다.

사도 바울은 본문에서 그리스도의 사랑에 미쳐야 하는 복잡한 신학적인 이유를 설명하지 않습니다. 우리가 그리스도의 사랑에 미쳐야 하는 이유는 인간에게 제일 필요한 것이기 때문이라는 것입니다. 그래서 "사랑이 없으면 내가 아무것도 아니요"(고전 13:2), "그런즉 믿음, 소망, 사랑, 이 세 가지는 항상 있을 것인데 그중의 제일은 사랑이라"(고전 13:13)라고 한 것입니다.

2. 새롭게 하시는 그리스도 (17절)

"그런즉 누구든지 그리스도 안에 있으면 새로운 피조물이라 이전 것은 지나갔으니 보라 새것이 되었도다."

● 새로운 피조물

인간이 가진 가장 큰 갈망은 변화에 대한 갈망입니다. 아무도 자기의 존재 그대로에 만족하는 사람은 없습니다. 인간이 가진 가장 큰 불만은 자신에 대한 불만입니다. 이 불만이 클수록 새로운 존재로의 변화에 대한 열망은 더 증대됩니다. 문제는 변화가 쉽지 않다는 것입니다. 그런데 바울은 오늘 본문에서 누구든지 그리스도의 사랑을 깨닫고 그리스도 안에 있으면 새 피조물이 된다고 말합니다.

저는 목회를 하면서 그리스도의 사랑에 감격한 사람치고 변화되지 않은 사람을 본 일이 없습니다. 그런가 하면 아무리 교회에 열심히 나오고 직분을 받아도 그리스도와의 사랑에 빠지지 않은 사람치고 변화된 사람을 본 일도 없습니다. 복음의 감격을 아는 사람들을 보면, 그들은 한결같이 변화를 체험한 사람들입니다. 복음만이 인간을 변화시키는 유일한 처방입니다.

바울은 로마서 1장 16절에서 "내가 복음을 부끄러워하지 아니하노니 이 복음은 모든 믿는 자에게 구원을 주시는 하나님의 능력이 됨이라"라고 고백합니다. 당시 로마 제국은 군사력과 과학, 철학, 건축 등을 자랑하고 있었습니다. 그러나 그 위대한 로마의 문명도 한 영혼을 구원하거나 변화시킬 수는 없었습니다. 하지만 복음을 듣고 그리스도의 사랑을 깨닫는 사람마다 변화되었습니다. 그래서 바울은 이 사랑을 전하는 일에 미칠 수밖에 없었습니다.

● 김익두 목사의 변화

김익두 목사는 한국교회를 대표하는 위대한 부흥사 가운데 한 사람으로 손꼽힙니다. 그는 원래 황해도 안악시장을 주름 잡던 아주 못된 깡패였습니다. 그러던 그가 미국 선교사 스왈렌 목사의 사경회에 참석했다가 예수를 믿게 되었습니다. 그날부터 성경을 읽기 시작했습니다. 세례 받기까지 전력을 다해 성경을 읽었습니다.

어느 날 친구들이 찾아와 술을 마시러 가자고 하더랍니다. 이때 청년 김익두가 이렇게 말했답니다. "안 돼. 나 지금 약 먹기 때문에 술 못 마셔." 무슨 약을 먹느냐고 친구가 묻자 "응, 신약과 구약이야"라고 대답했다고 합니다.

하루는 성경을 읽다가 갈라디아서 2장 20절을 읽고 큰 은혜를 받았습니다. '아! 내가 죽어야 내 안에 예수가 살고 내가 믿음 안에서 살 수 있구나'라고 깨달았습니다. 그 후 김익두는 엉뚱하게도 김익두가 죽었다고 부고장을 발송했습니다. 깡패였지만 그래도 그의 죽음을 안타까워하는 사람들이 문상을 왔는데 김익두가 멀쩡히 살아서 문상객을 맞았습니다. 사람들이 모이자 그가 이렇게 말했답니다.

"깡패 김익두는 죽었습니다. 그래서 이렇게 부고장을 돌린 것입니다. 이제 내 안에는 예수가 계십니다. 나는 이제 예수의 이름으로 살아갈 것입니다."

이런 선언에 많은 사람이 감동을 받고 함께 예수를 믿기로 했다고 합니다. 그렇습니다. 십자가의 도는 사람을 변화시킵니다. 자기 중심으로 살던 사람을 주님 중심으로 살도록 변화시킵니다. 바로 여기에 십자가의 도의 능력이 있는 것입니다.

● 살인범의 변화

지존파 살인기계, 인육을 먹으며 사람을 더 죽이지 못하여 한을 품은 자들이 무엇으로 변할 수 있겠습니까? 복음입니다. 십자가의 도입니다. 그 완악한 마음도 십자가의 도가 들어가면 봄눈 녹듯 녹는 것입니다. 이는 사람의 지혜로 할 수 없습니다.

1963년 10월 19일 새벽 2시, 강원도 인제군 남면 어론리에서 이덕주 소령 일가족 6명이 몰살된 사건이 벌어졌습니다. 도끼 살인자 고재봉의 짓이었습니다. 그는 박병희 중령의 집에서 잔심부름을 하다 작은 물건을 훔쳤습니다. 마침 가정부가 보고 소란스럽게 하자 도끼로 위협하다가 살인미수로 육군 형무소에서 7개월간 복역하였습니다. 그는 복수의 일념으로 감옥 생활을 하다가 석방되자마자 그 집을 찾아가 온 가족을 도끼로 살해하였습니다. 그러나 이미 박 중령은 다른 부대로 전속되어 가고 억울하게 다른 사람이 죽었습니다.

이 소식을 신문에서 처음 본 순간부터 대한성서공회 권서자 안선국 집사(현 한길교회 목사)는 사명감을 느끼면서 새벽기도를 시작하였습니다. 그는 수인번호 5000번, 고재봉을 처음 면회했을 때 요한복음 3장 16절을 읽어 주고, 한참을 침묵하다가 "형제여, 당신도 죽고 나도 죽고, 당신도 죄인 나도 죄인입니다. 우리는 다 예수 믿고 구원받아야 합니다"라고 십자가의 도를 전하였습니다. 그러자 그다음에는 면회를 거절하였습니다. 그는 신약성경을 넣어 주고 돌아왔습니다.

고재봉이 받은 성경을 뒤적이다가 요한복음 3장 16절에 눈이 닿

앉습니다. 문득 구원이 무엇인지 궁금해졌습니다. 그는 스스로 면회 신청을 했습니다. 그새 다섯 번 성경을 읽었습니다. 그리곤 큰 성경을 넣어 달라고 하여 넣어 주었습니다. 마침내 그가 십자가의 도를 깨달았습니다. 하나님의 능력이 그에게 나타났습니다. 그리고 이렇게 고백했습니다. "내가 이 성경을 좀더 일찍 읽었더라면 내 인생은 아마 변했을 것입니다." 그는 매일 새벽 교회 종소리에 일어나 찬송으로 시작해 기도를 하고 성경을 읽었습니다.

그러던 어느 날 갑자기 그가 큰 소리로 외치며 흐느꼈습니다. "내가 어릴 적 다니던 교회에서 예수님을 제대로 배웠다면 이렇게 되지 않았을텐데…" 그리고 회개합니다. 방언 체험을 합니다. 전도를 시작합니다. 그러자 감방이 변했습니다. 그는 죽음이 두렵지 않았습니다. 새 소망이 생겼습니다.

사형이 집행되기 전날 밤 감옥은 울음바다가 되었다고 합니다. 그는 다른 수감자들에게 감옥에서 나가면 꼭 교회에 가라고 당부했습니다. 검찰관이 마지막으로 할 말을 물었습니다. 그는 요한복음 3장 16절을 말하였고, 곧 사형이 집행되었습니다.

고재봉과 같은 살인마를 변화시킬 수 있는 것이 무엇이겠습니까? 교양으로, 소크라테스의 명언으로, 셰익스피어의 작품으로 변화되는 것이 아닙니다. 사람을 변화시키는 것은 십자가의 도입니다. 십자가의 도는 능력입니다. 하나님의 능력입니다. 십자가의 도가 들어가면 사람이 변합니다. 십자가의 도가 들어가면 불가능이 가능으로, 절망이 소망으로, 슬픔이 기쁨으로, 근심이 평안으로, 증오가 사랑으로, 다툼이 평화로 변화됩니다. 십자가의 도가 들어가면 가정도, 사업의 현장도, 직장도, 교회도 변화되는 것입니다.

● 주인이 바뀌어야 한다

서울 근교에 청계산기도원이 있습니다. 서울남연회 청장년연합회가 그 기도원에서 월간 집회를 하였는데 저도 강사로 초청을 받았습니다. 기도원에 올라기 전에 한 음식점에 들어갔는데 음식점도 지저분하고 종업원들도 불친절해서 음식을 먹을 수가 없었습니다. 그러다가 몇 년 후에 다시 그 집회에 강사로 초청을 받아 그 음식점을 다시 들렀습니다. 그런데 식당이 깨끗해지고 종업원도 친절하였으며 더욱이 음식도 맛있었습니다. 그 이유를 물었더니 종업원이 "주인이 바뀌었습니다" 하는 것이었습니다. 우리 인생도 달라지려면 주인이 바뀌어야 합니다.

여러분의 인생에서 주인은 누구입니까? 예수님이 주인이 되시길 바랍니다. 예수님이 내 안에 들어오면 내 마음이 수리됩니다. 온갖 죄악으로 더러워진 모든 어둠의 세계가 물러가고 예수님이 깨끗한 집으로 수리해 주십니다. 우리의 인생의 주인을 바꾸어야 합니다. 내가 주인 노릇 하지 말고 예수님이 주인이 되셔야 합니다. 주님이 주인이 되시면 내 영혼과 삶을 바꾸어 주십니다. 이것이 얼마나 놀라운 일입니까?

종교개혁자 마르틴 루터에게 한 성도가 물었습니다. "목사님, 어떻게 하면 그토록 많은 사탄의 시험을 이길 수 있습니까?" 그때 루터는 이렇게 말했습니다.

"나도 사탄이 자주 와서 내 마음의 문을 두드리면서 문을 열어 달라고 소리친다네. 그럴 때마다 내 마음의 주인 되시는 예수님이 문을 열어 주시지. 마귀가 '이 집에 루터가 살고 있지요?' 하고 물으면 예수님께서 '잘못 찾아오셨소'라고 답하신다네. '이 집의 주인이

루터 아닙니까?'라고 사탄이 다시 물으면 주님은 '루터는 이사 갔소. 이 집의 주인은 나 예수요' 하고 대답하시지. 그러면 사탄이 대경실색을 하고 도망간다네."

내가 주인 노릇 하면 사탄이 건드립니다. 그러나 내 안에 계신 예수님이 '이 집 주인은 예수요' 하면 사탄이 한 길로 왔다가 일곱 길로 도망칩니다. 주님께서 여러분의 주인이 되시고, 여러분 가정의 주인이 되시길 바랍니다. 마귀는 수없이 우리의 마음을 두드립니다. 그때마다 주님께서 나서시며 '내가 주인이다' 하신다면 얼마나 멋진 삶이 되겠습니까.

3. 화목케 하시는 그리스도(18-19절)

"모든 것이 하나님께로서 났으며 그가 그리스도로 말미암아 우리를 자기와 화목하게 하시고 또 우리에게 화목하게 하는 직분을 주셨으니 곧 하나님께서 그리스도 안에 계시사 세상을 자기와 화목하게 하시며 그들의 죄를 그들에게 돌리지 아니하시고 화목하게 하는 말씀을 우리에게 부탁하셨느니라."

● 인류 최대의 과제

성경에 의하면 인류 최대의 과제는 창조주 하나님과의 바른 관계의 정립입니다. 인간이 범죄 한 이후 인간은 하나님을 등지고 살아왔습니다. 인간의 모든 비극은 하나님을 등진 데서 비롯된 것입니다. 하나님이 그리스도를 이 세상에 보내신 이유가 무엇입니까? 척 스윈돌은 이렇게 말했습니다.

"우리에게 가장 필요한 것이 정보였다면, 하나님께서는 우리에게 교육자를 보내셨을 것이다. 우리에게 가장 필요한 것이 기술이었다면, 하나님께서는 우리에게 과학자를 보내셨을 것이다. 우리에게 가장 필요한 것이 돈이었다면, 하나님께서는 우리에게 경제학자를 보내셨을 것이다. 우리에게 가장 필요한 것이 쾌락이었다면, 하나님께서는 우리에게 연예인을 보내셨을 것이다. 그러나 우리에게 가장 필요한 것이 하나님과의 관계였기에, 하나님께서는 우리에게 중보자요 화목자인 구세주를 보내셨다."

바울 사도는 전도자의 책임을 본문에서 '화목하게 하는 직책'이라고 말합니다(18절). 복음을 가리켜 '화목하게 하는 말씀'이라고 말합니다(19절). 20절에 의하면 전도는 하나님과 화목하라고 청하는 것입니다. 우리의 복음 전도의 영향력이 커질수록 이 세상은 하나님이 축복할 만한 세상, 하나님과 화목한 세상이 되어 갑니다. 그런 의미에서 복음은 개인을 변화시킬 뿐 아니라, 세상을 변혁하는 사건인 것입니다. 그래서 바울은 이 일에 미쳤으며, 이것이 우리가 또한 이 일에 미쳐야 하는 이유입니다.

● 대통령 부인 될 팔자

미국에서 목회하는 목사님에게 들은 이야기입니다. 어떤 집사님이 여고 시절 골목길을 지나가는데 점쟁이가 자기를 쳐다보면서 "학생, 내가 관상을 잘 보는데, 잘하면 팔자를 고칠 수 있겠어" 그러더랍니다. 그래서 순진한 마음에 돈을 내고 점을 보았습니다. 점쟁이가 "40대가 되면 대통령 부인이 될 상이구만" 하더랍니다. 얼마나 설레는 말입니까?

그다음부터 이 집사님의 머릿속에는 앞으로 영부인이 될 것이라는 의식이 잠재하게 되었습니다. 그래서 '나는 이래 봬도 영부인이 될 사람이야' 하면서 보통 남자들은 거들떠보지도 않았는데, 어찌어찌하여 지금의 남편을 만났습니다. 그리고 아들딸 낳고 사는데 아무리 봐도 남편이 대통령은커녕 대통령 비서도 못 될 것 같았습니다. 그래서 자기가 점쟁이에게 속은 것을 알고 '그동안 허상의 꿈을 꾸고 살았구나' 하고 한탄했습니다.

그러다 남편이 회사에서 발령이 나서 LA로 갔고, 거기서 친구를 따라 교회에 나가기 시작했습니다. 예수님을 믿고 세례를 받은 뒤 제자훈련을 받았는데, 어느 날 제자훈련 시간에 이런 구절을 대하게 되었습니다.

> "그러나 너희는 택하신 족속이요 왕 같은 제사장들이요 거룩한 나라요 그의 소유가 된 백성이니"(벧전 2:9).

그때 남편을 통해 얻지 못한 영광을 하나님에게서 얻을 수 있음을 깨달았습니다. 그리고 예수 그리스도의 신부가 됨으로 인한 행복을 얻었습니다. 세상이 바뀌었습니다. 하늘을 보나 땅을 보나, 새 하늘이요 새 땅이요 삶이 온통 감격이었습니다. 집사님은 이렇게 간증했습니다. "저는 40대가 되어서 그때 점쟁이의 말이 맞았다는 것을 알았습니다. 대통령 부인은 못 되었으나 저는 지금 예수님의 신부가 되어 천국 보좌에 앉았습니다." 그리스도의 사랑을 체험하면 세상의 어떤 것으로도 얻을 수 없는 행복을 느낄 수 있습니다.

● 유산 상속 해프닝

2021년 중국에서 보도된 사연으로, 삼형제 중 막내아들에게만 현금을 상속한 한 노인의 이야기입니다.

아들 셋을 둔 리우 무하이라는 이름의 이 70대 노인은 젊은 시절 가족을 부양하기 위해 홀로 도시로 나가 일을 했습니다. 그리고 갖은 고생 끝에 꽤 많은 재산을 모은 뒤 여생을 편안히 보내기 위해 아들들이 살고 있는 고향으로 돌아왔습니다. 돈을 버느라 아들들과 보낼 시간이 그리 많지 않았던 그는 아들들의 효심을 테스트해 보고 싶었습니다. 그래서 그는 일부러 거지처럼 누추한 옷을 입고 아들들의 집을 방문했습니다.

노인은 가장 먼저 장남의 집으로 찾아갔습니다. 장남은 거지꼴을 한 아버지를 보고 인상을 찌푸리며 "당신 지금 우리 아버지인 척하는 거지? 우리 아버지는 도시에서 성공하신 부자야. 지난달에도 돈을 보내 주셨어"라며 그를 내쫓았습니다.

실망한 그는 둘째 아들 집으로 갔습니다. 하지만 둘째 아들 역시 마찬가지였습니다. 거지꼴을 한 아버지를 본 둘째 아들은 당황하며 아버지를 모르는 척했습니다.

둘째 아들마저 자신을 모르는 척하자 노인은 큰 상실감에 빠진 채 막내아들의 집으로 향했습니다. 다행히 막내아들의 태도는 나머지 두 아들과 달랐습니다. 그는 다 해진 옷을 입은 아버지를 보자마자 눈물을 쏟으며 "아버지, 어쩌다 이렇게 되신 거예요? 어서 집으로 들어오세요. 이제 제가 아버지를 모실게요." 그러고는 아버지에게 진수성찬을 차려 주었습니다. 식탁에 앉아 아버지가 막내아들에게 조심스럽게 물었습니다. "내가 사업이 망해서 모든 재산을 잃었는데

날 받아줄 수 있겠니?" 막내아들은 당연하다는 듯이 대답했습니다. "아버지, 그게 무슨 말씀이세요? 지금껏 아버지가 우리를 키우기 위해 타지에서 고생했으니 이제는 제가 아버지를 돌봐 드려야죠." 며느리도 한마디 거들었습니다. "아버님, 이제 저희가 모실게요. 편히 쉬세요." 막내아들 부부의 태도에 감동한 아버지는 눈물을 쏟고 말았습니다.

그제야 노인은 막내아들 부부에게 사실을 실토했습니다. 초라해진 자신에게도 변함없는 효심을 보여 준 막내아들 부부에게 자신이 갖고 있던 현금 88만 위안(한화 약 1억 5천만 원)을 상속하기로 했습니다. 뒤늦게 아버지의 테스트였다는 것을 안 장남과 차남이 찾아와 사과했지만 그는 끝내 사과를 받지 않았습니다. 그리고 다시 한번 남은 재산을 모두 막내아들에게 물려줄 것이며 다른 아들에게는 한 푼도 상속할 수 없다고 밝혔습니다.

● 사랑은 아프고 행복한 것

작년 2월부터 자녀들의 사정 때문에 외손자를 돌보아 줘야 하는 형편에 놓여 있습니다. 올 3월부터는 어린이집에 가게 되었습니다. 한 주간은 보호자와 함께 한두 시간 지내는 적응기였습니다. 일주일 후에는 보호자와 떨어져서 지내는 보육이 시작되었습니다. 한번은 손자가 어린이집에 가는 모습을 본 후 다음 날 오후 6시에나 다시 만날 수 있었습니다. 1박 2일로 대전에서 감독 모임이 있었기 때문입니다.

반가운 얼굴로 이틀 만에 손자를 만났습니다. 그런데 하루 만에 목이 쉬어 있었습니다. 할머니하고 떨어지는 게 두려웠던 나머지 너무 울어서 목이 쉰 것입니다. 우리 엄마 아빠, 할머니 할아버지들은 공감하실 것입니다. 목이 쉬도록 운 손자를 생각하면서 정말 며칠 동안 가슴이 아팠습니다.

가수 나훈아는 "사랑이 무어냐고 물으신다면 눈물의 씨앗이라고 말하겠어요"라고 노래했는데, 제가 깨닫는 사랑은 '가슴이 아픈 것'입니다. 인생의 실마리가 마음대로 안 풀려 고민하는 자녀들을 볼 때 가슴이 아픕니다. 갑작스러운 건강의 위기로 두려움을 가지고 죽음을 직면해야 하는 성도들을 볼 때 가슴이 아픕니다. 그런데 그 가슴 아픈 사랑이 세상을 구원하고 인간을 행복하게 합니다. 예수님의 사랑이 그렇습니다. 그래서 성경은 "하나님이 세상을 이처럼 사랑하사 독생자를 주셨으니"라고 하였습니다. 우리가 하나님의 사랑에 미치고 예수님의 사랑에 미쳐야 진정 행복할 수 있습니다.

우리나라 축구 선수 김민재는 이탈리아 프로축구팀 나폴리에서 큰 활약을 한 후 현재 독일의 뮌헨 팀에서 뛰고 있습니다. 유럽 언론들에서도 김민재를 향한 찬사가 끊이지 않고 있습니다. 그의 별명은 '미친 수비수'입니다. 요즘 유행하는 표현으로 '미쳤다'는 말이 있습니다. 원래는 정신에 이상이 생겨서 정상적이지 않은 상태의 사람을 얕잡아 말하는 부정적인 의미로 쓰였으나 요즘에는 최고의 찬사로 쓰입니다. 바울은 미쳤다는 말을 여러 번 들었습니다. 당시는 조롱하기 위해 사용하였지만 세월이 지나 보니 그야말로 바울은 최고의 그리스도인이었습니다. 우리도 예수님의 십자가 사랑에 미쳐야 합니다. 찬송가 150장의 가사처럼 "최후 승리를 얻기까지 주의 십자가 사랑하리"라고 외칠 수 있어야 합니다.

당신이 거짓 선지자를 분별하길!
그것이 알고 싶다

●

요한1서 4:1-6

● '나는 신이다'

2023년 3월 넷플릭스에서 다큐멘터리 〈나는 신이다〉를 공개했습니다. 여기에서 자신이 구세주이고 신이라고 주장하는 기독교복음선교회(JMS)의 총재 정명석 씨의 엽기적인 성범죄 행각이 담겨 있습니다. 그로 인해 1999년도부터 우리 사회에 큰 충격을 줬던 정 씨의 행각이 재조명되면서 또다시 공분을 사고 있습니다.

1970년대 대학가를 중심으로 교세를 확장한 정명석 씨는 1999년 여신도 성폭행 혐의로 수사를 받게 되자 2001년 해외로 도피했습니다. 홍콩과 중국의 호텔과 별장에서 생활하며 신도들을 불러내 성폭행을 해오다 결국 2007년 체포돼 강제 송환됐습니다. 대법원은 실성한 듯 행동하며 범행을 부인한 정 씨에게 징역 10년을 확정했습니다. 2018년 만기 출소 뒤에도 홍콩과 호주 국적 여신도를 다시 성폭행, 성추행했다는 폭로가 이어졌고, 정 씨는 작년에 또 구속 기소됐습니다. 국내 막강한 법률회사의 변호사들을 선임하여 법망을 빠져나가려 하자 검찰총장이 직접 나서서 성범죄로 재판받고 있는 정명석 씨에 대해 엄중 대응을 지시했습니다.

정 씨가 이렇게 분명한 범죄 사실이 있고 사이비 교주임에도 그 집단은 와해되기는커녕 더욱 결속력을 보이고 있습니다. 그 집단에서는 정명석 씨를 여전히 '주님'이라고 부르고 있고, 그 역시 자신이 구세주라고 주장하고 있습니다. 공개된 영상에 나타난 문란한 성적인 행위들은 마치 신약 시대 고린도 신전 여사제들의 성적인 방종을 보는 것 같았습니다. 그 집단은 교리적으로 명백히 사이비이고 윤리적으로도 음란하고 패륜적인데 왜 사람들이 거기에 빠져 드는 것일까요? 우리는 그것이 알고 싶은 것입니다.

이제는 목사와 교사와 선교사를 의심해야 하는 때가 되었습니다. 거짓 선지자가 판을 치고, 적그리스도가 활개를 치고 있기 때문입니다. 그래서 사도 요한은 오늘 본문에서 참으로 그들의 가르침이 하나님께 속하였는지 분별하라고 가르칩니다. 여기서 분별하라는 말은 성경과 성령으로 확인해 보라는 뜻입니다. 거짓 선지자에 대해서는 예수께서도 친히 경계하셨고, 베드로와 바울, 요한 등의 사도들도 대단히 노골적으로 이단을 경계할 것을 명하였습니다. 왜 그렇게 한 것입니까? 거짓 선지자에게 속으면 영생을 얻을 수 없기 때문입니다. 교회가 무너지기 때문입니다. 나아가 하나님 나라의 확장이 차단되기 때문입니다. 거짓 선지자에게 속으면 하나님을 대적하는 자리에 있으면서도 하나님을 위한다고 착각하기 때문입니다. 과연 거짓 선지자를 분별하려면 어떻게 해야 할까요?

1. 신앙생활의 목적: 오직 예수(2절)

"이로써 너희가 하나님의 영을 알지니 곧 예수 그리스도께서 육체로 오신 것을 시인하는 영마다 하나님께 속한 것이요."

● 분별하라

본문 1절을 보면 '사랑하는 자들아'라고 말합니다. 요한1서에서 '사랑하는 자들아'라는 표현은 6회 나오는데, 요한이 사랑하는 성도들에게 중요한 당부를 할 때 사용하는 표현입니다.

> "사랑하는 자들아 영을 다 믿지 말고 오직 영들이 하나님께 속하였나 분별하라 많은 거짓 선지자가 세상에 나왔음이라"(1절).

사도 요한이 당부하는 내용은 영을 다 믿지 말고 오직 영들이 하나님께 속하였나 분별하라는 것입니다. 그 이유는 많은 거짓 선지자가 세상에 나왔기 때문입니다. 거짓 선지자를 3절과 6절에서는 '적그리스도의 영'과 '미혹의 영'이라고 말합니다. 그리고 2절에 의하면 거짓 선지자들과 적그리스도의 영은 예수 그리스도께서 육체로 오신 것을 시인하지 못합니다. '시인하다'(호몰로게오)라는 단어는 '진심으로 마음에 받아들이다' '고백하다' '증언하다' '인정하다'라는 뜻입니다. 즉, 적그리스도의 영은 마음 깊은 곳에서부터 성육신하신 예수님을 인정하지 못한다는 것입니다.

반면 하나님으로부터 온 영이신 성령은 예수님의 성육신을 시인합니다. 한마디로 말하면 성령은 예수님을 높이고 자랑하게 되어 있습니다. 그러나 거짓 선지자, 적그리스도의 영, 미혹의 영은 자신의 능력을 과시하면서 그리스도를 은근히 뒷전으로 미룹니다. 그리스도보다는 자신을 높이는 것입니다.

여기서 거짓과 참을 구분하는 중요한 기준을 생각할 수 있습니다. 현상만 보아서는 참과 거짓을 구분하기가 쉽지 않습니다. 그러므로 신앙생활의 목표, 혹은 목적을 보아야 합니다. 우리가 교회에 나오게 된 계기는 여러 가지 필요 때문입니다. 그러나 그렇게 시작했더라도 내 삶의 필요가 진정한 신앙생활의 목적이 되어서는 안 됩니다. 거짓 선지자들은 바로 그 필요를 채워 주면서 영혼을 노략질하기 때문입니다.

● 표적과 기사로 미혹하는 사탄

우리가 신앙생활에서 큰 영향을 받는 것은 표적과 기사입니다. 그것을 진짜 선지자의 표징으로 여길 때가 많습니다. 내 삶에 가장 필요하고 시급한 것이 그것일 때가 많기 때문입니다. 그러나 표적과 기사를 구하는 신앙은 따지고 보면 자기중심성의 대표적인 현상입니다. 우리는 표적과 기사를 믿고 따라가면 안 됩니다. 마태복음 24장을 보면 우리 주 예수님께서 거짓 영에 관하여 미리 말씀하셨습니다.

> "많은 사람이 내 이름으로 와서 이르되 나는 그리스도라 하여 많은 사람을 미혹하리라"(마 24:5).
> "거짓 선지자가 많이 일어나 많은 사람을 미혹하겠으며… 그러나 끝까지 견디는 자는 구원을 얻으리라"(마 24:11, 13).
> "그때에 사람이 너희에게 말하되 보라 그리스도가 여기 있다 혹은 저기 있다 하여도 믿지 말라 거짓 그리스도들과 거짓 선지자들이 일어나 큰 표적과 기사를 보여 할 수만 있으면 택하신 자들도 미혹하리라 보라 내가 너희에게 미리 말하였노라"(마 24:23-25).

주님의 말씀에서 우리가 마음속에 새겨야 할 것은 적그리스도와 거짓 선지자의 미혹 방법이 큰 표적과 기사를 행하는 것이라는 사실입니다. 그들은 병을 낫게 하고 사업을 성공하게 하는 신통력을 나타냅니다. 신기한 자연 현상을 동반하는 표적과 기적을 나타낼 수도 있습니다. 거짓 선지자와 적그리스도는 마귀의 초자연적인 능력으로 얼마든지 신비한 표적과 기사를 나타내 많은 군중을 미혹할 수 있습니다. 그들은 그런 표적과 기사를 나타내며 거짓 복음과 다른 예수와 다른 영을 전합니다.

그러므로 우리는 바른 진리의 복음을 꼭 붙들어야 합니다. 그렇지 않으면 거짓 선지자와 적그리스도가 행하는 큰 표적과 기사에 미혹되어 영원한 심판의 자리에 떨어지게 될 것이기 때문입니다. 데살로니가후서 2장 9-12절의 말씀을 보십시오.

> "악한 자의 나타남은 사탄의 활동을 따라 모든 능력과 표적과 거짓 기적과 불의의 모든 속임으로 멸망하는 자들에게 있으리니 이는 그들이 진리의 사랑을 받지 아니하여 구원함을 받지 못함이라 이러므로 하나님이 미혹의 역사를 그들에게 보내사 거짓 것을 믿게 하심은 진리를 믿지 않고 불의를 좋아하는 모든 자들로 하여금 심판을 받게 하려 하심이라."

사탄의 계략은 이토록 간교합니다. 예수님의 재림 직전에 나타날 마지막 적그리스도를 증거하는 마지막 거짓 선지자는 엄청난 기적을 행하면서 온 세상 나라를 미혹할 것입니다. 요한계시록 13장 11-15절의 말씀도 보십시오.

> "또 다른 짐승이 땅에서 올라오니 어린양같이 두 뿔이 있고 용처럼 말

을 하더라 그가 먼저 나온 짐승의 모든 권세를 그 앞에서 행하고 땅과 땅에 사는 자들을 처음 짐승에게 경배하게 하니 곧 죽게 되었던 상처가 나은 자니라 큰 이적을 행하되 심지어 사람들 앞에서 불이 하늘로부터 땅에 내려오게 하고 짐승 앞에서 받은바 이적을 행함으로 땅에 거하는 자들을 미혹하며 땅에 거하는 자들에게 이르기를 칼에 상하였다가 살아난 짐승을 위하여 우상을 만들라 하더라 그가 권세를 받아 그 짐승의 우상에게 생기를 주어 그 짐승의 우상으로 말하게 하고 또 짐승의 우상에게 경배하지 아니하는 자는 몇이든지 다 죽이게 하더라."

거짓 선지자는 하늘에서 불이 내려오게 하는 기적뿐 아니라 큰 이적들을 행하면서 사람들의 환심을 얻습니다. 그 후 그는 바다에서 올라온 짐승, 즉 저 불법의 사람 곧 멸망의 아들을 사람들로 강제적으로 믿고 섬기며 예배하도록 할 것입니다. 거짓 선지자는 그 짐승이 인류의 진정한 구세주요 메시아라고 외치며 모든 민족과 백성들에게 경배를 강요할 것입니다. 그리고 이 지시에 따르지 않으면 벌금이나 형벌 등의 무서운 박해를 하고, 심지어 고문하거나 죽이기도 할 것입니다.

분명히 그 선지자 주변으로 구름같이 많은 인파가 모일 것입니다. 하지만 사람이 한없이 많이 모이더라도 그 안에 진리가 있다고 오해하면 안 됩니다. 우리는 오직 말씀에서 참된 복음을 붙들고 모든 거짓 복음과 거짓 영과 거짓 그리스도를 분별해야 합니다.

그러므로 아무리 멋지고 근사한 표적과 기사를 나타내더라도 우리를 삼위일체 하나님 그리고 우리의 죄를 십자가에서 속량하시고 부활 승천하셔서 만유의 주와 그리스도가 되신 예수께로 인도하지 않는다면 그는 분명 거짓 선지자라고 성경은 말씀합니다.

> "너희 중에 선지자나 꿈꾸는 자가 일어나서 이적과 기사를 네게 보이고 그가 네게 말한 그 이적과 기사가 이루어지고 너희가 알지 못하던 다른 신들을 우리가 따라 섬기자고 말할지라도 너는 그 선지자나 꿈꾸는 자의 말을 청종하지 말라 이는 너희의 하나님 여호와께서 너희가 마음을 다하고 뜻을 다하여 너희의 하나님 여호와를 사랑하는 여부를 알려 하사 너희를 시험하심이니라"(신 13:1-3).

● **사람의 제일되는 목적**

웨스트민스터 소요리 문답은 개신교의 교리 정립 과정에 크게 기여한 영국의 청교도들이 작성한 것으로, 장로교에서 가장 중요하게 생각하는 교리입니다. 그 교리에서 1번으로 나오는 질문은 "사람의 제일되는 목적이 무엇인가?"입니다. 그 답은 "사람의 제일되는 목적은 하나님을 영화롭게 하고 영원토록 그를 즐거워하는 것이다"입니다. 사람의 첫째가는 목적은 하나님을 영화롭게 하고(롬 11:36; 고전 10:31), 마음을 다해 하나님을 영원토록 즐거워하는 것이라고 명확히 밝힙니다(시 73:24-28).

왜 사람에게 목적이 있어야 합니까? 사람에게 목적이 없다는 것은 사람의 존재가 창조에 의한 것이 아니라 우연의 산물이라는 진화론적인 사고에 기반한 것입니다. 하나님의 창조를 믿는다면 하나님께서 창조하신 목적에 부합하게 자신을 돌아볼 수 있어야 합니다.

삶에는 제일되는 목적과 부차적인 목적이 있습니다. 건강하고, 공부를 잘하고, 사회적인 성공을 하고, 돈을 많이 벌고, 가족을 먹여 살리는 것 등은 부차적인 목적입니다. 궁극적인 목적은 하나님을 영화롭게 하는 것입니다. 하나님께서 창조하신 본래의 인간은 하나님 중심적이었습니다. 그러나 하나님께 불순종하여 인간은 자기중심적이 되었습니다. 거짓 선지자들의 결국을 살펴보면 예수 이름으로 시작했다가 자신을 예수님 자리에 올려놓습니다.

고린도전서 10장 31절은 "그런즉 너희가 먹든지 마시든지 무엇을 하든지 다 하나님의 영광을 위하여 하라"라고 말씀합니다. 저는 배고프면 때와 음식을 구분하지 않고 분별없이 먹었습니다. 내 입맛에 맞으면 주저 없이 먹었습니다. 저는 몸의 즐거움을 위해 탄산음료와 당분이 가득한 기호식품 등을 절제하지 못하고 먹고 마셨습니다.

단 저는 사람들에게 잘 보이려고 내숭도 많이 떨었습니다. 다른 사람의 인정이나 칭찬 한마디에 물불 가리지 않고 열심히 봉사하고 섬기며 눈코 뜰 새 없이 바쁘게 살았습니다. 그러다 보니 입으로는 하나님을 찾았지만 하나님은 항상 뒷전이었습니다. 내 안에 계신 그리스도는 내 인생에서 항상 차순위였고, 내 자아, 내 생각, 내 의지, 내 판단, 내 뜻, 내 취미 그다음이었습니다. 내 마음대로 열심히 하고선 그것이 하나님의 영광을 위한 것인 줄 알았습니다. 그것이 축복인 줄 알았습니다. 그것이 기도 응답인 줄 알았습니다.

그 결과 왠지 모르게 공허하고, 몸이 아프고, 여유 없는 조급한 삶이 고착되었습니다. 내 안은 세상적인 것으로 가득 차 있었고, 반면에 그리스도의 생명은 너무도 부족했으며, 내 안에 계신 그리스도는 너무도 초라했습니다. 이것이 오늘날 거짓 선지자가 날뛰게 된 그리스도인의 현주소입니다.

● 오직 예수!

'오직 그리스도'라는 신학적 주제는 '그리스도만이 하나님과 인간 사이의 유일한 중보자'라는 말입니다. 신부나 교황이 그리스도의 대리자가 될 수 없고, 마리아가 중보자가 될 수 없다는 말입니다. 따라서 '오직 그리스도'를 '예수만 잘 믿으면 된다'는 식으로 이해하는 것은 복음을 현저하게 오해하는 것입니다. 우리에게는 예수만 필요한 것이 아니라 성령님도 필요하고, 교회의 보살핌도 필요하며, 심지어 피조물도 필요합니다. 하지만 그 모든 것이 하나님과 우리 사이에 중보자가 될 수는 없습니다. 오직 그리스도만이 우리의 중보자이기 때문입니다. 이 사실을 이해하면 다음과 같이 고백할 수 있습니다.

> "나의 간절한 기대와 소망을 따라 아무 일에든지 부끄러워하지 아니하고 지금도 전과 같이 온전히 담대하여 살든지 죽든지 내 몸에서 그리스도가 존귀하게 되게 하려 하나니 이는 내게 사는 것이 그리스도니 죽는 것도 유익함이라"(빌 1:20-21).
> "그러나 무엇이든지 내게 유익하던 것을 내가 그리스도를 위하여 다 해로 여길뿐더러 또한 모든 것을 해로 여김은 내 주 그리스도 예수를 아는 지식이 가장 고상하기 때문이라 내가 그를 위하여 모든 것을 잃어버리고 배설물로 여김은 그리스도를 얻고 그 안에서 발견되려 함이니 내가 가진 의는 율법에서 난 것이 아니요 오직 그리스도를 믿음으로 말미암은 것이니 곧 믿음으로 하나님께로부터 난 의라"(빌 3:7-9).

십자가로 변화된 사람은 오직 예수님만 자랑합니다. 갈라디아서 6장 14절에서 사도 바울은 "그러나 내게는 우리 주 예수 그리스도의 십자가 외에 결코 자랑할 것이 없으니 그리스도로 말미암아 세상이 나를 대하여 십자가에 못 박히고 내가 또한 세상을 대하여 그러하니라"라고 고백합니다. 다윗도 시편 145편 1절에서 "왕이신 나의 하나님이여 내가 주를 높이고 영원히 주의 이름을 송축하리이다"라고 고백합니다. 그러나 거짓 선지자, 적그리스도, 미혹케 하는 영은 결국 자신을 자랑하고 높입니다. 신천지의 이만희나 JMS의 정명석이 그 길을 걷고 있습니다.

우리도 적그리스도에 속지 않으려면 자기중심적인 신앙, 자신의 유익을 위해 표적을 따라가는 신앙을 경계해야 합니다. 오직 예수 그리스도를 높이고, 그분을 닮으려고 해야 합니다. 그런 사람이 하나님의 영에 감동된 사람입니다.

2. 자신의 정체성: 오직 겸손(3절)

"예수를 시인하지 아니하는 영마다 하나님께 속한 것이 아니니 이것이 곧 적그리스도의 영이니라 오리라 한 말을 너희가 들었거니와 지금 벌써 세상에 있느니라."

● 예수를 시인하는 자들의 정체성

본문 3절에서 사도 요한은 거짓 선지자, 적그리스도, 미혹의 영을 구분하는 중요한 기준을 알려 줍니다. 그것은 예수를 시인하는지의 여부입니다. "예수를 시인하지 아니하는 영마다 하나님께 속한 것이 아니니." 예수 그리스도께서 육체로 오신 것을 시인하는 자가 하나님께 속하여 하나님에게서 비롯된 자임을 나타내는 것이라면, 반대로 예수께서 성육신하신 사실을 부인하는 자는 스스로 하나님에게 속하지 않고 거짓 영에게 지배를 당하는 자임을 드러내는 것입니다.

3절에서 '적그리스도'로 번역된 헬라어 '안티크리스투'는 문맥상 거짓 영의 지배를 받는 사람들, 즉 거짓 선지자들을 가리키는 것입니다. 그리스도께서 육체로 세상에 오심을 부인하거나, 그리스도께서 선재하신 하나님의 아들이심을 부인하는 자들은 사탄의 지배를 받는 거짓 선지자들입니다.

베드로는 '너희는 나를 누구라 하느냐'라는 예수님의 질문에 이렇게 대답했습니다.

"주는 그리스도시요 살아 계신 하나님의 아들이시니이다"(마 16:16).

예수님은 베드로의 신앙고백을 듣고 크게 기뻐하시고 반석과 같은 그 믿음 위에 주님의 교회를 세우겠다고 하셨습니다. 성경에 수많은 위대한 신앙고백이 나오지만 베드로의 신앙고백은 가장 위대한 고백이었습니다. 예수님을 메시아요 하나님의 아들로 고백했기 때문입니다. 많은 사람이 예수님을 세계 4대 성인 중 한 사람으로 간주합니다. 그러나 예수님은 성인이 아니라 하나님이시고 사람의 몸을 입고 오신 하나님의 아들이십니다.

예수님을 주로 시인한다는 것은 자신을 누구라고 생각하는지 그 정체성을 밝히는 것입니다. 예수님을 주로 고백했으면 당연히 우리는 예수님의 종입니다. 그 고백이 진실하다면 철저하게 예수 그리스도의 종으로 처신합니다.

사도 바울을 보십시오. 신약성경 절반을 기록했으며, 기독교를 세계화시킨 장본인입니다. 사도행전에 나타난 그의 사역은 엄청난 것이었습니다. 가는 곳마다 표적과 기사가 일어났습니다. 루스드라 전도 때는 나면서부터 걷지 못하는 사람을 일으켰고, 드로아에서는 창에서 추락하여 죽은 유두고를 살리기도 했습니다. 에베소 전도 때는 바울의 손수건이나 앞치마만 가져다 환자에게 올려놓아도 병이 나았습니다. 이쯤이면 교주 행세를 할 만도 하지 않습니까? 우쭐해질 만도 하지 않습니까? 그러나 13권이나 되는 그의 서신에 등장하는 자기 고백은 무엇입니까?

"예수 그리스도의 종 바울은 사도로 부르심을 받아 하나님의 복음을 위하여 택정함을 입었으니"(롬 1:1).

자신을 '예수 그리스도의 종'이라고 표현합니다.
세례 요한은 어떻습니까? 예수님이 공생애에 나서기 전에 온 이스라엘을 움직였던 영적 지도자는 세례 요한이었습니다. 이에 대해 마태복음 3장 5절은 이렇게 기록하고 있습니다. "이때에 예루살렘과 온 유대와 요단강 사방에서 다 그에게 나아와."
압도적으로 사역하고 있었습니다. 그러나 그의 사역이 그를 위대하게 만든 것은 아닙니다. 그렇다면 세례 요한이 왜 위대합니까?

"하나님께로부터 보내심을 받은 사람이 있으니 그의 이름은 요한이라 그가 증언하러 왔으니 곧 빛에 대하여 증언하고 모든 사람이 자기로 말미암아 믿게 하려 함이라 그는 이 빛이 아니요 이 빛에 대하여 증언하러 온 자라"(요 1:6-8).

자신의 정체를 분명히 밝힙니다. 자기는 빛이 아니라 자기 뒤에 오시는 이가 참 빛이라고 증언합니다. 사도행전 13장에는 바울과 바나바가 비시디아 안디옥에서 전도하는 이야기가 기록되어 있습니다. 바울은 설교 중에 세례 요한을 이렇게 거론합니다.

> "그가 오시기에 앞서 요한이 먼저 회개의 세례를 이스라엘 모든 백성에게 전파하니라 요한이 그 달려갈 길을 마칠 때에 말하되 너희가 나를 누구로 생각하느냐 나는 그리스도가 아니라 내 뒤에 오시는 이가 있으니 나는 그 발의 신발끈을 풀기도 감당하지 못하리라 하였으니"(행 13:24-25).

이것이 진짜입니다. 그 누구도 예수님을 대신할 수 없습니다.

● 올바른 고백

예수님은 누가복음 17장에서 이렇게 선포하셨습니다.

> "명한 대로 하였다고 종에게 감사하겠느냐 이와 같이 너희도 명령 받은 것을 다 행한 후에 이르기를 우리는 무익한 종이라 우리가 하여야 할 일을 한 것뿐이라 할지니라"(눅 17:9-10).

진짜 그리스도인은 자신이 유명해지려고 하시 않습니다. 자신이 높아지려고 하지 않습니다. 아무리 위대한 사역을 하였어도 오직 자신은 무익한 종이라고 고백하고, 종의 자리로 내려갑니다.

예수님과 제자의 관계를 규정하는 단어는 여러 가지입니다. 신랑과 신부이기도 하고, 나무와 가지이기도 하며, 친구이자 형제이기도 합니다. 예수님과 제자는 또한 주종(主從) 관계이기도 합니다. 제자는 예수님에 의해서만, 예수님을 위해서만 존재한다는 뜻입니다. 그것은 형식적인 신앙 선언이 아닙니다. 인사치레의 고백도 아닙니다. 삶과 신앙이 깊어진 사람일수록 나타나는 일치된 고백입니다. 꽉 여문 열매일수록 고개를 땅으로 향하는 자연의 이치와도 닮았습니다.

● 종으로서의 자의식

우리는 주님을 섬기는 자로 부름 받은 종이라는 분명한 자의식이 있어야 합니다. 종은 주인을 섬기는 것을 당연하게 생각하며 살아갑니다. 주인이 이것을 하라 하면 하고, 저것을 하라 하면 하는 것입니다. 항상 주인의 명령을 먼저 최선을 다하여 행하고, 또 자기 자신의 필요보다 먼저 주인의 필요를 채우는 것을 당연하게 여깁니다. 주님은 예를 들어 종이 밭을 갈거나 양을 치고 돌아왔을 때 주인이 그 종에게 밥 차려 놓았으니 곧 와서 먹으라고 말하지 않는다고 하셨습니다. 도리어 주인이 어서 자기 먹을 것을 준비하라고 명하면 주인 식사를 서둘러 차리고 그 곁에 머물면서 무엇이 필요한지 챙기고, 주인이 식사를 다 마치기까지 섬기는 것이 종의 도리라고 말씀하셨습니다. 그렇게 주인을 다 섬긴 후에야 종이 자기의 식사를 챙겨 먹고 쉬는 것이 마땅하지 않느냐는 것입니다.

사명의 길을 줄기차게 달려간 사도 바울의 삶은 오직 한 가지 주인의 뜻을 이루고자 하는 종의 모습이었습니다. 우리도 동일하게 구주 예수 그리스도의 종으로 부름 받았습니다. 우리는 우리의 주인이신 주님께서 그 생명의 피 값으로 우리를 죄와 사망과 영벌에서 건져 주셨기 때문에 이제 사나 죽으나 주님의 것이요 주님을 섬기는 종들입니다. 그러므로 이제 우리는 주님의 뜻을 이루고, 주님의 영광을 나타내며 주님의 필요를 채우는 것이 항상 삶의 우선순위가 되어야 합니다. 변명하지 않고 최선을 다하여 주님의 명령과 뜻을 받들고 주님을 치열하게 섬기는 삶을 살아가는 저와 여러분이 되어야 합니다.

● **상을 기대하지 말라**

또한 우리는 주님의 종으로서 주님께 칭찬받고 상 받을 것을 기대하면서 일해서는 안 되며, 단지 당연하게 할 바를 한다는 마음을 가져야 합니다. 누가복음 17장 9절에서 주님은 "명한 대로 하였다고 종에게 감사하겠느냐"라고 묻습니다. 종이 주인이 명한 일을 좀 했다고 주인 앞에서 생색을 낸다고 합시다. 혹은 주인이 자기의 수고를 몰라준다고 서운해하고 투덜거리며 속으로 꽁한 마음을 품는다고 합시다. 그래서 하던 일을 도중에 그만두거나 쉬엄쉬엄하면서 꾀를 부린다면, 책임을 다 모른척하고 시간만 낭비한다면 어떻게 되겠습니까?

이것은 종으로서 합당한 태도가 결코 아닙니다. 진정한 종은 자기가 맡은 일을 열심히 하여 성과를 거두고 다 성취하더라도 생색내며 자기 자랑을 하지 않습니다. 그 일은 자기가 마땅히 해야 할 일이기 때문입니다. 또 맡은 일을 하다가 어려운 일이 생기더라도 원망하거나 불평하지 않고 기꺼이 인내하며 기쁨으로 일합니다. 그가 이룬 성과를 같이 일하던 동료 종이 가로챌지라도 그것 때문에 분노하지 않고 유익을 얻는 자가 동일한 주인이라는 점 하나로 만족하며 기꺼이 기뻐할 수 있습니다. 이처럼 참된 주님의 종들은 자신의 수고를 인하여 생색내지 않고 자기가 수고했다고 우쭐대지 않으며 자기 자랑을 하지 않습니다. 사람들이 몰라줘도 묵묵히 자기의 직무를 기쁨으로 감당하며 주님이 유익을 얻는 것으로 만족합니다. 오직 주님이 아시면 그것으로 족하고, 주님이 유익을 얻으신다면 자신을 대적하는 자를 통하여서라도 주님의 나라가 확장되는 것을 함께 기뻐합니다. 이런 태도가 진정한 주님의 종의 자세인 것입니다.

● 무익한 종

주님께서는 또한 제자들에게 스스로에 대해 무익한 종이라는 자의식을 갖고 있으라고 가르쳐 주셨습니다. 앞서 누가복음 17장 10절에서 "이와 같이 너희도 명령 받은 것을 다 행한 후에 이르기를 우리는 무익한 종이라 우리가 하여야 할 일을 한 것뿐이라 할지니라"라고 하셨습니다. 진실한 종은 주인의 모든 명령을 다 행한 뒤에도 감히 주인 앞에서 "내가 이런저런 큰 일을 했습니다"라고 큰소리치면서 득의만만하게 서지 못합니다. 도리어 모든 수고를 다 마치고 난 후에도 주인 앞에서 여전히 "저같이 무익한 종에게 이렇게 귀중한 일을 맡겨주셔서 감사합니다. 이제 그 일을 다 이루었으니 저는 다만 제가 할 일을 했을 뿐입니다"라고 겸손히 고백합니다. 종으로서 열심히 사역을 완수한 후에도 여전히 주인에게 빚진 자의 심정을 갖고 있다는 것입니다.

그렇게 충성된 마음으로 주님 앞에서 종의 사명을 감당하고자 애쓴 자들에게 주님은 "착하고 충성된 종아 네가 적은 일에 충성하였으니 네 주인의 즐거움에 참여하라"라고 기쁘게 말씀하시며 예비하신 풍성한 상을 베풀어 주시고 지극히 복된 안식을 누리게 해주실 것입니다.

● **인정받는 길**

요한 제바스티안 바흐(Johann Sebastian Bach, 1685~1750)는 독일의 작곡가이자 오르가니스트이며, 개신교 교회음악가로서 온 시대를 통틀어 가장 위대한 작곡가 중 한 사람으로 추앙받고 있습니다. 그는 라이프치히의 조그마한 성 토마스 교회(Thomaskirche)의 오르간 연주자로 27년간 봉직했습니다. 당시 그는 무명의 작곡가였지만 남이 알아주든 말든 매일 작곡에 열중했습니다. 그렇게 작곡한 새로운 곡들을 출판하지도 발표하지도 못했지만, 그는 개의치 않고 매일 새로운 곡을 창작하기 위해 작곡에 몰두했습니다. 그 결과 27년 동안 265개의 오르간 곡과 263개의 합창곡, 그리고 162개의 피아노곡이 완성되었습니다.

그 후 그가 사람들에게 '악성'(樂聖)이라는 말을 들을 만큼 유명해졌는데, 이때 그가 무명 시절에 작곡해 두었던 모든 곡이 높은 값에 팔렸습니다. 평상시의 성실함과 인내와 부지런함이 한 무명의 오르간 연주자에 불과했던 그로 하여금 당대의 악성(樂聖)이 되게 하고, 온 시대를 통틀어 가장 위대한 작곡가 중의 한 사람이 되게 한 것입니다.

세상에서 **주목받으려는** 사역자들의 특성은 스스로를 차별화하는 것입니다. 은근히 '나는 너희들과 다른 거룩함과 경건함, 깨끗함을 지녔다'라고 강조합니다. 시간이 지날수록 그런 논리를 더욱 강화하고 그것으로 자신을 무장합니다.

신도시에서 부흥한다는 교회, 현재 한국교회에서 주목받는 교회 목사들의 설교의 특징이 그렇습니다. 한국교회가 어떻고, 한국교회 목사들이 어떻다 하는 투의 설교 말입니다. 한동안 저도 그랬습니다. 하지만 조심해야 합니다. 여기서 더 나가면 이단 교주가 됩니다. 정말로 교회를 사랑하고 교회를 위한다면 차별화가 아니라 보편화를 추구해야 합니다. 모두가 하나의 교회로 보편화된 가톨릭이 이단이 적은 것을 보십시오.

참된 주의 종들에게 나타나는 가장 뚜렷한 특징은 겸손입니다(죄인 됨을 인정하는 보편화). 겸손이란 내 영광이 아니라 나를 구원하신 예수 그리스도를 의지하고 감사하면서 하나님 아버지께 늘 영광을 돌리는 자세를 말합니다. 그래서 성 어거스틴이 제자들에게 이렇게 말했습니다.

"수사학자에게 웅변의 법칙 가운데 가장 중요한 것이 무엇이냐고 묻는다면 첫째도 발음, 둘째도 발음, 셋째도 여전히 발음이라고 대답할 것이다. 만일 내게 기독교 신앙의 규범을 묻는다면, 나는 첫째도 겸손, 둘째도 겸손, 셋째도 겸손, 그리고 영원히 겸손이라고 대답할 것이다."

3. 신앙생활의 기준: 오직 성경(6절)

"우리는 하나님께 속하였으니 하나님을 아는 자는 우리의 말을 듣고 하나님께 속하지 아니한 자는 우리의 말을 듣지 아니하나니 진리의 영과 미혹의 영을 이로써 아느니라."

● **하나님의 말씀**

본문 6절의 '우리의 말'은 사도들이 선포한 그리스도의 복음, 즉 처음부터 있었던 말씀을 가리킵니다(요일 2:7, 24 3:11; 요이 1:5). 거짓 선지자들은 그리스도의 성육신을 부인하는 가르침을 주장합니다. 이와 같이 사도들이 선포한 복음을 부인하고 받아들이지 않는 행위는 그들 자신이 하나님을 알지 못할 뿐 아니라 하나님에게 소속되어 있지 않음을 드러내는 것입니다.

결론적으로 우리는 하나님의 말씀을 신앙의 핵심으로 믿어야 한다는 것입니다. 신비한 경험도 참으로 중요하지만 이것은 우리 신앙의 절대적인 기준이 될 수 없습니다.

거짓 선지자들과 성경을 엉터리로 해석하는 거짓 선생들은 오래 전부터 있어 왔는데, 이들은 자신들의 이득을 위해 그 모든 일을 합니다. 거짓 선지자는 호색하고, 마음에 탐심이 가득하며, 거짓을 말하고, 사람들을 이용하여 이득을 취합니다. 베드로 사도의 서신을 보십시오.

"그러나 백성 가운데 또한 거짓 선지자들이 일어났었나니 이와 같이 너희 중에도 거짓 선생들이 있으리라 그들은 멸망하게 할 이단을 가만히 끌어들여 자기들을 사신 주를 부인하고 임박한 멸망을 스스로 취하는 자들이라 여럿이 그들의 호색하는 것을 따르리니 이로 말미암아 진리의 도가 비방을 받을 것이요 그들이 탐심으로써 지어낸 말을 가지고 너희로 이득을 삼으니 그들의 심판은 옛적부터 지체하지 아니하며 그들의 멸망은 잠들지 아니하느니라"(벧후 2:1-3).

"무식한 자들과 굳세지 못한 자들이 다른 성경과 같이 그것도 억지로

풀다가 스스로 멸망에 이르느니라 그러므로 사랑하는 자들아 너희가 …무법한 자들의 미혹에 이끌려 너희가 굳센 데서 떨어질까 삼가라"(벧후 3:16-17).

● 직통 계시와 자의적인 성경 해석을 경계하라!

성경 말씀보다 꿈이나 환상을 앞세우며 하나님께로부터 직통 계시를 받는다는 자들은 거짓 선지자들입니다. 성경 66권의 정경이 완성된 이후 이 정경에 위배되는 말씀을 가르치는 자는 모두 거짓 선지자들입니다. 무엇보다 사도들의 가르침과 위배되면 거짓 선지자요 거짓 선생입니다. 특히 꿈이나 환상으로 새로운 계시를 받았다고 하면 이는 성경을 가볍게 여기게 하거나 소용이 없도록 만드는 것이기 때문에 그들은 전부 거짓 선지자들입니다. 예레미야 선지자의 경고를 보십시오.

"여호와께서 내게 이르시되 (거짓) 선지자들이 내 이름으로 거짓 예언을 하도다 나는 그들을 보내지 아니하였고 그들에게 명령하거나 이르지 아니하였거늘 그들이 거짓 계시와 점술과 헛된 것과 자기 마음의 거짓으로 너희에게 예언하는도다"(렘 14:14).

"만군의 여호와께서 이와 같이 말씀하시되 너희에게 예언하는 선지자들의 말을 듣지 말라 그들은 너희에게 헛된 것을 가르치나니 그들이 말한 묵시는 자기 마음으로 말미암은 것이요 여호와의 입에서 나온 것이 아니니라"(렘 23:16).

다른 복음은 없습니다. 참 복음은 오직 예수 그리스도뿐입니다.

"그리스도의 은혜로 너희를 부르신 이를 이같이 속히 떠나 다른 복음을 따르는 것을 내가 이상하게 여기노라 다른 복음은 없나니 다만 어떤 사람들이 너희를 교란하여 그리스도의 복음을 변하게 하려 함이라 그러나 우리나 혹은 하늘로부터 온 천사라도 우리가 너희에게 전한 복음 외에 다른 복음을 전하면 저주를 받을지어다"(갈 1:6-8).

"이 복음은 하나님이 선지자들을 통하여 그의 아들에 관하여 성경에 미리 약속하신 것이라 그의 아들에 관하여 말하면 육신으로는 다윗의 혈통에서 나셨고 성결의 영으로는 죽은 자들 가운데서 부활하사 능력으로 하나님의 아들로 선포되셨으니 곧 우리 주 예수 그리스도시니라"(롬 1:2-4).

● 오직 성경

우리는 늘 깨어서 복음과 말씀으로 거짓을 분별할 수 있어야 합니다. 말씀에 바로 서서 복음을 정확하게 붙들지 못하면 거짓 선지자와 거짓 그리스도를 알아보지 못하고 속게 됩니다. 다른 말로 하면, 실제로 그리스도의 새 언약 속에서 그리스도를 의식하고 믿음으로 하나님과 교통함이 없이는 거짓에게 속을 수밖에 없다는 것입니다. 그러므로 '말씀'에 서라는 말은 더 구체적으로 말하면 온전한 예수, 온전한 영, 온전한 복음을 알고 그 위에 서라는 말씀입니다. 그래야 지금이나 장래에 적그리스도의 영에게 미혹받지 않을 것입니다.

참된 선지자들은 단순하며 혼잡하지 않습니다. 진실합니다. 전하는 메시지가 투명하며 분명합니다.

"우리는 수많은 사람들처럼 하나님의 말씀을 혼잡하게 하지 아니하고 곧 순전함으로 하나님께 받은 것같이 하나님 앞에서와 그리스도 안에서 말하노라"(고후 2:17).

여기서 '혼잡하다'의 원어 '카펠레우오'는 '장사하다' '자기 유익을 챙기다' '속이다' '개인 영달을 위하다' '복음을 더럽히다'라는 뜻입니다. 즉, 거짓 선지자 및 그들에게 속는 자는 혼잡한 자들이고, 참된 선지자는 그 마음의 동기가 하나님 앞에서 진실하다는 것입니다. 그래서 참 선지자는 하나님께 받은 그대로, 하나님 앞에서, 그리스도 안에서 말합니다.

사도 요한은, 하나님의 자녀들과 마귀의 자녀들은 복음의 진리에 의해 구분된다고 말합니다. 마귀의 자녀들은 세상에 속한 자들로서 세상에 속한 말을 듣기 때문입니다. 그러므로 그들은 적그리스도의 음성을 듣고 따릅니다. 미혹의 영의 가르침과 음성을 듣고 따른다는 말입니다. 하지만 하나님께 속한 자들은 참 선지자의 음성을 듣습니다. 즉, 우리 주 예수 그리스도에 관한 복음을 듣고 믿고 따릅니다. 그들은 생명을 주시는 예수님의 복음을 듣고 믿습니다. 로마서 10장 17절의 말씀처럼 복음을 들음으로 믿음이 생겨나는 것입니다. "그러므로 믿음은 들음에서 나며 들음은 그리스도의 말씀으로 말미암았느니라."

하나님께 속하지 않은 자들은 바른 복음을 듣지 않습니다. 바울 및 사도들이 전하는 복음을 듣지 않습니다. 거짓 복음을 듣든지 아예 복음에 관심이 없습니다. 그러니 복음을 알 수도 없습니다.

요한복음 10장을 보면 선한 목자와 양의 비유가 나옵니다.

"문지기는 그를 위하여 문을 열고 양은 그의 음성을 듣나니 그가 자기 양의 이름을 각각 불러 인도하여 내느니라…양들이 그의 음성을 아는 고로 따라오되 타인의 음성은 알지 못하는 고로 타인을 따르지 아니하고 도리어 도망하느니라"(요 10:3-5).

양들은 목자의 음성을 압니다. 그 양들은 바로 그 목자에게 속한 양들이기 때문입니다. 그래서 목자로 인하여 꼴, 생명, 배부름, 풍성함을 얻습니다. 그러므로 양과 목자의 관계는 음성으로 연결됩니다. 이는 선포되는 참된 복음을 통해 양인 우리와 목자이신 예수님이 연결됨을 말합니다.

"너희가 내 양이 아니므로 믿지 아니하는도다 내 양은 내 음성을 들으며 나는 그들을 알며 그들은 나를 따르느니라"(요 10:26-27).

그래서 사도 요한은 "그들은 세상에 속한 고로 세상에 속한 말을 하매 세상이 그들의 말을 듣느니라 우리는 하나님께 속하였으니 하나님을 아는 자는 우리의 말을 듣고 하나님께 속하지 아니한 자는 우리의 말을 듣지 아니하나니 진리의 영과 미혹의 영을 이로써 아느니라"(요일 4:5-6)라고 말했습니다.

사랑하는 여러분! 예수님께서 친히 말씀하셨습니다.

"내가 곧 길이요 진리요 생명이니 나로 말미암지 않고는 아버지께로 올 자가 없느니라"(요 14:6).

예수님이 진리입니다. 예수님이 진리 그 자체입니다.

교회의 가장 중요한 사명이 무엇입니까? 진리를 수호하며 전파하는 것입니다. 복음을 그대로 지키며 전하는 것입니다. 성경을 그대로 믿고 보존하는 것입니다.

지금 이 시대는 사도 요한의 때보다 더 많은 거짓 선지자들과 적그리스도들이 활동하고 있습니다. 일반 교회 내에서도 거짓 선지자들이 버젓이 활동하면서 수많은 사람을 거느리고 있습니다. 이러한 때에 우리는 어떻게 해야 미혹의 영에 속지 않을 수 있습니까? 복음을 붙들고, 우리에게 전해진 성경을 붙들어야 합니다. 그리고 그리스도의 교훈 안에 거하여야 합니다. 그렇지 않으면 그 사람의 믿음은 헛것입니다. 복음을 듣고도 순종하지 않는 자는 말로는 믿는다고 할 수 있겠지만, 실제로는 하나님과 그 아들 예수 그리스도를 모시고 사는 사람이 아닙니다. 무엇보다 거짓 선지자, 적그리스도, 미혹케 하는 영에 속지 않으려면 성령에 붙잡혀야 합니다. 결국은 성령 충만에 답이 있습니다!

당신이 사명을 감당하길!
모세의 변명

●

출애굽기 4:10-17

● '킹스 스피치'

2010년 영국에서 개봉한 영화 〈킹스 스피치〉는 2022년 9월 8일에 별세한 영국의 엘리자베스 2세 여왕의 아버지 조지 6세에 대한 실화입니다.

1939년, 조지 6세는 형 에드워드 8세가 미국인 이혼녀 심프슨 부인과 결혼하기 위해 왕위를 양위하면서 본의 아니게 왕위에 올랐습니다. 그런데 권력과 명예 등 모든 것을 다 가진 그에게도 한 가지 콤플렉스가 있었습니다. 바로 대중 앞에 서기만 하면 말을 심하게 더듬는 것이었습니다. 조시 6세는 어린 시절 유모의 학대와 왼손잡이라고 아버지에게 심한 질책을 받은 것이 원인이 되어 말을 심하게 더듬는 장애를 안고 살았습니다. 그 때문에 국민과의 소통과 연설이 불가능했습니다.

하지만 그가 맞서야 하는 히틀러는 모두가 알다시피 대단한 웅변가였고 세기의 선동가였습니다. 그래서 그는 더욱 두려웠고, 대중 앞에 서기만 하면 한마디도 못 하고 입이 얼어붙었습니다. 제2차 세계대전이라는 풍전등화의 시기, 영국인들이 세기의 선동가 히틀러에 맞설 새로운 지도자를 원하던 때, 조지 6세는 말을 더듬는 언어장애 때문에 극심한 고통을 겪었습니다.

그러나 그는 전쟁의 공포에 떨고 있는 국민에게 믿음을 주는 왕이 되고 싶었기에 언어장애를 극복하기 위해 피나는 노력을 합니다. 결국 히틀러의 욕심이 끝이 없다는 것을 간파한 조지 6세는 1939년 9월 3일에 영국 및 영연방에 독일과의 전쟁을 선포하고, 곧이어 라디오 방송을 통해 어려운 시기를 극복하기 위한 국민적인 단합을 호소하는 연설을 하였습니다. 국민을 위해 말더듬이라는 결점까지 극복한 조지 6세의 진심 어린 연설은 연설의 달인 히틀러 못지않게 감동을 주었고, 전쟁을 앞둔 영국 국민을 하나로 뭉치게 하였습니다. 그리고 끝내 이 전쟁을 승리로 이끕니다. 원치 않은 자리였지만 자신의 책임과 의무를 저버리지 않았던 조지 6세는 지금도 여전히 영국인들에게 가장 사랑받는 왕으로 기억되고 있습니다.

누구나 살면서 원하지 않는 책임을 맡게 되면 그 자리를 사양하고 싶어 합니다. 출애굽의 영웅 모세가 그랬습니다. 애굽의 왕자로 살다가 나이 마흔에 살인자가 되어 미디안 광야에서 40년 망명 생활을 했습니다. 그의 나이 80세가 되었을 때 호렙산 떨기나무 가운데 나타나신 하나님은 그에게 이스라엘 백성을 바로 왕으로부터 해방시킬 지도자가 되라고 명령하십니다. 모세는 네 차례에 걸쳐 하나님의 부르심을 거절합니다. 하나님도 포기하지 않고 모세를 설득합니다.

여기서 한번 생각해 봅시다. 만일 모세가 끝까지 하나님의 부르심에 순종하지 않았다면 어떻게 되었을까요? 분명한 것은 미켈란젤로의 모세상이라는 그 유명한 조각상은 탄생하지 않았으리라는 것입니다. 토인비의 말처럼 시대의 요구에 책임을 다할 때 위대한 역사가 이루어지는 법입니다. 그렇다면 모세는 어떻게 못한다는 변명을 거두어들이고 하나님의 사명을 감당하는 자가 될 수 있었을까요?

1. 사람을 두려워하지 말라(1절)

"모세가 대답하여 이르되 그러나 그들이 나를 믿지 아니하며 내 말을 듣지 아니하고 이르기를 여호와께서 네게 나타나지 아니하셨다 하리이다."

● 모세의 핑계

모세는 이스라엘 역사상 가장 위대한 지도자입니다. 그보다 영향력 있었던 지도자는 없습니다. 그러나 그가 처음부터 위대한 지도자였던 것은 아닙니다. 또한 자신의 운명을 스스로 개척하고자 권력의 의지를 갖고 지도자가 된 것도 아닙니다. 오히려 하기 싫다는 사람을 하나님께서 거의 반강제적으로 이끄셔서 지도자가 되게 하신 경우입니다.

모세는 젊은 시절 애굽의 왕자로 장래가 보장된 삶을 살았습니다. 그러던 어느 날 자신의 뿌리가 유대인이라는 사실을 깨닫고 애굽의 종으로 살던 유대인들의 편을 들다가 살인 사고를 일으켜 도망자의 신세가 되었습니다. 애굽에서 도망쳐 미디안 광야의 족장 이드로의 집에서 목동의 신세로 전락한 그는 그곳에서 십보라라는 이드로의 딸을 아내로 맞아 이주민의 삶을 살았습니다. 이드로의 집에서 그저 평범한 양치기로 살아가던 그는 전혀 특별할 것 없는 사람이었습니다.

그렇게 40년의 세월이 흘렀습니다. 애굽에서 도망쳐 나올 때의 나이가 40세였으니 어느새 그의 나이는 80세가 되었습니다. 40세의 젊은이가 80세의 노인이 된 어느 날 그는 뜻밖의 일을 경험합니다. 하나님이 그에게 나타나셔서 놀라운 제안을 하십니다. 애굽에서 고통

받고 있는 이스라엘의 해방을 위해 애굽으로 가라는 것입니다. 그러나 하나님의 부르심에 모세는 거절합니다. 출애굽기 4장 1절은 모세가 하나님의 제안을 거절하는 이유를 설명하고 있습니다. 표면적인 이유는 두 가지입니다.

● 이스라엘 백성의 불신

첫째는, 이스라엘 사람들의 불신입니다. 이 구절에서 모세는 40여 년 전 인간적인 생각으로 저질렀던 과거의 실수를 걱정했습니다. '동족으로부터 쫓겨난 초라한 일개 양치기가 그들에게서 어떻게 신뢰를 얻을 수 있겠는가'라고 걱정한 것입니다. 사실 그는 40여 년 전 이스라엘의 지도자로 자처했다가 동족에게서 조소와 비난에 찬 말을 듣고 맥없이 물러나야 했었던 뼈저린 과거를 지니고 있었습니다(출 2:14).

앞서서 일을 하고 지도자가 되려면 사람들의 신뢰와 지지는 매우 중요한 요소입니다. 그렇기에 이미 자신의 동족들에게서 비난받고 배신당한 자신은 지도자가 될 자격이 없다는 핑계는 일견 설득력이 있어 보입니다.

● 하나님을 잊어버린 이스라엘

둘째는, 이스라엘 백성들의 영적 상태 때문입니다. 이 구절에서 모세는 "여호와께서 네게 나타나시 아니하셨다 하리이다"라고 변명합니다. 출애굽기 3장 13절에서는 하나님의 명령을 받고 거절하는 이유를 더 분명히 밝힙니다.

"모세가 하나님께 아뢰되 내가 이스라엘 자손에게 가서 이르기를 너희의 조상의 하나님이 나를 너희에게 보내셨다 하면 그들이 내게 묻기를 그의 이름이 무엇이냐 하리니 내가 무엇이라고 그들에게 말하리이까."

애굽에 사는 이스라엘 백성들이 여호와 하나님의 이름도 모르고 있었다는 뜻입니다. 그들은 애굽에 살면서 여호와 신앙을 잊고 있었습니다. 야곱이 가나안을 떠나 애굽에 거주하던 때부터 족장 시대와 출애굽 사이를 잇는 약 400년간은 소위 하나님의 말씀이 이스라엘 백성에게 임하지 않았던 계시 부재의 시대라 할 수 있습니다. 따라서 백성들에게 갑작스럽게 여호와 하나님의 계시를 전하면 믿겠느냐는 의구심이었습니다. 하나님을 믿지도 않는데 하나님이 보내셨다고 하면 씨알도 안 먹힐 것이라는 설명입니다. 모세의 변명과 논리가 틀렸다고는 할 수 없습니다.

지금 모세가 핑계와 변명으로 일관하고 있지만, 사실 그의 심중에는 하나님께 대한 불만이 있었는지도 모릅니다. 모세의 입장에서 생각해 보면 젊었을 때, 다시 말하면 애굽의 궁전 안에서 큰 권력을 갖고 잘나가던 그때에 부르셨어야지, 자신의 백성들에게는 배신당하고 도망자 신세가 되었을 때는 침묵하시다가 이제 80세가 되어 모든 것을 다 접고 인생을 조용히 정리하고 싶은 때에 나타나셔서 어쩌라는 것인가 하고 생각했을 수도 있습니다. 젊은 시절 뭐라도 해볼 수 있을 때 부르실 것이지 왜 이 늦은 황혼의 때에 나타나셔서 뒷북을 치시는가 했을 수도 있습니다.

● 변명을 용인할 수 없는 이유

모세가 자신의 입장을 변명한 내용은 모두 일리가 있었지만, 하나님 입장에서 그것을 수용할 수 없었던 것은 그 모든 것이 사람을 의식한 이유였기 때문입니다.

그런 이유를 인정할 경우 출애굽의 신학적 의미에 중요한 문제가 발생합니다. 모세의 부름은 소명의 근거 및 사명의 목적과 관계가 있습니다. 이것은 출애굽의 주체 및 목적과 관계되는 문제입니다. 출애굽은 사람이 주체가 된 정치적인 사건이 아니라, 하나님께서 주체가 되신 구원의 사건입니다. '사람들이 나를 어떻게 생각할까?'에 대해서 생각하는 것은 인간관계에서 필요한 것입니다. 사람이 스스로 무슨 일을 할 때는 다른 사람을 의식하지 않을 수 없으나, 이스라엘 백성을 애굽에서 구원하는 하나님의 일은 사람이 필요로 해서 사람이 부른 게 아닙니다. 사람을 부른 이는 하나님이요, 부른 이가 하나님이기에 부름 받은 자는 하나님을 기쁘시게 하려는 목적을 가져야 합니다. 이것이 선지자 정신의 핵심입니다.

전두환 전 대통령의 차남인 전재용 씨가 아내 박상아 씨와 함께 한 방송에 출연해 2년 8개월의 수감 생활 중 신학 공부를 하겠다고 결심했으며, 목회자의 길을 걷기 위해 현재는 신학대학원 과정을 밟고 있다고 밝혀 화제가 됐습니다. 전재용, 박상아 씨 부부는 2021년 3월 5일 극동방송 〈만나고 싶은 사람, 듣고 싶은 이야기〉 프로그램에 출연해 교도소에서 신학 공부를 결심한 사연을 털어놓았습니다. 이 방송에서 전 씨는 '교도소 담 안에서 2년 8개월을 보냈다. 어디선가 찬송가 소리가 들렸는데 눈물이 났다. 전에도 예수를 믿었고, 새벽기도에 십일조도 드렸지만 복 많이 달라는 기도밖에 드릴 줄 몰랐다'라고 고백했습니다.

또 박상아 씨는 '처음에는 남편의 신학 공부를 반대했다. 누가 봐도 죄인인 우리 같은 사람이 하나님을 믿는다는 것도 숨기고 싶은데, 사역까지 한다는 것은 하나님의 영광을 가리는 일인 것 같아서 고민이 됐다. 그래서 극구 반대했는데, 하나님의 생각은 우리의 생각과 다른 것 같다'라고 간증했습니다.

전 씨는 2007년 탤런트 박상아 씨와 세 번째 결혼을 했습니다. 경기도 오산시의 토지를 445억 원에 매도하고 325억 원에 판 것처럼 다운 계약서를 작성해 양도소득세 27억 원을 내지 않은 혐의로 재판을 받았습니다. 전 씨는 2015년 대법원에서 징역 3년에 집행유예 4년, 벌금 40억 원이 확정됐으나 1억 4,000만 원(3.5%)만 납부하고 나머지를 내지 않아 수감됐습니다. 서울구치소를 거쳐 원주교도소에서 약 2년 8개월(965일)간 하루 8시간씩 노역을 한 뒤 출소했습니다.

한번 생각해 보십시오. 기독교인 입장에서도 이런 사람이 목사가 되겠다고 나선다면 불쾌하지 않습니까? 지금 이스라엘 백성의 입장에서 보면 비슷한 경우입니다. 그러나 이 논리를 수용한다면 하나님의 용서의 위대함은 설 자리가 없습니다.

● 사도들의 자세

이것은 예수님의 제자들의 자세를 보면 밝히 알 수 있는 사실입니다. 사도행전 4장 18-20절을 보면 사도들이 산헤드린 공회에 잡혀가 심문 받을 때의 모습이 기록되어 있습니다.

"그들을 불러 경고하여 도무지 예수의 이름으로 말하지도 말고 가르치지도 말라 하니 베드로와 요한이 대답하여 이르되 하나님 앞에서 너희의 말을 듣는 것이 하나님의 말씀을 듣는 것보다 옳은가 판단하라 우리는 보고 들은 것을 말하지 아니할 수 없다 하니"(행 4:18-20).

자신들이 하는 일은 하나님이 부르신 일이기에 사람의 말에 연연해하지 않고 오직 하나님을 기쁘시게 해야 한다고 선언합니다. 또 갈라디아서 1장 10절을 보십시오.

"이제 내가 사람들에게 좋게 하랴 하나님께 좋게 하랴 사람들에게 기쁨을 구하랴 내가 지금까지 사람들의 기쁨을 구하였다면 그리스도의 종이 아니니라."

이것은 모세의 뒤를 이은 지도자 여호수아에게도 해당되는 일이었습니다. 여호수아는 모세의 뒤를 이어 이스라엘 백성들을 이끌고 가나안 땅에 입성하라는 사명을 받았습니다. 그 일은 쉽지 않은 일이기에 여호수아는 몹시 두려워했습니다. 그때 하나님이 나타나 말씀합니다.

"내가 네게 명령한 것이 아니냐 강하고 담대하라 두려워하지 말며 놀라지 말라 네가 어디로 가든지 네 하나님 여호와가 너와 함께하느니라 하시니라"(수 1:9).

사람을 두려워하지 말라는 것입니다. 우리가 두려워할 대상은 하나님입니다.

핑계는 사명을 외면하는 성도들의 무기입니다. "핑계 없는 무덤은 없다"라는 속담처럼 인간은 늘 핑계를 찾기 바쁜 존재입니다. 아담이 선악과를 따 먹을 때부터 그랬습니다. 아담은 하와 핑계를 대고, 하와는 뱀 핑계를 댔습니다.

하나님 앞에서 부르심을 거절하는 모세의 모습은 바로 우리의 모습입니다. 우리도 하나님 앞에서 얼마나 많은 핑계를 대며 살아가고 있습니까? 나이를 핑계 삼아 쇠약한 척하고, 건강을 핑계 삼아 아무것도 할 수 없다고 말합니다. 때로는 경제력 없음을 탓하기도 하고, 또 때로는 사회적인 지위나 권력이 없음에 화살을 돌리기도 합니다. 충분히 감당하여 축복을 누릴 수 있는데도 신경 쓰기 싫고 다른 사람들에게 아쉬운 말 하기 싫으니 애꿎은 시간, 건강, 돈을 핑계 대는 것입니다.

● **본문의 기록 목적**

예수님을 믿지 않는 유대교에서는 자신들의 경전을 무엇이라고 부를까요? '타나크'라고 부릅니다. 토라(Torah, הרות, 율법), 네비임(Neviim, םיאיבנ, 율법), 케투빔(Kethuvim, םיבותכ, 성스러운 글), 이 세 가지 문서를 모아놓은 책이라고 해서 앞글자 'T' 'N' 'K'에 모음을 붙여 타나크라고 부르는 것입니다. 이 책에서 가장 근간을 이루는 문헌은 역시 토라입니다. 토라는 흔히 모세오경이라고 불리는데, 이것이 구약의 핵심이자 모든 율법의 근원이 됩니다. 모세가 지었다고 해서 그런 이름이 붙여졌습니다.

그런데 모세는 자신의 부끄러운 과거를 왜 이스라엘 백성들에게 고백하는 것일까요? 이는 광야 생활과 연결되는 것입니다. 광야에서 해야 할 일이 너무나 많은데 너도 나도 못 하겠다는 사람들만 넘쳐 납니다. 그것을 대표적으로 보여 주는 것이 열두 정탐꾼 이야기입니다(민 13-14장). 힘겨워 보여도 하나님의 일에는 적극 나서야 합니다. 만 가지가 부족해도 믿음으로 나서는 사람에게 가나안은 열리는 것입니다.

여기서 잠시 구약에 대한 학자들의 견해를 소개합니다. 모세가 지었다고 여겨지는 오경은 사실 모세가 지은 것이 아니라, 1,000년에 가까운 시간에 걸쳐 수많은 사람이 기록하고 편집하고 수정한 글이라는 것입니다. 일명 J(Jehovist)문서, E(Elohist)문서, P(Priest)문서, R(Redactor)문서가 그것입니다. 그리고 다양한 문서들과 구전들을 하나로 편집한 사람은 기원전 5세기 예언자 에스라일 것이라고 학자들은 추정합니다. 에스라 선지자는 기원전 453년 경 바벨론 포로 2차 귀환 때 예루살렘에 돌아와 재건 운동을 이끈 지도자였습니다.

에스라와 느헤미야의 시대는 어떠했습니까? 느헤미야서를 보면 고스란히 알 수 있습니다. 자원은 부족하고 일꾼은 없고 대적들은 날뛰던 시대였습니다. 더하여 학개 선지자의 예언서를 보면 이렇게 기록하고 있습니다.

> "이 성전이 황폐하였거늘 너희가 이때에 판벽한 집에 거주하는 것이 옳으냐"(학 1:4).

귀환한 성도들도 극도로 이기적이 되어서 자기 집만 꾸미고 하나님의 일은 등한히 하고 있었습니다. 그래서 모세의 소명 이야기를 기록한 것입니다.

● **불편한 호의**

《페이버》의 저자 하형록 씨는 세계적인 건축설계회사 팀하스(TimHass)의 회장으로, 미국국립건축과학재단의 이사로 선임될 정도로 미국에서는 이미 높은 신뢰를 받고 있는 인물입니다. '우리는 이웃을 돕기 위해 존재한다'라는 경영철학을 갖고 있는 그의 회사는 젊은이들이 가장 일하고 싶어 하는 회사로 선정되기도 했습니다. 저자는 32세라는 젊은 나이에 심실빈맥증이라는 병으로 쓰러졌을 때 하나님을 특별하게 만났습니다. 한 달밖에 남지 않은 시한부 삶을 살면서 자신에게 돌아온 심장 이식 순서를 다른 환자에게 양보하면서 놀라운 기적을 체험하였습니다. 예수님께서 환상 중에 말씀하셨습니다. "나는 너를 위해 내 생명을 주었다. 너는 이웃을 위해 심장을 양보할 수 없겠니?"

이처럼 하나님이 베푸시는 호의는 가끔 감당하기 어려울 때가 있습니다. 하나님은 모세에게도 "나는 아브라함과 이삭과 야곱의 하나님이다. 너의 생명은 나의 호의로 말미암은 것이다. 이스라엘 백성을 위해 네 생명을 아낌없이 바칠 수 없겠니?"라고 말씀하십니다. 모세에게도 하나님의 호의는 받아들이기 거북스러운 것이었습니다. 이처럼 하나님의 호의는 산타클로스의 선물처럼 주어지는 것이 아니라 우리 인생의 불편한 상황에서 주어지기에, 때론 하나님의 호의를 베푸시는 대상으로 선택받은 것이 당황스러울 때가 있습니다. 그래서 우리도 모세처럼 거절하고 싶은 때가 있습니다.

그러나 모세의 인생이 증명하듯, 하나님께서 우리에게 베풀어 주시는 호의가 때론 우리의 생각과 다르고, 한편으론 불편하다 할지라도 오직 주의 선하심을 먼저 생각하고 순종의 길로 나아가야 합니다. 나에게 이익이 되어야만 복으로 생각하는 우리의 어리석고 이기적인 신앙에서 벗어나 하나님이 우리에게 명하시는 그 어떤 것이라도 기쁜 마음으로 수락하는 믿음을 가지기를 바랍니다.

2. 자신의 능력을 의지하지 말라(10절)

"모세가 여호와께 아뢰되 오 주여 나는 본래 말을 잘하지 못하는 자니이다 주께서 주의 종에게 명령하신 후에도 역시 그러하니 나는 입이 뻣뻣하고 혀가 둔한 자니이다."

● 다섯 번의 거절

이스라엘 백성을 인도하라는 하나님의 명령에 주저하던 모세에게 하나님께서는 두 가지 표적(지팡이, 나병)을 보여 주시고, 또한 나일 강이 피가 되는 표적을 보여 주실 것을 말씀하셨습니다(출 4:1-9). 그럼에도 모세는 주저합니다. 그가 내세운 결정적인 변명은 말을 잘하지 못한다는 것이었습니다. 여기서 '입이 뻣뻣하고 혀가 둔하다'는 것은 히브리어로 '느리다'는 뜻입니다. 그래서 현대인의 성경과 영어 성경에서는 '말이 느린 자'(slow of speech and tongue)라고 번역하였습니다. 유대 전승에 의하면 실제로 모세는 순음(d, v, m, ph, p) 발음에 서툴러 말을 매우 느리게 했다고 합니다. 아마도 말을 더듬는 언어장애로도 번역할 수 있을 것입니다.

고대 세계에서 지도자의 제일가는 조건은 유창한 말솜씨입니다.

그래서 고대 그리스에서도 수사학이 현대의 국·영·수보다 중요한 과목이었습니다. 고대의 지도자들은 심금을 울리는 웅변으로 백성들을 다스렸습니다. 이처럼 그 시대에 지도자가 되려면 말을 잘해야 하는데 모세 자신은 언어장애를 가지고 있다는 것입니다.

모세는 지금까지 네 번(출 3:11, 13, 4:1, 10)에 걸쳐 사양의 뜻을 표했는데 하나님께서는 그때마다 해결책을 제시하셨습니다. 여기서는 입이 뻣뻣하고 혀가 둔하다고 하자 11-12절에서 "누가 사람의 입을 지었느냐…이제 가라 내가 네 입과 함께 있어서 할 말을 가르치리라"라고 말씀합니다. 12절에서 '할 말을 가르치리라'라는 말씀은 무슨 말을 해야 할지 생각나게 하시겠다는 것입니다. 예수님께서도 자신이 곧 이 세상을 떠나실 것을 두려워하는 제자들에게 같은 말씀을 하셨습니다.

"보혜사 곧 아버지께서 내 이름으로 보내실 성령 그가 너희에게 모든 것을 가르치고 내가 너희에게 말한 모든 것을 생각나게 하라라"(요 14:26).

모세의 거절 이유는 이뿐이 아닙니다. 13절을 보면 "오 주여 보낼 만한 자를 보내소서"라고 읍소합니다. 여기서 '보낼 만한 자'(베야드 티쉴라흐)를 직역하면 '손(능력)을 지닌 사람을 보내소서'라는 말입니다. 이 말은 '보냄 받을 만한 능력을 지닌 자'를 보내라는 말입니다. 자신은 손의 능력이 다 빠진 노인이라는 뜻입니다. 모세는 자신의 나이가 일할 수 없는 80세라는 것도 밝히고 싶었을 것입니다. 80세 나이에 어떤 일에 도전한다는 것은 상식에 반하는 일입니다. 또한 건강 문제도 말하고 싶었을 것입니다.

그러나 다섯 번째도 거절하자 하나님께서는 결국 진노하시며 그에게 또 다른 해결책으로서 그의 형 아론을 대변자로 붙여 주겠다고 약속하십니다. 모세의 변명이 거짓은 아니었습니다. 모세가 염려하는 자신의 능력 부족을 하나님이 모르셨을 리가 없습니다. 예수님이 말씀하신 것처럼 우리의 머리털까지 세시는(마 10:30) 하나님은 우리의 처지와 형편을 모두 아시는 분입니다.

● 하나님의 생각

하나님의 부르심과 모세의 변명을 통해 우리는 하나님의 뜻을 읽을 수 있습니다. 하나님의 일을 하는 데 필요한 자질은 자신의 능력을 의지하는 것이 아니라 하나님의 능력을 의지하는 것이라는 사실입니다. 그래서 시편 147편 10-11절에서는 이렇게 말씀합니다.

> "여호와는 말의 힘이 세다 하여 기뻐하지 아니하시며 사람의 다리가 억세다 하여 기뻐하지 아니하시고 여호와는 자기를 경외하는 자들과 그의 인자하심을 바라는 자들을 기뻐하시는도다."

모세의 생각에는 이스라엘을 애굽에서 해방시킬 사람은 젊고 능력 있고 사자후를 토하는 달변가여야 했습니다. 그러나 하나님의 생각은 실패와 좌절을 경험하여 자기 능력이 아니라 하나님을 의지하는 자여야 했습니다. 모세처럼 자기 절망을 통과한 사람만이 하나님의 일에 자기의 지혜와 능력이 무익함을 깨닫고, 자기가 아닌 하나님을 온전히 의지하고, 하나님의 뜻에 순종할 것이기 때문입니다.

"주여 나를 떠나소서 나는 죄인이로소이다"(눅 5:8)라는 사도 베드로의 고백이 모세의 고백(13절)과 같고, "이는 그리스도의 능력이 내게 머물게 하려 함이라"라(고후 12:9)는 사도 바울의 고백이 모세의 고백과 같습니다. 사실 사도 바울도 고린도후서 11장 6절에서 "내가 비록 말에는 부족하나"라고 고백했습니다. 그 위대한 사도도 유창한 웅변가가 아니었습니다. 그러나 주님의 위대한 종으로 쓰임을 받았습니다.

● **능력의 근원 하나님**

그렇다면 하나님은 왜 자신의 능력보다 하나님의 능력을 의지하는 사람을 쓰실까요? 두 가지 중요한 이유가 있습니다.

첫째, 하나님의 나라는 말에 있지 않고 능력에 있기 때문입니다. 고린도전서 4장 20절은 "하나님의 나라는 말에 있지 아니하고 오직 능력에 있음이라"라고 말씀합니다. 헬라인들은 철학적인 지혜와 언변이 뛰어났습니다. 일상적인 대화에서도 자신의 지식과 지혜를 사용해 화려한 수사법을 구사하며 말하는 것을 좋아했습니다. 그들은 하나님의 말씀을 새로운 지혜나 지식으로 이해하려는 경향이 있었습니다. 그러나 성경은 "하나님의 나라는 말에 있지 아니하고 오직 능력에 있음이라"라고 말씀합니다.

바울은 고린도에 가기 전 같은 헬라 지역인 아덴에서 그의 모든 철학적 지식과 능숙한 화술로 복음을 전하려 했습니다. 그래서 아레오바고에서 헬라 문화와 상황에 맞게, 그리고 헬라의 철학적 기조와 수사법을 사용해 설교했습니다. 그러나 철저한 실패를 맛보았습니다. 아덴 사람들의 반응은 냉담했고 바울을 조롱하는 사람들도 있었습니다(행 17:16-34). 결과적으로 소수의 사람들만 복음을 받아들였습니다. 이때 바울이 깨달은 것은, 사람의 지혜와 화술로는 복음을 증거할 수 없다는 것입니다.

복음 증거는 성령의 나타나심과 능력으로 되는 것입니다(고전 2:3-5). 바울은 고린도에 도착했을 때의 자신의 육체적·심리적 상태를 이렇게 말하고 있습니다. "내가 너희 가운데 거할 때에 약하고 두려워하고 심히 떨었노라"(고전 2:3). 바울은 고린도에 도착하기 전 빌립보 감옥에 갇혀 있었고, 베뢰아에서 추방당했습니다. 아덴에서는 자신의 모든 지식을 담아 복음을 전했지만 결과는 참담했습니다. 바울은 충격 속에서 어떻게 하나님 말씀을 증거해야 할지 몰라 두려웠습니다. 바울은 이때 하나님을 찾고 성령을 의지합니다.

> "내 말과 내 전도함이 설득력 있는 지혜의 말로 하지 아니하고 다만 성령의 나타나심과 능력으로 하여 너희 믿음이 사람의 지혜에 있지 아니하고 다만 하나님의 능력에 있게 하려 하였노라"(고전 2:4-5).

바울이 고린도 교회 성도들에게 원했던 것은, 사람의 지혜에 기초한 믿음이 아니라 성령의 능력에 기초한 믿음을 갖는 것이었습니다. 하나님 말씀은 사람의 말이 아닙니다. 성경은 세상의 지혜와 지식을 주는 책이 아닙니다. 하나님 말씀은 논쟁이나 이해의 대상이 아니라, 믿음과 순종의 대상입니다. 그러므로 성령을 의지할 때 우리는 복음으로 온전히 설 수 있고, 믿음의 장성한 분량에 이를 수 있습니다.

● 하나님만 자랑하라

둘째는 오직 하나님을 자랑하게 하려는 이유 때문입니다. 고린도전서 1장 26-29절 말씀을 보십시오.

"형제들아 너희를 부르심을 보라 육체를 따라 지혜로운 자가 많지 아니하며 능한 자가 많지 아니하며 문벌 좋은 자가 많지 아니하도다 그러나 하나님께서 세상의 미련한 것들을 택하사 지혜 있는 자들을 부끄럽게 하려 하시고 세상의 약한 것들을 택하사 강한 것들을 부끄럽게 하려 하시며 하나님께서 세상의 천한 것들과 멸시받는 것들과 없는 것들을 택하사 있는 것들을 폐하려 하시나니 이는 아무 육체도 하나님 앞에서 자랑하지 못하게 하려 하심이라."

하나님이 선택해 사용하시는 하나님의 사람들은 무언가를 많이 가진 사람들이 아닙니다. 많이 배운 자들도 아닙니다. 교회의 역사에서 한 가지 불가사의한 일이 있습니다. 배우지 못한 어부였던 베드로를 위시한 제자들도 그렇고 근대에 이르러 초등학교도 중퇴한 무디, 고졸 학력에 그친 스펄전 등 하나님은 왜 이런 사람들을 쓰시는 것일까요? 이상하지 않습니까? 성경은 하나님께서 그들이 자신의 힘과 능력, 지혜로 하나님의 일을 하였다고 말하지 못하도록 하기 위해 그렇게 하셨다고 말씀합니다.

"이것은 하나님이 하신 일입니다. 주님께서 역사하셨습니다. 나와 같이 비천한 자를 들어서 하나님의 거룩한 경륜을 이루신 것입니다."

이렇게 사람들이 인정함으로 하나님께 영광을 돌리게 하기 위해 하나님이 그렇게 하셨다는 것입니다. 우리는 여기서 중요한 교훈을 없습니다. 하나님께서 일을 맡기실 때는 감당할 힘을 주시고 성령의 능력을 부어 주신다는 것입니다. 그렇기에 인간적인 생각으로 염려하지 말고 담대한 믿음으로 순종하고 충성을 다해야 합니다.

● 아라비아 명마

세계인이 인정하는 명마는 아라비아 말로서, 좋은 경주마는 20~30억 원을 호가한다고 합니다. 아라비아 산 말이 세계적인 명마로 명성을 날리게 된 데는 일화가 있습니다.

이슬람교의 창시자인 마호메트가 세계에서 가장 좋은 말 100마리를 사서 푸른 초장에 울타리를 치고 훈련을 시켰습니다. 훈련 과정 중에 좋은 꼴은 주되 물은 주지 않았습니다. 하루, 이틀이 지나고 사흘째가 되자 말들이 목이 말라 울타리를 부서뜨릴 것만 같았습니다. 이때 우리의 문을 열자 말들이 물 냄새가 나는 시냇가로 쏜살같이 달려갔습니다. 물이 코앞에 있을 때 주인이 멈추라는 호각을 불었습니다. 대부분의 말은 그냥 눈앞에 있는 물을 마셨지만 그중에서 세 마리는 멈추어 섰습니다. 이 세 마리를 골라서 훈련시켰는데 이 말이 바로 아라비아 명마가 되었다는 것입니다.

좋은 말은 잘 달리는 말이 아니라 순종을 잘하는 말입니다. 잘 달리는 것도 중요합니다. 그러나 순종을 잘하는 게 더 중요합니다.

하나님의 사람도 마찬가지입니다. 하나님이 쓰시는 사람은 하나님께 순종을 잘하는 사람입니다. 그래서 오늘 본문의 모세도 80세의 나이에 부르신 것입니다. 민수기 12장 3절은 "이 사람 모세는 온유함이 지면의 모든 사람보다 더하더라"라고 말씀합니다. 온유라는 말은 짐승들이 잘 길들여진 상태를 말합니다. 사람들이 힘 있는 야

생마가 아니라 잘 길들여진 말을 타는 것처럼, 하나님이 쓰시는 사람은 말씀으로 잘 길들여진 온유한 사람입니다. 우리를 향한 하나님의 계획은 분명합니다.

3. 하나님의 함께하심을 믿으라(12절)

"이제 가라 내가 네 입과 함께 있어서 할 말을 가르치리라."

- **함께하시는 하나님**

사정을 하는 것에도 한계가 있습니다. 한두 번 부탁한 것도 아니고 하나님은 다섯 번까지 모세에게 부탁하십니다. 우리 같으면 모세의 고집스러운 변명에 포기했을 텐데 하나님은 끝까지 인내하며 모세를 설득하셨습니다. 물론 14절에서 하나님은 막무가내 변명으로 일관하는 모세를 향하여 화도 내십니다. 그러나 포기하거나 단념하지 않으십니다. 모세가 두려워하고 우려하는 사항에 대하여 하나하나 대책을 제시하십니다. 이스라엘 백성들이 하나님을 의심하면 권능을 보여 주겠다고 하셨고, 입이 뻣뻣하다면 입에 할 말을 주시고 모세의 형 아론을 동역자로 붙여 주겠다고 약속하십니다.

그래도 모세가 보낼 만한 자를 보내시라고 주저하자 마지막으로 결정적인 제안을 하십니다. 하나님이 친히 함께하시겠다는 것입니다. 하나님은 부르심에 주저하는 모세에게 하나님의 은혜와 신실함을 보여 주십니다. 하나님의 함께하심, 이것보다 더 확실한 보증이 어디 있습니까? 이보다 더 우리의 모든 의심과 불안을 물리칠 능력이 어디 있습니까? 이보다 더 위대한 위로가 어디 있습니까? 모세도 하나님의 이 약속에 그만 항복합니다. 그 약속이 모세로 하여금 미디안 광야 40년의 방황과 실패를 뒤로하고 용기와 열정에 불을 지피게 하는 것입니다.

하나님이 우리가 깨닫기를 원하시는 말씀이 이것입니다. 우리가 하나님의 함께하심을 믿어야 한다는 것입니다. 그래서 부활하신 예수님은 마태복음 28장 20절에서 장래의 사역 앞에 두려워하는 제자들에게 이렇게 약속하십니다.

"볼지어다 내가 세상 끝날까지 너희와 항상 함께 있으리라."

건강에 대한 두려움, 사역에 대한 두려움, 일터에 대한 두려움, 장래에 대한 두려움 등 이 모든 두려움을 무엇으로 이길 수 있습니까? 하나님의 함께하심입니다. 그래서 다윗은 시편 27편 1절에서 "여호와는 나의 빛이요 나의 구원이시니 내가 누구를 두려워하리요 여호와는 내 생명의 능력이시니 내가 누구를 무서워하리요"라고 노래하고, 시편 23편 1절에서는 "여호와는 나의 목자시니 내게 부족함이 없으리로다"라고 고백합니다. '여호와는 나의 목자였다'가 아닙니다. '목자인 것 같다'도 아니고, '앞으로 목자일 것이다'도 아닙니다. '지금' 여호와는 나의 목자이십니다.

하나님은 우리와 주일에도 함께 계시고, 월요일에도 함께 계시며, 일주일 내내 함께 계십니다. 1월에도 계시고, 12월에도 계시며, 1년 내내 함께 계십니다. 내가 한국에 있을 때나 외국에 있을 때나 늘 함께 계십니다. 전시에도 계시고 평시에도 계시며, 풍족할 때나 궁핍할 때나 항상 함께 계십니다. 언제나 함께하시는 하나님 때문에 우리가 사는 것입니다. 인생의 변화와 도전을 두려워하지 마십시오. 하나님의 부르심 앞에 핑계 대지 마십시오. '아멘'으로 순종하면 더욱 확실하게 함께해 주십니다.

● **갈대상자의 임마누엘**

마태복음 1장 23절은 "보라 처녀가 잉태하여 아들을 낳을 것이요 그의 이름은 임마누엘이라 하리라"라고 말씀하고 있습니다. '임마누엘'(Immanuel)은 히브리어 합성어입니다. '임'은 '함께', '마누'는 '우리와', '엘'은 '하나님'으로 합치면 '우리와 함께 계시는 하나님'이라는 뜻입니다. 예수님은 우리와 함께하시는 분이라는 것입니다. 우리를 구원하고 살리려고 육신을 입고 이 땅에 와서 우리와 함께 계신다는 것입니다. 하나님께서는 우리에게 예수님을 주셨습니다. 그분은 우리를 죄에서 구원해 주시는 분, 구원자이십니다! 우리를 죄에서 구원해주시고 '너희들 잘 믿거라. 그리고 천국에서 만나자!' 하시는 분이 아닙니다. 예수님은 우리를 구원해 주시고 돕고 보호하며 세상 끝날까지 함께하시는 분, 곧 임마누엘입니다.

출애굽기는 모세의 출생 이야기로부터 시작됩니다. 모세의 어머니 요게벳의 이름은 성경에서 딱 두 번 등장합니다. 태어난 지 100일도 안 된 아들을 갈대상자에 넣어 떠나보내는 사건에서도 요게벳은 '레위 여자', '그 여자'로 지칭됩니다. 모세의 어머니 요게벳은 어린 모세를 갈대상자에 담아 나일강에 띄워 보냅니다. 나일강의 갈대상자에 누인 아기 모세는 태어난 지 이제 석 달밖에 안 됐습니다. 넓은 나일강, 그 위에 떠 있는 갈대상자는 너무나 작습니다. 언제 침몰할지 모릅니다. 갈대상자만 바라보면 모세의 미래는 없습니다. 그 앞에는 죽음과 불확실만이 남아 있습니다. 그런데 모세를 태운 갈대상자는 다릅니다. 임마누엘의 하나님이 함께하시기 때문입니다.

모세의 부모가 무엇을 믿고 망망대해 같은 나일강에 아기를 누인 상자를 떠내려 보낼 수 있었을까요? 모세가 소리를 지를 수 있습니까? 갈대상자를 운전이라도 할 수 있습니까? 짐승들이 달려들어도 속수무책입니다. 갈대에라도 부딪쳐 뒤집히면 끝장입니다. 그럼에도 모세의 부모가 갈대상자에 아들을 넣고 강에 떠내려 보낼 수 있었던 것은 아들과 함께하시는 임마누엘 하나님에 대한 믿음 때문이었습니다. 갈대상자를 지켜 줄 하나님에 대한 임마누엘 신앙이 있었던 것입니다. 갈대상자에 임한 임마누엘 하나님이 모세와 함께했을 때 모세는 구원을 받았을 뿐 아니라 이스라엘의 지도자가 될 수 있었습니다.

세상이라는 바다는 너무나 넓습니다. 잘난 사람, 실력 있는 사람은 넘치고 넘칩니다. 그 넓은 세상의 바다에 떠 있는 작은 갈대상자 같은 존재가 바로 우리 자신입니다. 그러나 임마누엘 하나님, 우리와 함께하시는 하나님이 우리의 갈대상자를 보호하고 지켜 주심으로 우리로 험한 풍파를 헤쳐 나가게 하십니다.

● 인생의 절정기

모세의 인생에서 절정기는 언제였습니까? 하나님이 그를 쓰실 때였습니다. 그는 하나님의 부름을 받아 순종한 그 40년 동안 그의 인생에서 최고의 삶을 살았습니다. 히브리 민족을 해방시키는 출애굽의 지도자가 되었던 것입니다.

여러분도 실패할 때, 어려움을 당할 때, 원하는 일이 제대로 되지 않을 때, 그때 하나님 앞에 겸손히 순종하고 다듬어져서 온유한 자로 쓰임 받기를 바랍니다. 무엇이 축복입니까? 자기를 비우고 하나님 앞에 쓰임 받는 자가 되는 것, 이것이 축복입니다. 그러므로 오늘 하나님께서 우리를 쓰실 수 있도록 우리의 삶을 내어드려야 합니다. 하나님의 부르심 앞에 변명하고 거절하는 모세의 모습은 오늘을 살아가는 우리의 모습인지도 모릅니다. 하지만 기억해야 할 것은 자기를 부인하는 겸손이 지나치면 하나님을 불신하는 것이 될 수도 있다는 점입니다.

깨달음의 깊이가 감사의 깊이이며, 감사의 깊이가 영성의 깊이입니다. 깨달으면 그 어디나 하늘나라이지만, 못 깨달으면 그 어디나 지옥입니다. 이 세상에 완전한 사람은 없습니다. 자신이 완전한 사람이라고 생각하고 있다면 그 사람이야말로 가장 불완전한 사람일 것입니다. 불러 주심도 은혜입니다. 나는 결코 충성스럽지 않으나 충성되게 여겨 하나님의 일꾼으로 불러 주심도 은혜입니다. 불러 주실 때 순종하면 하나님이 얼마나 기뻐하시겠습니까?

인생의 성공과 실패는 다른 데 있는 것이 아닙니다. 하나님을 얼마나 의지하느냐에 달려 있고, 하나님이 쓰실 수 있는 사람으로 얼마나 변화되느냐에 달려 있습니다. 모세가 자신의 변명을 거둬들이고 하나님의 부르심에 순종하여 하나님을 의지하는 사람이 되었을 때, 하나님은 그를 통해 출애굽의 역사를 이루셨습니다. 하나님의 부탁을 거절하지 마십시오. 순종하면 축복하실 것입니다.

이제 자녀들의 미래도 임마누엘의 하나님께 맡깁시다. 건강도 맡겨 버립시다. 사업도 맡겨 버립시다. 모세처럼 하나님이 맡기시는 일 때문에 고민하고 있다면 하나님께서 함께하심을 믿으십시오. 임마누엘의 하나님께서 함께하고 보호하며 공급해 주시고 힘을 주실 것입니다. 사방이 무너지고 어둠밖에 보이지 않았지만 그 속에서 임마누엘 하나님을 발견하고 희망을 보았던 모세처럼 임마누엘 하나님을 붙들고 일어서기를 간절히 바랍니다.

아버지의 마음을 알기를!
철이 든다는 것

●

누가복음 15:11-24

● 법륜 스님의 즉문즉설

유튜브 조회수는 대중적인 인기를 반영한다고 할 수 있습니다. 한국교회 주일예배 유튜브 영상 조회수 1위는 분당우리교회 이찬수 목사입니다. 아마도 불교계 유튜브 영상 조회수 1위는 법륜 스님일 것입니다. 법륜 스님은 2000년대 이후, 대중의 고민을 듣고 대화를 통해 그 사람이 스스로 답을 찾을 수 있게 도와주는 '즉문즉설' 강연으로 유명해졌고, 저서 《스님의 주례사》, 《엄마 수업》, 《방황해도 괜찮아》, 《인생 수업》 등이 베스트셀러가 되어 대중적인 인기를 얻었습니다. 그분의 즉문즉설은 재미있어서 저도 가끔씩 듣습니다.

2023년 4월 29일 자 유튜브에 게시된 즉문즉설은 28세 청년의 사연이었습니다. 이 청년은 자수성가하였으나 부모와의 갈등 때문에 조언을 구하고 있었습니다. 그는 대학교 다닐 때 중국 수학여행도 못 갈 정도로 부모의 도움이 없었지만, 열심히 공부하여 장학금을 타고 부지런히 아르바이트하여 부족한 학비를 마련하였습니다. 대학 졸업 후에는 장교로 복무하면서 돈을 모으고, 전역한 후에는 대기업에 취업하여 생활도 윤택해졌습니다. 그러고는 그간 못 했던 해외여행도 다니고, 모아 둔 돈으로 고급 외제차도 구입했습니다.

그런데 부모님이 그 모습을 보고 겉멋 들었다며 엄청 야단을 쳤습니다. 청년은 자기가 자수성가하는 데 도움을 준 것도 없고, 차도 순전히 자기가 열심히 모은 돈으로 샀는데 무슨 자격으로 야단을 치는가 싶어 다툰 후 독립을 했고, 현재 부모와 연락을 안 하고 산다는 사연이었습니다. 여러분 같으면 어떻게 말해 주겠습니까?

법륜 스님은 자수성가란 말에 시건방지다고 하였습니다. 대학생 때부터 28세까지 아르바이트한 것이 자수성가냐는 것입니다. 만일 부모가 낳아 주지 않았다면 어떻게 세상에 존재할 수 있으며, 어머니가 자녀를 잉태하여 열 달 동안 태 속에 품고 있을 때의 고통과 출산의 고통을 아느냐고 물었습니다. 그리고 영아기를 거쳐 자가 섭생이 될 때까지의 양육의 수고는 아느냐고 물었습니다. 그러면서 자신의 이야기를 하였습니다.

스님도 여러 형제가 있는데 감옥에 간 형제, 외국에 나간 형제, 사업한다고 집안 재산 말아먹은 형제 등 다 부모 속을 썩였고, 많은 형제 중 자신만 속을 썩이지 않았답니다. 스님은 고등학교 1학년 때 절에 들어가서 집안에 부담을 전혀 주지 않고 자수성가했다는 것입니다. 그래서 어머니가 형제들을 걱정하면서 한탄하실 때 "어머니, 그래도 저는 속을 안 썩였죠?"라고 물었더니, 의외로 어머니가 "니가 제일 내 애간장을 녹였다"라고 하시더랍니다. 어린 나이에 절에 들어가 수행하는 자식 생각에 가슴이 제일 아팠다는 것입니다. 그러면서 한마디로 그 청년의 갈등과 인생의 문제는 알량한 자수성가의 시각 때문이라고 지적했습니다. 그리고 열반이나 해탈은 죽어서 딴 세상에 가는 것이 아니라 행복하게 사는 시각을 얻는 것이라고 하면서, 진정 행복한 삶을 살려면 자수성가의 시각에서 빠져나와 부모의 마음을 헤아릴 줄 아는 은혜의 시각을 가지라고 조언하였습니다.

세상에 사람의 생각으로 이해할 수 없는 것이 참 많지만 그중 하나가 자식이 부모의 마음을 아는 것이 아닌가 싶습니다. 그래서 많은 부모들이 자녀에게 '너도 결혼해서 너와 똑같은 아이 낳아 보고 길러 봐라!'라고 말합니다. 그렇기에 부모의 마음을 이해하는 자식은 된 사람이라고 할 수 있습니다. 그 때문에 예수님은 그 유명한 탕자의 비유를 통하여 하나님 아버지의 마음을 가르치십니다. 과연 우리가 깨달아야 할 하나님 아버지의 마음, 그리고 부모님의 마음은 무엇일까요?

1. 아버지는 탕자도 사랑하신다 (20절)

"이에 일어나서 아버지께로 돌아가니라 아직도 거리가 먼데 아버지가 그를 보고 측은히 여겨 달려가 목을 안고 입을 맞추니."

● **단순한 분깃 문제가 아니다**

우리나라를 가리켜 동방예의지국이라고 부르곤 했습니다. 삼강오륜에 근간을 두고 사람 간의 관계가 예의 바르다고 해서 생긴 호칭입니다. 오늘날도 그럴까요? 최근 미국의 한 사회학자는 세계에서 세대 간 갈등이 가장 심한 나라로 한국을 꼽았습니다. 경제 성장만큼이나 빠른 사회적 관계 양상의 변화 때문일 것입니다. 종종 패륜적 사건의 뉴스를 접할 때마다 '어쩌다 세상이 이렇게 되었나?' 하는 슬픔이 밀려듭니다.

오늘 본문에도 패륜적 행동으로 아버지뿐 아니라 주변 사람들을 깊은 슬픔과 고통에 빠뜨린 한 사람의 이야기가 기록되어 있습니다. '돌아온 탕자'라고 알려진 예수님의 비유입니다. 겉으로 보기에는 타락한 아들이 회심한 사건으로 보이지만 실은 아버지의 사랑을 보여 주는 이야기입니다. 그래서 '복음 중의 복음'이라고 불릴 만큼 성경이 말하는 복음의 진수를 보여 주는 비유라고 학자들은 평가합니다.

이 비유는 12절에서 보는 바와 같이 재산 중에서 자신에게 돌아올 분깃을 나눠 달라는 둘째 아들의 요청으로 시작됩니다. 자신에게 돌아올 분깃을 나눠 달라는 둘째 아들의 요구가 칭찬받을 일은 아니지만 있을 수 있는 일 아닌가 하고 생각할 수 있습니다. 하지만 당시의 문화적 관점에서는 결코 있을 수 없는 일이었습니다. 아버지가 살아 계시는데 재산을 나눠 달라는 것은 아버지가 빨리 죽기를 바라는 것과 동일한 의미였습니다. 둘째 아들의 요구는 아버지에 대한 최소한의 예의도 지키지 않은 것이요, 무정할 뿐 아니라 아버지께 모욕적인 행동입니다.

그렇게 재산을 나눠 받은 둘째 아들은 '며칠이 안 되어'(13절) 그것을 모두 현금으로 바꾸었습니다. 토지에 대한 이스라엘 사람들의 애착은 특별한 의미를 지닙니다. 가족의 토지는 그들의 정체성의 중요한 부분이었습니다. 그래서 할 수 있으면 토지를 팔지 않았고, 피치 못할 경우에라도 파는 데 수개월이 걸렸습니다. 하지만 이 아들은 최대한 서둘러 아버지 재산을 현금화했습니다. 이것을 바라보는 아버지의 심정은 어떠했을까요?

그리고 여기서 고려해야 할 사항이 또 있습니다. 적어도 탕자의 행동은 아버지와 아들 사이의 문제만은 아니었다는 것입니다. 본문에는 묘사하고 있지 않지만 거기에는 주변의 친척과 동네 사람들이 있습니다. 당시 동네 사람들은 가족이나 다름없었습니다. 본문에서 벌어지고 있는 일은 동네 사람들이 다 아는 일이었고, 둘째 아들의 패륜적인 일들은 마을 공동체가 용납할 수 없는 일이었습니다. 그런 행동은 마을의 수치였습니다.

당시에는 '케차차'라는 의식이 있었습니다. 유대인들이 땅을 이방인들에게 팔거나 합당하지 않는 결혼을 하면 친척과 동네 사람들이 바싹 마른 옥수수와 견과가 가득 든 통을 가지고 와서 아이들이 보는 데서 그 통을 깨뜨리며 "아무개가 기업에서 끊어졌다. 아무개가 가족을 잃었다"라고 선언했습니다. 본문의 탕자는 케차차를 일으킨 장본인입니다. 이렇듯 둘째 아들의 행동은 아버지에게 말할 수 없는 부끄러움과 모욕을 주었을 뿐 아니라 친척과 동네 사람들에게도 큰 수치를 안겨 주었습니다.

● 나는 여기서 주려 죽는구나

모든 재산을 현금화한 둘째 아들은 곧바로 먼 나라로 떠났습니다(13절). 할 수 있는 한 아버지에게서 멀리멀리 떠났습니다. 그리고 거기서 허랑방탕하며 흥청망청 재산을 탕진했습니다. 올라가기는 힘들어도 떨어지는 것은 잠깐이라는 말처럼, 버는 것은 힘들어도 쓰는 것은 잠깐입니다. 더군다나 스스로 땀 흘려 벌지 않은 재물은 손가락 사이로 빠져나가는 모래알같이 순식간에 사라지는 법입니다.

엎친 데 덮친 격으로 그 지역에 흉년이 들었습니다. 그 누구도 둘째 아들에게 먹을 것을 줄 수가 없었습니다. 하는 수 없이 그 나라 백성 중 한 사람에게 붙어살며 그 집의 돼지를 쳤습니다(15절). 유대인의 입장에서 이방 나라 사람에게 붙어사는 것은 받아들이기 힘든 수치입니다. 그것도 그들의 돼지를 친다는 것은 신분 추락의 이상을 의미합니다. 당시 이방 사람에게 붙어산다는 것은 하나님의 백성으로서의 법과 질서를 버렸다는 것을 의미합니다. 더군다나 이스라엘 율법에 돼지는 부정한 동물로 분명하게 구분되어 있습니다(레 11:7). 이방 나라에서 돼지를 치는 일은 하나님의 백성으로서 자기의 모든 신분과 삶을 포기하는 것과 다름없었습니다.

둘째 아들의 추락은 거기서 그치지 않았습니다. 본문 16절이 보여 주듯 배가 고파 돼지가 먹는 쥐엄 열매라도 먹고자 했지만 그것조차 배불리 먹을 수가 없었습니다. 결국 주려 죽을 상황에 이르렀습니다.

이 모든 것이 아버지 집을 떠나온 결과입니다. 그렇습니다. 예레미야서 2장 13절 말씀과 같이 생명의 근원이 되는 하나님을 등지고 떠나 스스로 웅덩이를 판 결과는 너무나 자명합니다. 하나님을 등진 죄 된 본성의 결과는 결코 사람을 행복으로 인도하지 않습니다. 정반대로 주림과 수치, 단절과 소외, 낙심과 절망으로 이끌어 갑니다.

더는 추락할 곳이 없는 곳에 이른 둘째 아들은 비로소 처음으로 '스스로 돌이켜' 보았습니다(17절). 그리고 그런 자각에서 한 걸음 더 나아갔습니다. 아버지에게 돌아가 '하늘과 아버지에게 죄를 지었음'을 회개하기로 마음먹었습니다(18절). 그리고 몸을 일으켜 아버지 집을 향하여 갔습니다.

● 달려가 목을 안고

둘째 아들이 집을 떠난 후로 아버지의 일과는 해가 뜨면 동네 어귀로 나가 온종일 먼 곳을 바라보다가 해가 지면 돌아오는 것이었습니다. 전과 같은 일이 하염없이 반복되던 어느 날이었습니다. 갑자기 아버지가 맨발로 동네 어귀를 향하여 달리기 시작하였습니다. 집안 사람들이 놀라 소리쳤고, 동네 사람들도 무슨 일이 있나 하고 몰려 나왔습니다. 아버지가 달려 나간 이유는 무엇입니까? 20절을 보십시오.

> "이에 일어나서 아버지께로 돌아가니라 아직도 거리가 먼데 아버지가 그를 보고 측은히 여겨 달려가 목을 안고 입을 맞추니."

아버지는 아직도 거리가 먼데 저 멀리에서 마을로 들어오는 한 사람이 둘째 아들임을 한눈에 알아보고 달려 나간 것입니다. 본문에서 아버지가 멀리서 아들을 알아보았다는 것은 그리 놀랄 만한 일이 아닙니다. 그보다 더 놀라운 일이 있습니다. 그것은 아버지가 집 밖에서 뛰었다는 것입니다. 학자들에 의하면 당시 고대 사회에서 어른이 늘어진 옷을 입고 달리는 법은 절대 없었다고 합니다. 그렇게 하는 것은 채신머리없는 일일 뿐 아니라 굴욕적인 일로 취급되었습니다. 하지만 아버지는 달려 나갔습니다. 그것도 맨발로 말입니다.

아버지를 달려 나가게 한 것은 아버지의 측은히 여기는 마음이었습니다. 사랑하면 이렇게 뒤죽박죽이 됩니다. 아들을 사랑하는 마음 앞에서 어떤 논리나 이유는 무의미해집니다. 아버지의 행동은 당시 사회에서 유례를 찾아보기 힘든 사랑의 행위였습니다.

그러나 그것이 아버지의 측은히 여기는 사랑 때문만은 아니었습니다. 그 안에는 좀더 깊은 이유가 있었습니다. 아버지의 재산을 탕진하고 돌아오는 둘째 아들에게는 아버지와의 관계만이 아니라 가족과 동네 공동체와의 문제가 남아 있었습니다. 그들로부터 받을 수 있는 반응은 비방과 조롱만이 아니었습니다. 정죄와 적개심, 더 나아가 버림과 위협이 그를 기다리고 있었습니다. 지금도 중동 문화권에서 지키고 있는 명예살인이라는 관습을 보면 알 수 있습니다. 이 사실을 아는 아버지는 달려 나가는 굴욕적인 행동을 통해 둘째 아들에게 돌아갈 차디찬 시선과 냉대 그리고 위협을 자신이 떠맡은 것입니다. 동네 사람들은 아버지의 예기치 못한 사랑의 행동 때문에 더는 탕자를 차디찬 시선으로 냉대할 수 없게 되었습니다.

우리가 인생을 이해하고 신앙을 배우려면 꼭 알아야 하는 게 있습니다. 그것은 하나님 아버지의 마음인데, 아버지는 결코 어떤 자식도 미워하지 않으신다는 것입니다. 우리 속담에 "열 손가락 깨물어 안 아픈 손가락이 없다"라는 말이 있습니다. 자식이 아무리 많아도 부모에게는 하나같이 모두가 귀하다는 것을 비유적으로 이르는 말입니다.

2. 아버지의 관심은 자식의 생명이다(24절)

"이 내 아들은 죽었다가 다시 살아났으며 내가 잃었다가 다시 얻었노라 하니 그들이 즐거워하더라."

● 다 같은 죄인

오늘 본문의 첫째 아들은 동생과 비교하면서 자신은 의인이라고 생각하지만, 엄밀히 따지면 다 같은 사람들이라고 할 수 있습니다. 그들이 중요하게 생각하는 가치 기준을 보면 알 수 있습니다. 첫째나 둘째나 별반 다를 것이 없는 동일한 가치 기준을 가지고 살아가고 있었습니다. 두 아들 모두 자신이 아버지로부터 물려받을 재산에 가치를 두고 살아가는 사람이었습니다.

둘째 아들이 돌아오자 첫째 아들은 마음이 몹시 불편해졌습니다. 자신에게 돌아올 재산이 줄어들 수 있다는 불안감이 있었을 것입니다. '아니, 아버지의 재산을 그렇게 많이 가져가서 다 써버리고 이렇게 누더기 옷을 입고 와서는 이제 어디에 붙어서 살려고…또 아버지 재산이 탐나서 들어온 거야?'라고 생각했을 것입니다. 그는 아버지가 동생을 단 한마디의 꾸중이나 책망도 없이 받아들이고, 또 거기다 잔치까지 벌이는 것에 분노가 치밀어 올랐습니다.

"아니, 아버지! 나는 여러 해 동안 아버지를 섬기고 아버지의 말을 잘 들었는데 내게는 염소 새끼 한 마리도 안 주시더니 어찌 이러실 수 있습니까? 아버지 재산을 탕진하고 돌아온 아들을 위해 살진 송아지를 잡고, 그 비싼 가락지를 끼워 주고, 풍악을 울리고 잔치를 벌이다니, 말이나 되는 소리입니까?"

본문 이하 28절을 보면 그가 노하여서 아버지가 벌인 잔치에 들어가고자 하지 않았다고 말하고 있는데, 여기서 '노하다'의 원어는 '벌컥 화를 내다'라는 의미입니다. 아버지한테 단순히 목소리를 높인 것이 아닙니다. 하인에게 하듯 버럭 화를 낸 것입니다. 참으로 무례한 아들입니다. 만약 오늘 본문의 작은아들 즉 동생이 망해서 초췌한 모습으로 돌아오지 않고 큰 부자가 되어 권력을 쥐고 수많은 종을 데리고 나타났다면 과연 형의 태도는 어떠했을까요? 아마 그때는 아버지가 아무리 성대한 잔치를 열어 주어도 분노하지 않았을 것입니다

● **생명을 원하신다**

이러한 상황에서 아버지의 말에 진한 감동이 있습니다. 본문

24절을 보십시오.

"이 내 아들은 죽었다가 다시 살아났으며 내가 잃었다가 다시 얻었노라."

둘째 아들은 그동안 아버지께 한 번도 기별을 하지 않았습니다. 아버지의 속은 새까맣게 탔을 것입니다. 거기다 많은 재산을 다 까먹고 돌아왔습니다. 그런데 단지 돌아왔다는 것 하나만으로 이렇게 기뻐하고 즐거워하는 것입니다. 누가복음 15장 7절에서 예수님은 "내가 너희에게 이르노니 이와 같이 죄인 한 사람이 회개하면 하늘에서는 회개할 것 없는 의인 아흔아홉으로 말미암아 기뻐하는 것보다 더하리라"라고 말씀하고 있습니다. 한 영혼이 회개하고 하나님께 돌아왔을 때 하나님 아버지께서 얼마나 크게 기뻐하시는지를 잘 보여 주는 말씀이라고 할 수 있습니다.

누가복음 15장에는 잃었다가 다시 찾은 양과 드라크마 비유가 나오는데, 이때 잃은 것을 다시 찾고서 벗과 이웃을 초청하여 잔치를 벌입니다. 이것은 경제 논리로 따지면 절대 이해할 수 없습니다. 상식적으로 잔치를 벌일 때 들어가는 비용이 양 한 마리의 가격이나 한 드라크마보다 훨씬 큽니다. 그러나 이것이 바로 하나님 아버지의 마음을 보여 주는 것입니다. 이를 통해 우리는 한 생명을 구하기 위해서는 그 어떤 대가도 지불하겠다는 하나님 아버지의 뜨거운 사랑과 잃은 자를 찾았을 때의 기쁨을 잘 알 수 있습니다.

● 아버지의 용서

아버지의 마음은 용서하는 마음입니다. 아들이 집에 도착하기 전에 먼저 달려가 용서의 포옹을 해주었습니다. 스펄전은 이 본문을 해석하며 "자비와 용서의 눈이 회개의 눈보다 더 빨랐다. 아들이 한 걸음 옮겼을 때 아버지는 열 걸음을 달렸을 것이다"라고 하였습니다. 아버지는 지금 이 아들이 죄를 범하지 않은 것처럼 맞아 주고 있습니다. 아버지의 용서는 아들을 과거로부터 완전히 떠나게 해주었습니다.

세상에서 과거에 대해 정리하는 방법으로 가르쳐 주는 것은 보통 두 가지입니다. 하나는 상황윤리입니다. '그게 왜 죄야? 그것 가지고 괴로워할 것 없어' 하며 세상적인 가치관으로 합리화하는 것입니다. 다음은 망각입니다. 그냥 잊으라고 말합니다. 그러나 합리화나 망각으로는 과거에서 떠날 수 없습니다. 오직 우리 아버지 하나님의 용서를 체험할 때 과거에서 떠날 수 있습니다.

> "오라 우리가 서로 변론하자 너희 죄가 주홍 같을지라도 눈과 같이 희어질 것이요 진홍같이 붉을지라도 양털같이 되리라"(사 1:18).
> "만일 우리가 우리 죄를 자백하면 그는 미쁘시고 의로우사 우리 죄를 사하시며 우리를 모든 불의에서 깨끗하게 하실 것이요"(요일 1:9).

하나님 아버지께로 돌아가야 새 삶을 살 수 있습니다. 하나님은 지금 우리에게 이렇게 말씀하고 계십니다. "너희 부모들은 자녀에게 좋은 것을 주고 싶어서 나에게 간절함으로 기도하지? 그래, 내가 다 줄 거야! 그런데 나는 무엇이 갖고 싶은지 아니? 나의 필요는 무엇인지 아니? 나는 한 영혼이 필요하단다! 나의 필요를 위해서 그렇게 간절함으로 기도해 줄 수는 없겠니?"

● **부모님 오시니 좋다!**

제 둘째 딸이 2019년 4월 27일에 결혼을 했습니다. 신혼여행에서 돌아오면 대개 신혼집 집들이로 친정 부모와 가족이 방문합니다. 하지만 이번에는 감독 선거와 그 후의 바쁜 일들로 인하여 정말 시간이 나지 않았습니다. 벼르다가 마침내 결혼 후 넉 달 만에 평창에서 목회하는 딸의 집을 방문했습니다. 산 넘고 물 건너 외진 곳에서 목회하는 사위와 딸이 안쓰러웠습니다. 그래도 시골 교회를 열심히 섬기는 대견스러운 모습에 감사하며 좋은 시간을 보내고 돌아왔습니다. 돌아오는 길에 사위에게서 문자메시지가 왔습니다.

"장인어른! 잠시 쉼을 가져도 부족할 시간에 사랑하는 둘째 딸과 사위를 보러 와주심에 감사드립니다. 저희 행복하게 잘 살고 있는데 그 모습이 보였을지 걱정입니다. 혹시나 더 챙겨 주지 못하고 관심 갖지 못했다는 어려운 마음이 있으셨다면 전혀 그러지 않으셔도 된다고 말씀드리고 싶었습니다. 남은 하루 진정한 쉼이 있기를 바라고, 내일 홍천과 서울 가는 여정도 신바람 나는 여정이시길 기도하겠습니다. 아, 아까 별이가 말하더라구요. '부모님 오시니 좋다!' 저 또한 참 좋은 시간이었습니다. 계속 기도로 응원하겠습니다."

'부모님이 오시니 좋다!' 이것이 부모와 자식 관계의 본질입니다. 그래서 하나님 아버지는 우리가 하나님께 돌아오기를 원하시는 것입니다. 자신의 품 안에서 탕자인 인류가 참된 안식을 얻기를 바라며 돌아오기를 기다리고 계십니다.

3. 아버지는 회복시키신다 (22-23절)

"아버지는 종들에게 이르되 제일 좋은 옷을 내어다가 입히고 손에 가락지를 끼우고 발에 신을 신기라 그리고 살진 송아지를 끌어다가 잡으라 우리가 먹고 즐기자."

● **비유의 핵심**

교회학교 선생님이 어린이들에게 누가복음 15장에 나오는 탕자의 이야기를 들려주고 질문하였습니다. "어린이 여러분, 둘째 아들이 탕자가 되어 집에 돌아왔을 때 누가 제일 싫어했을까요?" 한 어린이가 손을 번쩍 들었습니다. "집에 있던 살찐 송아지요!"

누가복음에만 나오는 이 비유는 흔히 탕자의 비유라고 부릅니다. 그러나 엄밀한 의미에서 이 비유는 '아버지의 사랑의 비유'라고 불러야 옳습니다. 이 비유의 핵심은 탕자에게 있는 것이 아니라 아버지의 사랑에 있고, 또 그 사랑이 얼마나 큰지를 보여 주는 데 있기 때문입니다.

따라서 이 탕자의 비유에서 중요한 것은 아버지의 사랑입니다. 그는 둘째 아들이 타국으로 떠났을 때 아들의 근황을 알아보려고 노력했을 것입니다. 타국에 기근이 심해졌다는 소문을 들었을 때는 둘째 아들에 대한 사랑으로 더욱 견디기 힘들었을 것입니다. 그러나 여기서 특이한 것은 아버지가 둘째 아들을 데려오기 위해서 찾아 나서지 않았다는 점입니다. 잃은 양의 비유에서는 목자가 양을 찾아 나섰고, 잃은 드라크마의 비유에서도 잃은 돈을 찾기 위해 방을 부지런히 쓸었다고 했습니다. 그러나 탕자의 비유에서는 아버지가 떠난 아들을 찾기 위해 한 일이 아무것도 기록되어 있지 않습니다. 여기서 우리는 아들에 대한 아버지의 사랑이나 관심이 없었다고 생각해서는 안 됩니다.

본문 20절을 보면 둘째 아들이 돌아올 때 "아직도 거리가 먼데 아버지가 그를 보고"라고 한 것을 보면 아버지는 아들이 언젠가는 돌아올 것이라고 믿었음을 알 수 있습니다. 아마도 찾으러 가는 것보다는 기다리는 것이 둘째 아들의 방랑벽을 고치는 방법이라고 믿었을 것입니다. 그러다 마침내 아들이 돌아오자 아버지는 체면과 위신을 무시하고 맨발로 누더기를 걸친 아들에게 달려가 입을 맞춘 것입니다.

● 회복시키는 사랑

둘째 아들이 돌아왔을 때 아버지의 사랑이 얼마나 컸는지는 다음 말씀에서 알 수 있습니다. 본문 21절을 보면 둘째 아들이 "내가 하늘과 아버지께 죄를 지었사오니"라고 회개했을 때 아버지는 아무런 대답도 하지 않았습니다. 그러나 그다음 행동을 통해 우리는 아버지가 아들을 용서했을 뿐 아니라 다시 옛날의 신분으로 회복시켜 준 것을 알 수 있습니다. 여기서 우리는 하나님은 말보다는 행동을 통해서 사랑을 나타내기를 원하신다는 점을 깨달을 수 있습니다.

그러면 아버지가 아들에게 베풀어 준 사랑은 어떤 것입니까? 첫째, 가장 좋은 옷을 입혔다고 했습니다. 우리나라도 마찬가지지만, 옛날에는 옷이 그의 신분을 상징했습니다. 여기서 좋은 옷은 종이나 고용인이 아니라 아들로서의 신분이 회복된 것을 의미합니다. 둘째, 손에 가락지를 끼웠다고 했습니다. 창세기 41장 42절을 보면 요셉이 애굽의 총리대신이 되었을 때 바로가 요셉의 손에 인장반지를 끼워 주었습니다. 그 권한을 마음대로 사용해도 좋다는, 일종의 신용카드를 준 것이나 마찬가지입니다. 셋째로 발에 신을 신겼습니다. 당시 노예들은 맨발로 다녔습니다. 따라서 신발은 자유인의 표시였습니다. 그뿐 아니라 아버지는 송아지를 잡아 큰 잔치를 베풀었습니다. 이 잔치는 단순한 잔치가 아니라 탕자를 아들로 인정하는 공식적인 의식을 겸한 만찬이었습니다.

이 비유에서 간과하지 말아야 할 것은 맏아들의 반응입니다. 그는 아버지의 법적 상속자로서 그동안 아버지를 잘 섬겨 왔습니다. 그런데 지금 동생에 대한 시기와 질투심을 드러냈습니다. 밭에 나갔다가 늦게 돌아왔을 때 풍악 소리와 함께 춤추는 장면을 접하고 동생이 돌아온 것을 알게 됐습니다.

문제는 맏아들이 아버지가 하는 일에 반기를 들었다는 것입니다. 이것은 용납할 수 없는 잘못입니다.

사실 탕자의 비유는 복음 중의 복음을 선포하고 있습니다. 하나님의 무한하신 사랑을 말해 주고, 하나님께서 죄인들을 그분의 집으로 초청하는 것을 보여 줍니다. 아버지의 용서는 말뿐이 아니었습니다. 이전의 모습으로 완전히 회복시켜 주었습니다. 아버지는 새로운 현재를 선물로 주었습니다. 그뿐 아니라 새로운 미래까지도 열어 주었습니다. 그렇습니다. 하나님 아버지의 사랑 안에 있으면 새로운 삶을 받습니다.

사람의 성장은 더 큰 사랑을 이해할 때 이루어집니다. 바로 아버지 하나님의 마음을 이해하는 것입니다. 믿음 안으로 들어오길 기다리시는 하나님의 마음을 헤아리십시오. 하나님은 언제나 여러분을 떠나지 않으며 기다리심을 믿으십시오. 그분께 돌아갈 때 진정한 인생의 잔치가 벌어지는 기쁨이 있음을 확신하십시오. 우리 온 교우들이 올해 주님과의 새로운 관계 속에서 참된 기쁨과 축복을 누리시기 바랍니다.

● 부모 공경

아버지께로 돌아온 탕자의 비유는 우리 가정에서 아버지의 역할이 살아나야 함을 가르치는 것으로도 이해할 수 있습니다.

기독교는 유난히 부모 공경을 강조하는 종교입니다. 출애굽기 20장 12절에 "네 부모를 공경하라 그리하면 네 하나님 여호와가 네게 준 땅에서 네 생명이 길리라"라고 하였습니다. 십계명 중에서 다섯 번째 계명이자 인간에 대한 첫 번째 계명이 바로 부모 공경입니다. 왜 어버이날이 필요합니까? 이 기념일을 통해 부모의 소중함을 다시금 깨우치고 그 사랑을 기리기 위해서입니다.

2019년 9월 24일 국회에서는 한 의원이 일명 '불효자 방지법'을 발의하였습니다. 부모 부양 의무를 제대로 이행하지 않은 자녀에게서 이미 증여한 재산을 되돌려 받을 수 있는 출구를 마련해 줄 목적으로 국회와 대법원에서 추진하고 있는 법률입니다. 불효자 방지법은 민법과 형법 개정안으로 구성되어 있습니다. 민법 개정안은 재산을 증여받은 자녀가 부모를 봉양하지 않을 경우 이를 되돌려 받을 수 있도록 했고, 형법 개정안은 자녀가 부모를 폭행하는 존속 폭행에서 친고죄와 반의사 불벌죄를 폐지하는 게 그 골자입니다.

좀더 자세히 들여다보면, 민법 개정안은 자식이 '부양 의무를 이행하지 않을 때'나 '형법상 범죄 행위를 저지를 때'만 부모가 재산 증여를 취소할 수 있도록 한 규정(현행 민법 556조)에 '학대나 그 밖에 현저하게 부당한 대우를 한 때'를 추가한 것입니다. 또 자녀에게 한 번 증여한 재산을 돌려받을 수 없게 한 민법 558조를 삭제해 증여한 재산도 반환받을 수 있도록 했습니다. 재산 증여가 취소될 때는 증여된 재산뿐 아니라 이익분에 대해서도 반환 의무가 생기고, 또한 증여받은 돈을 사용했다고 하더라도 전액 돌려줘야 한다고 합니다. 예컨대 10억 원을 부모에게서 물려받아 3억 원을 이미 사용했더라도 10억 원 전부를 반환해야 합니다.

형법 개정안은 민법의 '형법상 범죄 행위를 저지를 때'를 보완하는 내용을 담고 있습니다. 형법 206조 3항을 개정해 존속 폭행 범죄의 경우 '피해자의 명시한 의사에 반해 공소를 제기할 수 없다'는 규정을 삭제했습니다. 즉, 부모가 자식을 고소하지 않거나 합의서를 제출하더라도 존속 폭행에 대한 수사와 기소가 모두 가능해지는 것입니다.

이 불효자 방지법이 왜 나오게 됐을까요? 날로 심각해지는 경기 침체 여파로 세대 간 갈등이 심화되고 있으며, 전통적인 효 사상이 흔들리는 것과 무관하지 않습니다. 법무부도 이 같은 문제를 깨닫고 2009~2013년 민법학자 40여 명으로 구성된 민법개정위원회를 만들었습니다. 2013년에 '불효자 방지법'과 같은 내용의 민법 개정안 시안을 만들어 놓고 각계 의견을 수렴하고 있습니다. 2002년 68건이던 부양료 청구 소송 건수가 지난해 262건으로 늘었습니다. 지난해 노인 학대는 5,772건으로 정서적 학대(2,169건, 37.6%), 신체적 학대(1,426건, 24.7%), 방임(983건, 17%), 경제적 학대(521건, 9%) 등의 순입니다. 특히 학대 행위자는 아들이 1,504명(38.8%)으로 가장 많았고 배우자

(588명, 15.2%)와 딸(476명, 12.3%) 이 그다음입니다. 아들과 딸을 합쳐 자녀가 학대한 행위가 50%를 넘었습니다. 세상이 이렇게 돌아가도 되는 건지 답답할 뿐입니다.

- **형제 우애**

본문의 뒷이야기인 31-32절을 보십시오.

"아버지가 이르되 얘 너는 항상 나와 함께 있으니 내 것이 다 네 것이로되 이 네 동생은 죽었다가 살아났으며 내가 잃었다가 얻었기로 우리가 즐거워하고 기뻐하는 것이 마땅하다 하니라."

오늘 본문의 비유는 탕자가 아버지께로 돌아와 잔치가 열리는 것으로 끝나지 않습니다. 남은 이야기가 있습니다. 바로 탕자의 형 이야기입니다(눅 15:25-32). 예수님께서는 앞서 말씀하신 잃은 양을 찾은 목자의 비유나 잃은 드라크마를 찾은 여인의 비유와는 달리 집에 남아 있던 첫째 아들의 이야기를 하십니다. 여기서 맏아들은 아버지에게 불평과 원망을 쏟아놓습니다. 그가 동생이 돌아온 것을 기뻐하지 않거나 잔치에 참여하지 않고 아버지께 원망을 늘어놓은 것은 아버지의 마음을 몰랐기 때문입니다.

우리는 아버지의 마음을 알아야 합니다. 집을 나갔다가 돌아왔어도 아버지의 마음을 알아야 합니다. 아버지와 함께 있었다면 더욱 아버지의 마음을 알아야 합니다. 그래서 아버지의 잃은 자녀를 찾은 일에 함께 기뻐해야 합니다. 아버지의 마음은 형제가 우애하는 것입니다.

제가 초등학교 다닐 때 국어 교과서에 〈의좋은 형제〉 이야기가 실려 있었습니다.

옛날 어느 마을에 의좋은 형제가 살고 있었습니다. 두 사람은 1년 동안 땀 흘리며 열심히 농사를 지어 마침내 추수를 하고 벤 벼를 똑같이 나누어 가졌습니다.
그날 밤 동생은 형을 걱정하면서 '형님은 식구가 많으니 아무래도 나보다 곡식이 더 필요할 거야. 그러니 벼를 더 가져다주어야겠다'라고 생각하고 밤에 몰래 나가 볏단을 형의 낟가리로 옮겨 놓았습니다. 그런데 형도 '동생은 새로 살림을 차렸으니 아무래도 필요한 것이 많을 것이다'라는 생각에 동생의 낟가리에 볏단을 져다가 옮겨 놓았습니다.
다음 날 참 이상한 일이 일어났습니다. 두 형제가 아침에 일어나 들에 나가 보니 낟가리가 하나도 줄지 않고 그대로 있는 것입니다. 두 형제는 속으로 '참 이상한 일도 다 있다'라며 그날 밤 또 벼를 서로 옮겨 놓았습니다. 이번에는 형이 먼저 볏단을 옮겨 놓고, 뒤를 이어 동생이 자신의 낟가리에 쌓여 있는 볏단을 형의 낟가리로 옮겨 놓았습니다. 다음 날 아침에 보니 또 그대로였습니다.
형제는 밤에 또다시 들에 나가 서로 볏단을 옮기기 시작했는데, 그러다 둘이 서로 마주쳤습니다. 마침 구름 속에 가려져 있던 달이 얼굴을 내밀어 두 형제는 서로를 알아보았습니다. 그리고는 볏단을 내던지고 한참을 부둥켜안고 울었습니다.

그런데 이 이야기는 실존 인물이 기반한 동화라고 합니다. 충남 예산군의 예당저수지를 끼고 돌아 예산군 대흥면사무소 앞에 가면 '의좋은 형제 공원'이 조성되어 있습니다. 한편에는 충청남도 유형문화재 제102호로 지정되어 있는 이성만(李成萬) 형제 효제비(孝悌碑)가 서 있습니다. 1497년(연산군 3년)에 세워진 높이 142cm, 폭 43.5cm, 두께 25cm의 화강암 석비인 이성만 형제 효제비는 이 형제의 우애가 얼마나 깊었는지를 알려 줍니다. 이 비는 원래 가방교(佳芳橋) 앞에 서 있었는데 예당저수지 조성으로 물에 잠길 위기에 놓이자 이곳으로 옮겨 왔다고 합니다. 《신증동국여지승람》(新增東國輿地勝覽)에 보면, 대흥호장(大興戶長) 이성만, 이순(李順) 형제는 모두 지극한 효자로, 부모가 돌아가신 후에도 성만은 어머니의 묘소를 지키고, 순은 아버지의 묘소를 지켰다 합니다. 3년의 복제(服制)를 마치고도 아침에는 형이 아우 집으로 가고 저녁에는 아우가 형의 집을 찾았으며, 한 가지 음식이 생겨도 서로 만나지 않으면 먹지 않았다고 합니다. 이에 1497년에 후세 사람들의 모범이 되게 하기 위하여 조정에서 이 비를 건립하였습니다.

철이 든다는 것은

리울/김형태

나이 먹는다는 건
부끄러움을 안다는 것

철이 든다는 건
고개를 숙일 줄 아는 것

태양 앞에 선다는 건
허물 벗고 거울 앞에 서는 일

아니 홀로 신 앞에 나아가
쪽빛 광합성 하는 일

고추, 딸기, 토마토,
감, 사과, 석류, 심지어 단풍잎까지…

저렇게 새파랗게 이런 것들도
서슬 퍼렇게 까불다가도

뜨거운 태양 앞에 서서
그 젖과 보혈 호흡하다 보면

어느 순간 부끄러움 알게 되고
홍당무처럼 얼굴 붉어지는데

이마에 피 말랐다는,
철부지 어린애도 아니

제법 값나가는 주름과
명품 나이테 마음껏 소유한 어른들이

어째서 부끄러움 모를까?
왜 고개 숙이지 못할까?

나이 먹고 철든다는 건 부끄러움 알고,
고개 숙일 줄 아는 것이라는데…

어른이 되어 가면서 잊지 말아야 하는 것 중 하나가 나잇값입니다. 나잇값을 하지 못하면 철부지 소리를 듣습니다. 그렇다면 철이 든다는 것은 과연 무엇일까요? 철이 든다는 것은 계절의 변화에 맞게 행동하는 것을 말합니다. 나이가 들면서 남을 의식할 줄 안다는 것, 배려할 줄 안다는 것 아니겠습니까? 부모에 대해서도 나의 관점이 아니라 부모의 관점에서 볼 수 있는 마음이 있어야 합니다. 효자란 부모의 마음을 알아주는 사람입니다. 우리는 하나님의 자녀이고, 하나님은 우리의 아버지입니다.